"十四五"航空运输类空中乘务专业系列教材

Practical Writing for Flight Attendants

空中乘务应用文写作

（第二版）

主　编/张　莹
副主编/沈新军　邹铁夫
主　审/顾　震

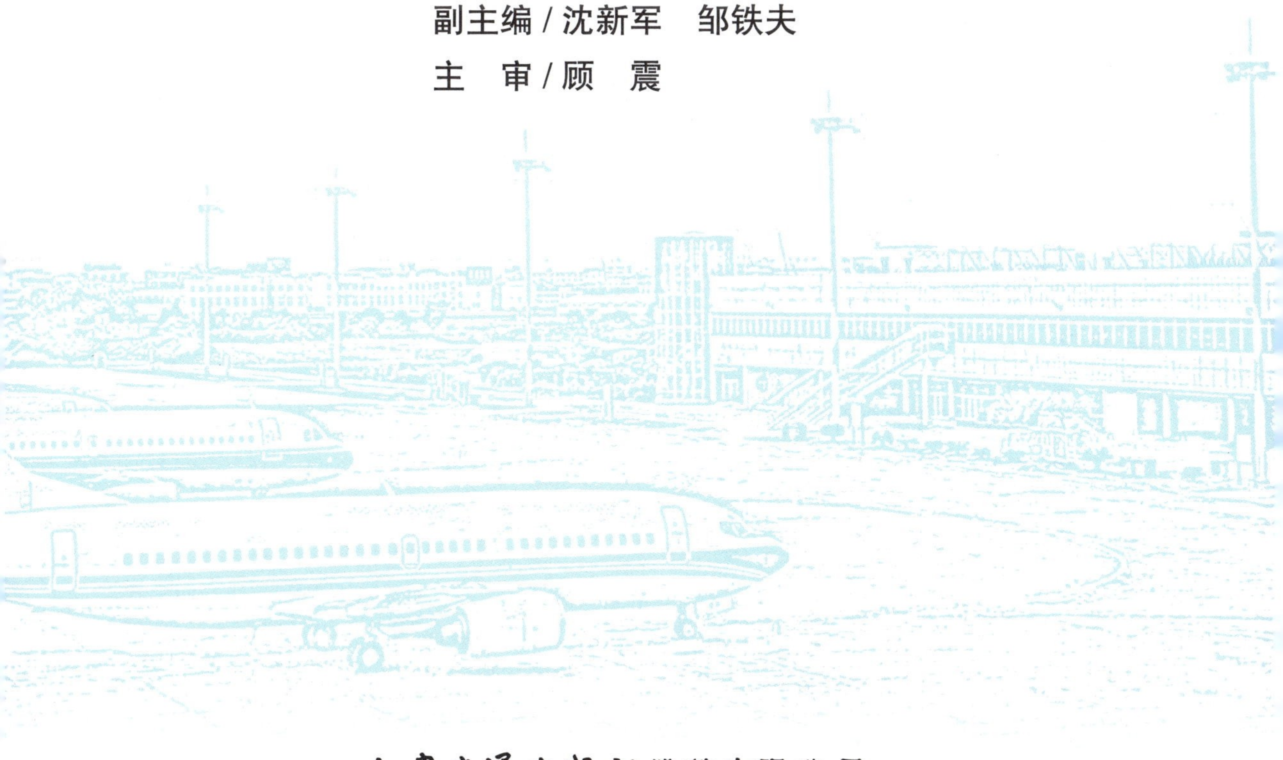

人民交通出版社股份有限公司
北京

内 容 提 要

本书以职业教育教学改革和人才培养目标为出发点，结合空中乘务专业的需要和本课程教学特点精心编写而成。本书以空中乘务专业学生学习和工作期间应知应会的应用文写作为主体，以任务为导向，注重实践和应用，强化读写训练。全书共分八章，内容包括：绪论、空中乘务常见公务文书、民航客舱管理事务文书、民航客舱服务专用文书、民航客舱宣传事务文书、民航客舱常用礼仪文书、空中乘务职场应用文书、空中乘务学业必备文书等。

本书可供空中乘务及相关专业学生作为基础应用写作课程教材使用，亦可供相关从业人员参考、借鉴。

图书在版编目（CIP）数据

空中乘务应用文写作 / 张莹主编 . —2 版 . —北京：人民交通出版社股份有限公司，2018.9

ISBN 978-7-114-14721-0

Ⅰ . ①空… Ⅱ . ①张… Ⅲ . ①民用航空—应用文—写作—高等职业教育—教材 Ⅳ . ① H152.3

中国版本图书馆 CIP 数据核字（2018）第 102153 号

书　　名： 空中乘务应用文写作（第二版）
著 作 者： 张　莹
责任编辑： 吴燕伶
责任校对： 刘　芹
责任印制： 刘高彤
出版发行： 人民交通出版社股份有限公司
地　　址： （100011）北京市朝阳区安定门外外馆斜街 3 号
网　　址： http://www.ccpcl.com.cn
销售电话： （010）59757973
总 经 销： 人民交通出版社股份有限公司发行部
经　　销： 各地新华书店
印　　刷： 北京印匠彩色印刷有限公司
开　　本： 787×1092　1/16
印　　张： 15
字　　数： 340 千
版　　次： 2015 年 1 月　第 1 版
　　　　　2018 年 9 月　第 2 版
印　　次： 2024 年 6 月　第 4 次印刷　累计第 6 次印刷
书　　号： ISBN 978-7-114-14721-0
定　　价： 39.00 元

第二版前言

Preface

空中乘务专业是为民用航空公司培养以客舱服务为主的高端服务人才的专业。高素质的空中乘务人才，不仅需要有良好的专业知识与专业技能，还应具备良好的实用应用文读写能力。

本教材是以《空中乘务应用文写作》（2015版）为基础，结合多年的教学实践经验以及相关应用文种的新要求、新变化、新特点精心改编而成，旨在通过该课程的教学，帮助空中乘务专业学生掌握应知应会的应用文写作知识和写作技能，达到能用、会写的目的，为空中乘务专业学生日常生活、学习以及未来的职业生涯可持续性发展提供必要的知识储备。

参与本教材的编写者均为从事空中乘务应用文写作教学工作的一线资深教师，理论知识扎实，教学经验丰富。

本教材的主要特色表现为以下四个方面：

一、内容选编的实用性

基于空中乘务专业特点和实际，以“必需、够用”为标尺，选取了空中乘务专业学生应知应会的应用文体编撰而成。全书共八章，涵盖了空中乘务专业学生及相关从业人员常用的行政公务文书、管理事务文书、客舱专用文书、宣传应用文书、社交礼仪文书、职场应用文书以及学业必备文书等方面的内容。内容精要，体式规范，例文丰富，实现了通用性和专业性的有机结合，既满足了空中乘务专业学生的日常生活、学习、工作之需，也可供相关从业人员参考、借鉴。

二、范例选取的专业性

考虑到空中乘务专业学生毕业后主要从事民用航空客舱服务工作，因此，在例文的选择上，坚持以体现空中乘务行业特点为标准，选取空中乘务专业学生生活、学业和未来职业中常见的典型案例作为示范，具有鲜明的专业特色，较好地体现了“学以致用”的教学目的。

三、体例编排的创新性

采用任务引领法，按照“任务设计—任务解读—任务示例—任务提示—任务实训”的顺序，以贴近空中乘务专业学生学业和职业要求的任务设计为切入点，辅以空中乘务专业特色的典型案例，以及新颖别致的小贴士，将写作基础知识、例文示范解析和写作技能训练有机组合在一起，在确保理论知识必需、够用的同时，以讲清概念、强化应用为重点，提高学生的写作能力，增强学生的学习兴趣和主观能动性。

四、练习设计的实践性

本教材课后习题的设计以提高学生的专业应用文写作能力为出发点，强调"做中学、学中做"。主要有四大题型：一是判断题，通过正误判断，帮助学生更好、更清晰地理解相关应用文种的写作基础知识；二是改错题，通过对具有典型性、代表性的病文分析，让学生于纠错、改错中掌握相关应用文种的写作要点与写作要求；三是情境模拟写作，通过相关应用文种的情境设计，指导学生结合所学理论，进行实践性模拟写作；四是完成章节任务设计，要求结合所学知识，完成各章节前的任务设计。

本教材由上海民航职业技术学院副教授张莹担任主编，上海民航职业技术学院讲师沈新军、中国民航大学邹铁夫博士担任副主编，上海民航职业技术学院副教授曹维平及讲师宁耕、李君参编。由张莹负责统稿。

感谢东方航空股份有限公司乘务训练中心顾震总经理拨冗审阅本书，并提出宝贵意见。感谢所有为本书出版付出辛勤劳动、提供支持和帮助的人们。

本教材在编写过程中，参考、借鉴了国内外相关教材、教参及文件资料，获得了启发和借鉴，在此，谨对各位作者表示衷心感谢。

本教材在编写过程中，因时间仓促，难免有不完善之处，望广大读者多提宝贵意见和建议。

编　者

2018年4月

第一版前言

Preface

民用航空业是一个特殊行业，空中乘务员作为这一特殊行业的群体，不仅需要具有良好的外在形象，还要具备较高的业务素质。实用应用文读写能力是乘务员最基本的素质之一。

近几年，为满足空中乘务培训市场日益扩大的需求，用于各种层面的乘务培训教材相继推出。这些教材既满足了在职乘务员自学的需求，也为开设乘务专业类的学校提供了培训教材。但是从目前的市场调研看，还没有一本针对空中乘务专业的应用文写作教材。为此，我们编写了这本《空中乘务应用文写作》，旨在通过该课程的教学，帮助学生掌握应知应会的常用应用文写作知识和写作技能，达到能用会写的目的，为学生在未来职业生涯中得到可持续性发展做准备。

本教材由来自上海民航职业技术学院和中国民航大学的一线空中乘务应用文写作资深教师共同编撰而成，是一本校际合作教材。其特色主要体现在：

一、内容选编的专用化

本教材结合空中乘务专业的特点和实际，以“必需、够用”为编写标尺，选取空中乘务专业学生应知应会的应用文体编撰而成。全书共六章，主要介绍了空中乘务专业学生及从业人员常用的行政公务文书、管理事务文书、客舱服务专用文书、传播应用文书、职场应用文书和学业必备文书等基础知识。内容精要，体式规范，例文丰富，实现了通用性和专用性的有机结合，既满足空中乘务专业应用文写作教学之需，也可供相关从业人员在生活和工作中参考、借鉴。

二、例文选取的专业化

考虑到空中乘务专业学生毕业后主要从事民用航空客舱服务工作，因此，在例文的选择上，本教材坚持以体现空中乘务行业特点为标准，选取空中乘务专业学生学业、未来职业中常见的典型文本作为范例，既具有鲜明的专业特色，又较好地体现了“学以致用”的教学目的。

三、体例编排的创新化

本教材在体例编排上注重创新。书中文种内容按“故事导读—概念简述—情境模写—

模写向导—案例解析—模写提示—写作实训”的体例编写，以贴近学生生活的小故事为切入点，结合空中乘务专业典型案例，解析写作要领，并辅以新颖别致的小贴士，将基本理论知识、例文借鉴和写作技能训练三大教学模块有机组合在一起。在确保理论知识必需、够用的同时，以讲清概念、强化应用为重点，加深学生对教材的理解，提高学生的学习兴趣和主观能动性，培养学生的实际操作能力。

四、练习设计的实训化

本教材课后写作实训题的设计，重在强化文种的实用写作能力训练。主要表现为两大题型：一是病文评析训练，通过提供具有典型性、易发性的病文，让学生于“做中学”，体会应用文应该怎样写，不应该怎样写；二是情境模写训练。通过提供与学生日常学习和未来职业相关的写作情境，让学生依据相关写作规范与要求、借鉴例文写出符合要求的应用文，在“做中学”提高实用写作能力，弥补实践经验的不足。

本教材由上海民航职业技术学院张莹担任主编，上海民航职业技术学院文理教研室主任沈新军和中国民航大学邹铁夫博士担任副主编，上海民航职业技术学院郑洁、曹维平、李君、宁耕参编，东航客舱部培训管理部总经理顾震担任主审。全书由张莹负责统稿。

感谢上海民航职业技术学院空乘教研室李娜老师为本书的编写提供专业指导。感谢潘永铭老师拨冗审阅本书，并提出宝贵意见。感谢所有为本书的出版付出辛勤劳动、提供支持和帮助的人们。

本教材在编写过程中，参考、借鉴了国内外相关教材、教参及文件资料，获得了启发和借鉴，在此，谨对各位作者表示衷心感谢。

本教材在编写过程中，因时间仓促，难免有不完善之处，望广大读者多提宝贵意见和建议。

编　者

2014年10月

目 录

Contents

第一章

绪　论

空中乘务应用文是指空中乘务专业人员日常生活、学习、工作中常见的或常用的，处理行政公务、日常事务、沟通信息、协调关系时所使用的具有惯用格式的各类实用性文体的总称。按照使用范围和内容性质的不同，空中乘务应用文可分为空中乘务常见公务文书、民航客舱管理事务文书、民航客舱服务专用文书、民航客舱宣传应用文书、民航客舱常用礼仪文书、空中乘务职场应用文书、空中乘务学业必备文书等类别。

第一节 空中乘务应用文写作概述

一、空中乘务应用文的含义

应用文写作，是写作学科的一个重要分支。

关于“应用文”的定义，《辞海》的解释是：人们在日常生活、工作和学习中所应用的简易通俗文字，一般有固定的文体。包括书信、公文、契约、单据等。

我们这里所说的“空中乘务应用文”，是指空中乘务专业人员在日常生活、学习、工作中常见的或常用的，处理行政公务、日常事务、沟通信息、协调关系时使用的具有惯用格式的各类实用性文体的总称。比如处理民航行政公务时使用的通知、通报、报告、请示、函、纪要，处理客舱管理事务时使用的计划、总结、简报，处理日常社交礼仪事务时使用的感谢信、祝贺信、慰问信，处理学业职场事务时使用的求职信、竞聘书、劳动合同等。

二、空中乘务应用文的由来

应用文书写作古已有之。

殷商时期刻于龟甲或兽骨上的“卜辞”，其内容涉及世系、王室占卜、气候、食货、征伐、狩猎等方面，短则数字，长则百余字，真实记录了殷商奴隶社会的生活痕迹，堪称我国最早的应用文雏形。

被誉为我国第一部古代典章文献总集的《尚书》，分典、谟、训、诰、誓、命六种体式，共收录了虞、夏、商、周时期的二十八篇公文。其中，“典”用于记述上古典章制度，“谟”是议政的策论，“训”是进行教诲开道的论说文，“诰”是进行训诫的文告，“誓”是军队出征的誓词，“命”是君主的命令和诏书。这些文章与现代应用文中的命令、决定、决议、公告、通告、通报、报告等应用文体颇为类似，是后人研究古代应用文起源的宝贵资料。

从春秋战国到元明清，中国封建社会经历了漫长的历史阶段。顺应当时的社会体制和文化需求，应用文在写作规范和文体种类上都有长足发展。比如秦朝早期著名的法令“书同文”，不仅要求书写相同的文字，对格式与名称也有统一的要求。现今仍在沿用的“版头”

“用印”等公文制度，即源于此时。

汉代的书、议、策、论、疏、诏、制、敕、章、奏、表等公文体式已有了大致固定的上行文和下行文的区分。皇帝对臣下使用的文体主要是诏、令、策、敕，其中“诏”和“令”用于对下发布命令，“诰”专门来封官赐爵；臣下对皇帝则主要使用章、奏、表、议等文体。此外，晋代有简、牍、署，唐宋时有册、籍、图，历朝历代还有数不清的碑、碣、志、铭等。据民国初年徐望之先生的《公牍通论》统计，不下六七十种，这说明了历朝政府对应用文书的重视，也反映了政权机构工作的日趋细密。

尤其值得一提的是，在历朝历代的应用文书发展过程中，还产生了一些流传于后世的名篇，如李斯的《谏逐客书》、贾谊的《论积贮疏》、晁错的《论贵粟疏》、司马相如的《上书谏猎》、诸葛亮的《出师表》、曹操的《求贤令》、李密的《陈情表》、魏征的《谏太宗十思疏》、韩愈的《柳子厚墓志铭》等。

近代以来，应用文逐渐免去了繁文缛节，直陈其事，实用性不断增强。进入21世纪，应用文与我们的生活、工作更加紧密相连，写作技巧和理论趋于完善，行业化、专业化特点日趋明显。如财经应用文、行政应用文、司法应用文、科技应用文、传播应用文、土木工程应用文等。

空中乘务应用文正是这一时期顺应时代要求，根据空中乘务业务需求而出现的，具有民航特色的基础类应用文体。空中乘务应用文写作教学旨在培养学生掌握职前、职中常用的基本要求与写作技巧各类应用文书，以满足学生在校专业学习以及未来职业生涯发展的基本需要。

三、空中乘务应用文的特点

作为一种专业特色鲜明的实用类文体，空中乘务应用文的特点主要表现为以下几个方面：

（一）实用性

空中乘务应用文最大的特点是“实用”，是有用才写，写了要用的。比如要顺利完成学业，就得写好毕业设计论文；要找到合适的工作，就得写自荐信或求职书；要使客舱服务工作更有条理和周到，就得写计划等。所有这些都是为了解决实际问题而写的。实用性是空中乘务应用文最大、最本质的特点，也是区别于其他文学作品和文体的主要标志。

（二）程式性

空中乘务应用文有其特定的、惯用的格式，这些格式有的是长期以来约定俗成、相沿成习的，有的是由国家有关部门统一制定的。比如求职信有求职信的格式，通告有通告的格式，计划有计划的格式，劳动合同有劳动合同的格式等，每一种应用文体包括哪些内容，哪些在前，哪些在后，应该包含哪些部分，都应严格遵守。

（三）针对性

一般来说，每一种应用文书都有其明确的、直接的受文对象。比如求职信写给谁，报告打给谁，通知谁，计划为谁而制定，都有其明确指向。即使是一些周知性的公告、通告、通报、会议纪要等，也是针对有关应知对象的，只不过对象的范围有大有小罢了。

（四）时效性

空中乘务应用文是空中乘务专业人员为处理事务或解决实际问题而写的，必须注意时效性，要求写得及时、发得及时、办得及时。比如通报的内容总是跟特定时期背景有着紧密的联系，通报得过于迟缓，就失去其沟通情况、宣传教育的目的。

（五）真实性

空中乘务应用文必须讲究真实、客观，要实事求是地反映问题，反映情况，不允许像文学创作那样虚构或进行艺术再加工，也不允许凭空想象或歪曲事实。比如关于民航客舱服务工作中遇到的突发事件的情况报告，其中涉及的时间、地点、人物、事实经过等，都必须客观、真实，不允许任何编造，否则将影响对整个事件的正确判断。

四、空中乘务应用文的分类

按照使用范围和内容的不同，可将空中乘务应用文分为以下几个类别：

1. 空中乘务常见公务文书：公告、通告、通知、通报、请示、报告、函、纪要。

2. 民航客舱管理事务文书：客舱工作计划、客舱工作总结、客舱工作简报、会议记录。

3. 民航客舱服务专用文书：客舱广播词、客舱乘务初始新雇员带飞记录表、特殊旅客空中生活记录、机上事件报告单、紧急医疗事件报告单、旅客遗留物品交接单。

4. 民航客舱宣传应用文书：消息、通讯、新闻特写、客舱专题活动策划书。

5. 民航客舱常用礼仪文书：感谢信、慰问信、祝贺信、致歉信。

6. 空中乘务职场应用文书：求职信、简历、竞聘书、申请书、述职报告、劳动合同。

7. 空中乘务学业必备文书：实习报告、学业论文。

这七大类应用文书的概念说明及写作指导，本教材将分章节一一介绍。

第二节 空中乘务应用文写作的基本要求

空中乘务应用文与记叙文、说明文、议论文等文本在写作方法上虽有某些相似之处，但具体要求明显不同。

一、空中乘务应用文的主题

主题，又称主旨、题旨、立意等，是文章通过具体材料所表达出来的中心思想、基本观点或主要问题，是作者对客观事物的评价和态度。

“凡为文以意为主”，主题是文章的灵魂和核心，并对行文中材料的取舍、谋篇布局，乃至拟定标题、遣词造句等产生制约作用。主题的质量决定着一篇文章思想的敏锐程度与价值的优劣高下，影响着文章的生命力。

和其他文体一样，空中乘务应用文写作的主题也应遵循正确、鲜明、深刻、集中的基本原则。

（一）正确

空中乘务应用文的主题要符合国家的法律法规，符合党和国家的路线、方针、政策，符合民航行业要求和专业规范，符合客观实际情况和事物的本质规律，经得起时间、事实和法律法规的检验。比如空中乘务员与航空公司之间所订立的劳动合同，如果不符合法律法规的规定，即可视为无效合同。

（二）鲜明

空中乘务应用文的主题要表述清楚、明确、突出，无论赞成或反对、提倡或禁止，都要使人清楚明白，不能产生歧义。比如表彰通报是用来表彰先进人物或先进集体、介绍先进事迹或推广典型经验的，重在赞扬、提倡与推广；批评通报是对工作中发生、出现的重大事故、重大失误、错误倾向、不良风气提出批评使用的，重在以儆效尤，有针砭、警示、纠正的作用。

（三）深刻

空中乘务应用文的主题不能停留在事实表面和数据罗列上，而是要透过现象看本质，要能从事实中归纳观点，从现象中提炼思想。只有主题深刻，才能更好地反映现实，找出规律，解决实际问题。正如元代学者戴师初所言："凡作文发意，第一番来者，陈言也，扫去不用；第二番来者，正语也，停之不可用；第三番来者，精意也，方可用之。"精彩、独到的见解是主题深刻化的表现，也是深入思考、去粗存精、去伪存真、由此及彼、由表及里的结果。

（四）集中

空中乘务应用文要求内容单一，一文一事，不可多意图表达。所谓"意多必乱文"，只有主题集中，文章才更容易被人理解，有关事项才能更便于处理，有关规定才能更便于实施。比如写请示时，因为业务部门各有分工，文件管理也是分门别类，一文一事，不仅便于承办，而且办完之后立卷存档也更加方便。

二、空中乘务应用文的材料

如果说主题是文章的灵魂，那么材料就好比文章的血肉。

文章的主题不可能脱离具体材料而凭空产生；文章的材料也不可能脱离主题而游离存在。清代章学诚在《文史通义·文理》中说："夫立言之要在于有物。"宋代朱熹也曾说："作文字须是靠实，不可架空细巧，大率要七分实，只二三分文。"即是说材料是最根本的。

空中乘务应用文的材料取舍以真实、典型、切题、新颖为标准。

（一）真实

刘勰在《文心雕龙》中说："事信而不诞。"说的是文章中的材料要真实可信而不荒诞。空中乘务应用文是用来办实事的，因此，所引用的材料必须准确无误，无论是事实还是数据，都必须真实可靠，不能有半点虚假，否则达不到办实事的目的。

（二）典型

典型是指能够深刻反映事物本质，具有广泛的代表性和说服力的材料，具有通过特殊反映一般，通过个性反映共性，揭示事物本质和规律的特点。通常在文章中能起到言简意赅的作用，能够突出观点，强化主题，大大增强文章的说服力和感染力。

（三）切题

南宋陈骙说："文之作也，以载事为难；事之载也，以蓄意为工。"即是说做文章，选材用事要以选用蕴含主题的材料为好。精选材料的目的就是为了表现主题，因此，选择材料从根本上说应围绕主题，根据主题表现的需要来决定取舍。正如茅盾所说："选用的时候，可就要像关卡的税吏似的百般挑剔了；整整一卡车的‘货’，全要翻过身来，硬的要敲一敲，软的要扪一把，薄而成片的，还得对着阳光照了又照——一句话，用尽心力，总想找个把柄，便扣下来，不让过卡。”总之，不是所有与主题有关的或能显示主题的材料都可以用到文章中去，而应该认真比较、分析，选出最切合主题需要的、最反映事物特质的东西。

（四）新颖

南宋陆游曾说:“文章最忌百家衣。”说的是材料的取舍要避免重复别人，要有创新。写进空中乘务应用文中的材料一定要有新的时代气息，能够客观真实地反映民航发展的新趋势、新成果，能够反映现实生活中的新人、新事、新经验、新问题、新生活、新精神、新视野等。有了新颖的材料，才会有新颖独到的主题，才能更好地实现作者的写作意图。

三、空中乘务应用文的结构

结构是文章的组织、构造，也即人们常说的篇章布局。篇章布局是文章写作中的一个重要问题。如果说材料解决的是“言之有物”的问题，主题解决的是“言之有理”的问题，那么结构解决的就是“言之有序”的问题。

文章的结构是作者认识客观事物的思想脉络在文章构造上的反映，是作者思路的体现。思路是结构的内核和基础，结构是思路的外在表现形式。如果文章的结构杂乱无章，则表明作者的思路杂乱不清。

空中乘务应用文在结构安排上，一般表现为以下几种形式:

（一）一段式

有些空中乘务应用文，正文部分只有一段，甚至只有一句话，例如聘书、请柬等，用很简练的文字表明行文的目的、意图或期望等，简明扼要，干净利落。

（二）总分式

有些空中乘务应用文往往采用开头先总说，提出全文主旨，对全文内容作简要概述，然后依次从不同侧面进行分说，最后做出结论，归纳全文。叙写内容比较复杂、篇幅较长的空中乘务应用文书如客舱工作总结、报告等，常常采用这种结构方式。

（三）并列式

有些空中乘务应用文，几个内容层次之间的关系是平行、并列的结构方式。有的按空间的分布或场面的转换安排层次，如客舱工作简报、事件通讯等，常常把不同类别、不同性质的动态情况，按同一主旨，采用并列结构方式进行综合表述；有的按材料的性质归类安排层次，如客舱工作计划、客舱工作总结、学业论文等说理性文体，常常从不同侧面或角度，采用并列结构方式来表述主旨和论证论点。

（四）条款式

有些空中乘务应用文，如劳动合同、客舱规章等，往往采用分条列项的结构方式书写，条款分明，一目了然。

（五）递进式

有些空中乘务应用文，或以时间为推移，或由现象到本质，或由因到果，逐层深入，渐次推演，条理清晰，逻辑明朗。如情况通报，常常按事物发展演变的过程来安排层次结构；如学业论文，常常采用开头提出问题，中间分析问题，末尾解决问题的方式来谋篇布局。

四、空中乘务应用文的表达方式

文章的表达方式主要有叙述、议论、说明、描写、抒情。它们适用于不同的表达目的、表达内容。空中乘务应用文的表达方式多为叙述、议论、说明。至于抒情和描写，往往只在一些书信、悼词、演讲稿、通讯报道中偶有所用。

（一）叙述

叙述，是有次序地把人物的活动、经历，事情的发生、发展或事物的变化过程用语言交代、反映出来的表达方式。完整的叙述包括时间、地点、人物、事件、原因、结果六个要素。

叙述是空中乘务应用文中最基本、最常用的表达方式。它以反映事物的存在为目的，以事物的总体概貌和发展轮廓为反映对象，以粗线条的勾勒为反映手段。叙述广泛应用于以叙说情况为主的情况报告、表彰或处分通报、工作总结等中。

空中乘务应用文以叙述为表达方式时，要求交代明白、线索清楚、详略得当。

（二）说明

说明，是指用简明扼要的文字把被说明对象的形态、构造、成因、性质、功能、用途等解释介绍清楚的一种表达方式。

以说明的方式来介绍背景材料和环境、交代情况，可以为叙述和议论起到良好的铺垫作用，如总结、报告、请示、通报、合同、自荐书等文种中对某些情况的介绍，常会用到说明这种表达方式；条例、规定、制度、公约等法规规章也常常用到说明的表达方式。

说明的最终目的是通过“说”而使人“明”，通过“说”来介绍事物、阐释事理，使读者“知其然”，并“知其所以然”。因此，把事物解说清楚明白，做到言之有物、言之有序、概念准确、判断正确，是对说明的基本要求。

说明的语言要求科学、严谨、周密、客观、平实、通俗，切忌过多渲染、铺陈和评论。

（三）议论

议论，是作者对某件事情或某个问题进行分析、推理、评论，表明自己的立场、观点、意见或看法的一种表达方式。议论的特点是运用概念、判断、推理和证明来阐明事理。

空中乘务应用文在对人或事做出自己的评价、判断，阐明处理某些公务活动或社会事物活动的立场观点、政策原则、决策主张时，都离不开议论，比如计划、总结、报告、学业论文等经常要用到议论这一表达方式。

议论的终极目的是要说服人，让人信服。因此，空中乘务应用文议论时应摆事实，讲道理，实事求是，态度诚恳。立论要高屋建瓴，驳论要鞭辟入里，举例要翔实典型，引用要权威可信，析理要充分有力，要以确凿的事实和严密的逻辑力量让人折服，乐于接受。

五、空中乘务应用文的语言

空中乘务应用文重在实用，因此，语言的朴实无华、简洁明快是大多数应用文书的共同特点。选词用字，不追求辞藻华丽，不滥用典故；遣词造句，直白明快，不用或尽量少用比喻、拟人、双关、排比等修辞手法。

与此同时，为便于读者方便迅捷地、明白无误地理解作者的意思，达到快速有效地办理公务、处理事物的目的，在长期的写作实践中，空中乘务应用文还形成了一些独特的语言特点，主要表现为“三多”：

（一）惯用词语多

空中乘务应用文语言要求准确、简明、平实、规范，根据这一要求，其在用语上形成了若干固定的习惯用语，例如：

1. 称谓词语：第一人称用“本、我”，第二人称用“你、贵”，第三人称用“该、其”。

2. 承接词语：表示内容层次间总分、过渡、转折关系的词语，常见的有“为此、据此、故此、鉴此、综上所述、总而言之、总之”等。

3. 期请词语：提出请求，表明愿望的词语，如“请、敬请、烦请、望予、恳请、敬希、希、望”等。

4. 征询词语：发出询问，征求意见的词语，如上行文和平行文中常用“当否、妥否、可否”等词语征求受文单位的意见和态度。

5. 期复词语：寻求对方答复的词语，如“请批复、请批示、敬候回复”。常与征询词语连用，如“妥否，请批示”等，多用于请示、报告、函等文种的末尾。

6. 祝颂词语：用在信函中表示祝愿、敬意、谢意的词语，如“此致敬礼、祝健康、顺祝教安”等。

7. 规范化结语：如“特此通知、特予批准、即此函告、……为盼（为感、为荷、为要）”等，多用于函、通知、通报、批复的结尾。

（二）文言词语多

空中乘务应用文注重语言的庄重、典雅，这在客观上使它保留了某些文言语素或文言痕迹的词语。如表依据的“根据、遵照、按照”，表目的的“为了、为”，表原因的“由于、鉴于、因为、为”，表命令的“责成、着、令、特命”，以及“兹、顷奉（闻）、启、缄、系、业经、业已、届时、莅临、之、予以、悉、尚、切勿、稽迟、函达、面洽”等常用词语，均带有明显的文言痕迹。

（三）专业术语多

在某一学科（领域）中使用频率较多的、具有特定含义的专门词语，我们称之为“专门词语”，通常又称“专业术语”。与空中乘务专业内容相适应的专用词语有“任务、签到、准备会、机组会、供应品、回收、操作滑梯分离器、机上值班、安全检查、巡视客舱、清舱、关封、旅客名单、核销单、特殊餐、预先准备、直接准备”等。在空中乘务应用文写作中，应熟知和会用本专业用语，才能更好、更准确地反映情况，表现事实。

第三节 学习空中乘务应用文的意义和方法

空中乘务应用文是空中乘务专业人员学习、生活和工作中常见的或常用的处理日常事务、沟通信息、协调关系时所使用的重要媒介。语言学家张志公先生在《两种目的，两种文章》指出：“会写应用性文体的文章，是任何人都需要的，几乎可以说无一例外。每个受过中等教育甚至受过小学以上教育的人，都要写他在生活、工作和学习问题上所需要的应用文，这种写作能力是作为现代社会的公民必须具备的。社会交际不可能都是口头交际，书面交际占很大比重，占很重要的地位。要完成社会交际的任务，完成各项工作，提高工作效率，从事某项工作的人，就要能够写好和他工作有关的应用文。”著名文学家、教育家叶圣陶先生也曾明确指出：“大学毕业生不一定要能写小说、诗歌，但是一定要能写工作和生活中实用的文章，而且非写得既通顺又扎实不可。”可见，空中乘务专业学生学好应用文写作意义重大。

一、学习空中乘务应用文的意义

空中乘务应用文或是为了宣传一种先进思想、行为，或是为了批评落后现象，或是起到互相联络，增进互相了解的作用，或是进行信息交流，掌握动向，研究对策，或是起凭据作用。学好空中乘务应用文是每一个空中乘务专业学生必须具备的基本职业技能之一，其意义深远。

（一）有利于宣传政策法规，规范职业导向

交通运输部、中国民用航空局（以下简称：民航局）或各航空公司在颁布政策、法令、章程以及规定时，常以应用文作为最合适的载体。空中乘务专业学生或从业人员只有知晓大政方针，明晰规章制度，方能规范职业导向和行为，确保学习和工作有章可循，有法可依，有条不紊。

（二）有利于传播沟通信息，增进相互了解

空中乘务应用文在信息传播和沟通方面起到了良好的媒介作用。比如招聘启事和求职信，能沟通航空公司与求职者之间的供需信息，增进双向了解；会议纪要和简报传递的是航空公司的相关会务信息和重要精神；通报可以弘扬先进，批评错误，拓宽职业道德宣传与教育的途径。

（三）有利于完善学习和工作质量，提供办事效率

空中乘务应用文旨在培养学生会写职前、职中常用的应知应会的各类应用文书，其内容密切关联空中乘务专业学生和从业人员的学习、生活、工作等诸多方面。比如通过写计划，可以明确某阶段某项工作的目标、方针、措施和步骤，使学习和工作节奏有条不紊；通过写总结，可以看到成绩，找到差距，总结经验和教训，不断提高今后的学习、工作质量和效率。

（四）有利于指导检查工作，保障合法权益

空中乘务应用文是顺利开展学习和工作、有效解决和处理问题的重要凭证和依据。比如民航局或各航空公司制定的规章制度等，是开展工作和检查工作的依据；劳动合同是保证航空公司和空中乘务从业人员合法权益的重要凭证。

二、学好空中乘务应用文的方法

在长期写作实践中，空中乘务应用文逐渐形成了有别于其他文体的、独特的写作规律和写作特点，初学者一定要下点苦功夫才能掌握。

学习和掌握空中乘务应用文体知识的最好方法，关键在于“十六字”方针：研读教材、找寻规律、善于辨别、注重实训。

（一）研读教材

研读教材是学好空中乘务应用文的起点。初学者应首先通过研读教材，熟悉空中乘务应用文的大体内容，并对每一个章节设计和编排特点有一个总体的把握，正确定位教学内容

的属性，弄清应该“学什么，怎样学”，正确把握教材承载的宽度和深度，并结合实际制订出学习目标，做到心中有数，有的放矢。

（二）找寻规律

写作有一句常言：“文无体不立”。这个“体”的要求，对于应用文来说更为明显。空中乘务应用文由于对办事效率的追求，往往形成了比较固定的“体”，这种“体”具体表现为某种固定的格式和结构。学习时，应注意不同文种的格式要求、基本结构限定，以及基本内容的表述方式，善于发现、归纳、总结，以找寻出方便识记和写作的基本规律。

（三）善于辨别

空中乘务应用文种类繁多，学习时应注意区分不同文种之间的差别。要善于通过比较去辨别那些易混淆文种的共性与个性，要能区分出不同文种在结构体式、行文方式、语体特征、性质特点、运用范围等方面的不同，分辨出每个文种的独特的、鲜明的个性特征。

（四）注重实训

空中乘务应用文写作是一门专业性、实践性较强的基础课程。学习中，应根据不同文种的基本格式和要求，注重在理解的基础上将知识活学活用，注意积累，联系实际，多读范文，勤学多练，于写作实践中掌握教学内容，形成熟练的写作技巧，达到空中乘务应用文写作的预期教学目标。

三、任务实训

1. 判断正误（对的打“√”，错的打“×”）。

（1）应用文是为处理事务或解决实际问题而写的，必须注意时间性，要求写得及时，发得及时，办得及时。（　　）

（2）应用文往往有着特定的格式要求。（　　）

（3）为了提高应用文的可读性，写作时可以像文学创作那样进行适当的艺术再加工。（　　）

（4）来自生活的原始素材，都可以成为文章的可用之材。（　　）

2. 阅读并识记本书附录一《常见文章修改符号及其用法》。

3. 阅读并熟记本书附录二《应用文常用特定用语简表》。

4. 阅读并熟记本书附录三《民航客舱服务常用术语简表》。

小贴士

应用文最基本的特点就是“用”。为用而写，有用才写，这是应用文与其他文章的最大区别。

第二章

空中乘务常见公务文书

空中乘务常见公文文种有公告、通告、通知、通报、请示、报告、函、纪要等。它们是民航各级行政机关实施领导、履行职能、处理公务的具有特定效力和规范体式的文书，是传达贯彻党和国家的方针政策，公布规章，指导、布置和商洽工作，答复问题，报告、通报和交流情况等的重要工具。

第一节 公告

一、任务设计

近来，民航航班上发生了多起充电宝引发的不安全事件，给航空运输安全带来安全隐患。为确保航空运输安全，中国民用航空局发布公告，重申了旅客携带充电宝乘机的有关规定：严禁在托运行李中携带充电宝。严禁携带额定能量超过160Wh的充电宝；携带额定能量超过100Wh但不超过160Wh的充电宝，必须经航空公司批准且不得超过两个。严禁携带标识不清的充电宝。严禁在飞行过程中使用充电宝。严禁非个人自用目的携带充电宝。对于违反上述规定者，民航公安机关将根据情节，依照国家有关法律、法规严肃处理。

请代拟这则公告（缺失条件自拟）。

二、任务解读

公告适用于向国内外宣布重要事项或法定事项。

政府部门常用公告来宣布国家重要领导岗位的变动、国家领导人的出访、人大代表资格的确认、重要科技成果的公布、重要军事行动等。依据有关法律法规的规定，有关职能部门也常用公告宣布一些必须向全民公布的重要事情和主要环节，如司法部门发布的开庭公告、国家专利局制发的发明专利公告、中国人民银行发布的融资业务管理办法公告等。

公告通常由级别较高的权威部门或授权新华社制发，如全国人大、国务院及其所属机构，各省、自治区、直辖市行政领导机关，某些法定机关如税务局、司法局、检察院、法院等。其他地方行政机关、党团组织、社会团体、企事业单位等不能滥用公告。

根据内容和性质的不同，公告在民航领域的应用可分为两类：

（一）要事性公告

常用于公布重大人事任免、重大活动、重要事件、重大科技成果以及其他重大事项，带有知照性意义，如民航局制发的《关于公布〈国内投资民航业需要特别管理的公共航空运输企业、枢纽机场和战略机场名单〉的公告》《关于公布航空运输危险品目录2015版的公告》等。

（二）规定性公告

一是用于发布有关法律、法规和其他重要规章条文，往往带有强制性的执行要求，如《中国民用航空局关于限制携带液态物品乘坐飞机的公告》；二是依据有关法律法规的规定，必须向社会公布的一些重要事情或主要环节，如根据招投标法规定，民航基建工程、设备采购等经济活动中制发的招标公告；根据国家公务员法规定，民航空警总队制发的公务员招录公告；根据国家证券委规定，上市的民航股份制企业董事会就股本变动、人事调整、股东大会召开、发生亏损或破产等重要事项制发的公告等。

三、任务向导

公告的写作结构一般由标题、正文、发文机关署名和成文日期组成。

（一）标题

公告的标题有四种写法：

1. 发文机关+发文事由+文种，如《中国民用航空局关于发布〈民航旅客禁止随身携带和托运物品目录〉和〈民航旅客限制随身携带和托运物品目录〉的公告》。

2. 发文事由+文种，如《关于民航旅客行李中携带锂电池规定的公告》。

3. 发文机关+文种，如《中国民用航空局公告》。

4. 直接以“公告”二字为题。

（二）正文

公告为晓谕性、普发性公文，无需写主送机关。

公告的正文一般包括公告缘由、公告事项和结束语三个部分。

1. 公告缘由。写明制发公告的根据、理由或目的。常用“为”“根据”等作为发端用语，并用“现将有关事项公告如下”等惯用语过渡下文。写作上要求言简意赅，通常用一两句话概括即可，有时也可不写。

2. 公告事项。事项是公告的具体内容，应写明需要宣布的重要事项或重要事件，包括时间、地点、事件、决定、要求等有关内容。内容少的可篇段合一，用一句话来概括，如“现发布《民用机场总体规划规范》（MH 5002—1999）第一修订案和《民用航空支线机场建设标准》（MH 5023—2006）第一修订案，自2015年7月1日起施行”。内容多的可分若干段或若干条逐一交代。

3. 结束语。常用“特此公告”“现予公告”等字样，并加“。”收尾，以示强调。如正文首段已用过渡句“现将……公告如下”，则正文之后无需再加“特此公告”之类结束语。

（三）署名和成文日期

在公告正文末尾的右下角，写明发文机关名称和成文日期。

发文机关署名一般在成文日期之上、以成文日期为准居中编排。应用发文机关全称或规范化简称，如“中国民用航空局”可简称为“民航局”。如公告标题中已写明发文机关名称，此处也可省略不写。

公告的成文日期可写在标题之下，外加括号，也可写在文尾。重要的公告在时间之后还要写明发布公告的地点，如“2018年1月1日于北京”。

发文机关署名和成文日期之上要加盖公章。公章是公文生效的标志，也是鉴定公文真伪最重要的依据之一。

四、任务示例

<table>
<tr><td>示例1:

中国民用航空局关于公布〈国内投资民航业需要特别管理的公共航空运输企业、枢纽机场和战略机场名单〉的公告

根据《国内投资民用航空业规定》(交通运输部令2017年第34号,简称《规定》)第二十三条要求,现公布《国内投资民航业需要特别管理的公共航空运输企业、枢纽机场和战略机场名单》(见附件),自2018年1月19日起与《规定》同步施行。
特此公告。
附件:《国内投资民航业需要特别管理的公共航空运输企业、枢纽机场和战略机场名单》

中国民用航空局(公章)
2017年12月26日</td><td>标题
正文
公告缘由
公告事项
结束语
附件
发文机关署名
日期</td></tr>
</table>

【解析】这是一则民航要事性公告,常用于公布重大事项或重要事件,带有知照性意义。其正文部分由公告缘由、公告事项和结束语三部分组成。缘由部分用发端词"根据"引领,点明了公告制发的依据;事项部分用"现公布……,自……起与……同步施行"一句,既说明了公告的具体事项,又明确了公告的执行要求;最后用"特此公告"结尾,以示强调。文章简明扼要,干净利落,一气呵成。

<table>
<tr><td>示例2:

关于重申禁止旅客携带打火机和火柴乘坐民航飞机的公告

为维护民航运输秩序,保护旅客生命财产和航空器安全,根据《关于禁止旅客随身携带打火机和火柴乘坐民航飞机的公告》(民航公告〔2008〕3号)等有关规定,现就旅客携带打火机、火柴乘坐民航飞机应当遵守的规定重申如下:
一、禁止旅客随身携带打火机、火柴乘坐民航飞机。
二、禁止旅客将打火机、火柴放置在手提行李中运输。
三、禁止旅客将打火机、火柴放置在托运行李中运输。
请旅客在办理乘机手续时,严格遵守以上规定,对于违反上述规定的,公安机关将根据情节,依照国家有关法律、法规严肃处理。由此造成的其他后果,由旅客自行担负。
特此公告。

中国民用航空局(公章)
2015年8月14日</td><td>标题
正文
公告缘由
公告事项
结束语
发文机关署名
成文日期</td></tr>
</table>

【解析】这是一则民航规定性公告，常用于发布有关法律、法规和其他重要规章条文，往往带有强制性的执行要求。其正文部分以“为……，根据……”开头，简明扼要地交代了公告发布的缘由。事项部分采用条文式，分条列项，指明了禁止旅客携带打火机、火柴乘坐民航飞机的三种情形，并对违规后果的处置和违规责任的担负做了具体说明。文章主旨明白，语言晓畅，态度鲜明，体现了法规性公告的基本写作要求。

示例3：

中国民航空中警察系统2018年度考试录用公务员公告（标题）

（正文　公告缘由）

为满足中国民航空中警察（以下简称空警）队伍建设的需要，确保民航空防安全，按照《公务员法》和公务员录用的有关规定，根据中央公务员主管部门统一部署，结合空警队伍实际情况，现将中国民航空中警察系统2018年度考试录用公务员的有关事项公告如下：

（公告事项）

一、录用计划

空警系统2018年度共计划面向社会招录149人，均为空中执勤职位，其中2018年应届大学本科毕业生（甲类）29人（体育教育专业、运动训练专业19人，法学专业10人），航空安全员（乙类）100人，服务期满、考核合格的大学生村干部（丙类）20人。具体职位及资格条件详见中央机关及其直属机构2018年考试录用公务员专题网站http://bm.scs.gov.cn/2018。

二、报考条件

除具备中央国家机关公务员基本报考条件外，报考人员还应符合以下条件：

（一）符合《民用航空背景调查规定》有关要求。

（二）男性，18周岁以上、30周岁以下（1986年10月1日至1999年10月31日期间出生）。

（三）符合《公务员录用体检特殊标准（试行）》和《关于印发公安机关录用人民警察体能测评项目和标准（暂行）的通知》所要求的标准。

（四）符合人民警察录用的其他条件。

三、职位要求

（一）面向2018年应届大学本科毕业生（甲类）职位的要求（略）

（二）面向航空安全员（乙类）职位的要求（略）

（三）面向“服务期满、考核合格的大学生村干部”（丙类）职位的要求（略）

四、招考程序

（一）报名、笔试（略）

（二）体检、体能测评及面试（略）

（三）考察、公示及备案（略）

（四）专业训练（略）

五、网上报名信息填写要求和注意事项

考生网上报名填写信息须真实、完整，信息填报不实、弄虚作假的，一律取消录用资格。

（一）关于户籍所在地（略）

（二）关于学习经历（略）

（三）关于社会工作经历（略）

（四）关于奖惩情况（略）

（五）关于家庭成员信息（略）

（六）备注信息（略）

未按上述要求填报的，资格审查将不予通过。

六、其他事项

（一）报考人员所填报的信息均将留存，所有填报、修改报考信息的历史记录，均可在系统内予以查证，在面试资格复审、录用考察、公示、备案以及录用后试用期管理期间将与真实信息进行对照。如发现报考人员有弄虚作假的行为，或报名信息与真实信息有较大差异，将根据国家法律、法规和公务员录用有关规定，取消其体检、体能测评、面试、考察或录用资格，已经录用的取消录用。

（二）考录政策咨询及监督举报电话为：13683124430，工作时间为：2018年10月30日至11月8日（每天9:00—12:00、14:00—18:00）。上述电话负责接受拟报考空警系统的考生咨询，只对相关政策和填报要求作出解释说明，无法就报考考生是否符合职位资格条件问题给出答复。报名资格审查结果一律依据考生在"专题网站"中填写的报名资料作出。

中国民航空中警察总队（公章）　　发文机关署名

2017年10月30日　　成文日期

【解析】这是一则民航规定性公告，常用于依照有关法律法规要求，必须向社会公布的一些重要事情和主要环节。本案例开门见山，交代了公告制发的依据为"根据《公务员法》和公务员录用的有关规定"。事项部分从录用计划、报考条件、职位要求、招考程序、网上报名信息填写要求和注意事项、其他事项方面分条列项，逐一进行具体说明。因首段用了过渡语"现将……公告如下"，故正文之后不再用"特此公告"之类结束语。文章逻辑清晰，表述准确，可操作性强，便于遵照与执行。

五、任务提示

（一）内容要公开、重要

公告属于晓谕性公文，其内容必须是国内外关注的大事，是国内外公众应该知道、想要知道的，而且应该广泛公开。

（二）主题要单一、集中

要求一事一告，直陈其事，如实公告。

（三）行文要庄重、简洁

公告是一种严肃庄重的公文，一般内容单一，篇幅较短。表达上要求庄重典雅，精炼通达，切忌对公告意义、事情细节或经过等进行过多的议论与阐述。

（四）形式要灵活、多样

公告的告知对象和告知范围一般不作限制，具有广泛晓喻性，应借助网络、张贴、广播、电视等多种媒介向国内外进行发布，以达到广而告之的目的。

六、任务实训

1. 判断正误（对的打"√"，错的打"×"）。

（1）公告适用于向国内外宣布重要事项或者法定事项。（　　）

（2）公告的内容庄重严肃，既要能将有关信息和政策公之于众，又要考虑在国内国际可能产生的影响。（　　）

（3）凡是决定、指示、通知的内容，都可用公告的形式发布。（　　）

（4）公告必须用红头文件的方式传播。（　　）

（5）航空公司客舱服务部处理严重违纪的乘务员可以用公告。（　　）

2. 根据给定条件，拟写公告标题。

（1）中国民用航空局发布旅客携带充电宝乘坐民航飞机的有关规定。

____

（2）中国民用航空局自6月1日起正式受理航空器利益相关人申请办理国际利益登记的授权代码。

____

3. 根据下述材料，拟写一则公告。

按照国务院有关要求，中国民用航空局对现阶段民航领域与"放管服"改革不一致的、不利于新产业新业态发展的规范性文件进行了清理，已废止18件，修改18件。具体内容可见《已废止修改文件目录（截至2017年11月1日）》。

4. 请完成本章节的任务设计。

小贴士

公告≠公开告知

许多人望文生义，错误地将"公告"理解为"公开告知"，造成"公告"的使用比较乱，主要表现为以下两种情形：一是把公告当作"启事""声明""广告"用，如招聘公告、迁址公告、律师聘任公告等；二是以公告代行"通告"，凡属对外公布性的事项，无论事情巨细都用"公告"，甚至有的单位门前禁止机动车停靠也用"公告"。

"公告"不等于"公开告知"，写作时应把握两点：一是要弄清楚本机关、本单位是否有权发布公告；二是要弄清楚拟发公告的内容是否属于重大事项和法定事项。

第二节 通告

一、任务设计

为维护民用航空运输秩序，保障旅客和航空器的安全，根据《中华人民共和国民用航空法》《中华人民共和国治安管理处罚条例》和《中华人民共和国民用航空安全保卫条例》的有关规定，中国民用航空局公安局发布通告：

（1）旅客、货物托运人和收货人以及其他进入机场的人员，应当遵守民用航空安全管理的法律、法规和规章。

（2）机场内禁止下列行为：随意穿越航空器跑道、滑行道；擅自登上航空器；未经民航公安机关许可进入机场控制区以及其他扰乱机场秩序的行为。

（3）航空器内禁止下列行为：打架、酗酒、寻衅滋事；抢占座位、行李舱（架）；违反规定使用无线通信工具、电子游戏机、便携式激光唱机或者电脑等电子设备；盗窃、损坏或擅自移动救生设施、设备；在禁烟区吸烟；其他危及飞行安全或者扰乱航空器内秩序的行为。

（4）禁止故意传递劫机、有炸弹、炸机等虚假信息，制造混乱，扰乱正常飞行秩序的行为。

（5）航班不正常时，旅客应当遵守民用航空安全有关法律、法规和规章，禁止冲击安检现场和登机口、强行登机或占据航空器客舱拒不下机、侮辱和打骂工作人员、打砸和哄抢公共财物等行为。通告明确指出，违反该通告规定的，公安机关将根据《中华人民共和国治安管理处罚条例》《中华人民共和国民用航空安全保卫条例》分别给予警告、罚款、拘留的处罚；构成犯罪的，依照刑法规定追究刑事责任；给单位或者个人造成财产损失的，依法承担赔偿责任。

请拟写这则通告（缺失条件自拟）。

二、任务解读

通告适用于在一定范围内公布应当遵守或者周知的事项。

通告内容广泛，可涉及国家的法令政策，也可以用来公布社会生活中的一些具体事务，如机场实施特别安全检查工作措施、因大雪关闭机场跑道等。

通告使用普遍，使用单位广泛，从国家行政领导机关到各级地方政府、人民团体、基层企事业单位，都可以使用。

通告具有规范人们行为和告知某些事项的作用。有些由行政领导机关或职能机构发布的法规政策性通告，常常会对某些事项作出规定性的限制或提出必须遵守的要求，如有违反，有关部门有权干涉或处理，对一定范围内的公众带有较为明显的强制性和约束性。

通告的发布形式灵活，可以通过文件的形式下达，也可以通过张贴、广播、电视、网络等多种媒介形式发布。

根据效用的不同，通告在民航领域的应用可分为两类：

（一）知照性通告

常用于在一定范围内告知有关单位和人员需要知道或注意的事项，带有通知的性质，如《2017/18年冬春航季季中颁发国内航线经营许可等情况的信息通告》《关于机上PED设备正式开放使用的通告》等。

（二）遵守性通告

常用于在一定范围内告知有关政策、法令、规章，并要求有关单位和人员遵守、贯彻、执行，如《中国民用航空局关于在部分机场实施特别检查工作措施的通告》等。

民航业务工作中常见的咨询通告（Advisory Circular，简称AC）常用来下发一些技术性的规范文件，是对民用航空规章条文所作的具体阐述，比如《客舱乘务员、乘务长、客舱乘务教员、客舱乘务检查员资格管理》等。这些技术性的规范文件是民航局机关各职能部门为落实法律、法规、民航局规章和政策的有关规定，在其职责范围内制定下发的有关民用航空管理方面的文件，不是我们所说的公文。

三、任务向导

通告的写作结构一般由标题、正文、发文机关署名和成文日期组成。

（一）标题

通告的标题有三种写法：

1. 发文机关+发文事由+文种，如《中国民用航空局公安局关于维护民用航空秩序保障航空运输安全的通告》。

2. 发文事由+文种，如《关于落实航班正常管理措施有关情况的通告》。

3. 发文机关+文种，如《中国民用航空局公安局通告》。

遇到紧急事情时，可在文种前加“紧急”二字。

（二）正文

通告为晓谕性公文，面向的是公众，一般不用写主送机关。

通告的正文一般包括通告缘由、通告事项和结束语三个部分。

1. 通告缘由。写明制发通告的依据、目的、原因或意义。通告的依据可以是法律政策，也可以是理论事实，如“为确保北京奥运会期间民用航空运输安全，中国民用航空局决定在部分机场实施特别检查工作措施。现通告如下”即为事实依据。这部分结束时，常用“特通告如下”或“现通告如下”领起下文。

2. 通告事项。事项是通告的主体，要求写明所发通告事项的具体内容。内容单一时，可一气呵成，不分段落，如“经民航局批准，××航空公司将于××年×月×日起使用A320型飞机开通新加坡—杭州往返定期客运航线，每周3班”。如内容较多，也可分段或分条列项来写。

3. 结束语。通告的结尾具有补充和强调的性质，有的提出希望、号召或要求，如“以上各条，希望各单位、各部门和广大人民群众遵照执行”；有的指明执行时间、执行范围和有效期，如“本通告自发布之日起施行”；有的用“特此通告”“现予通告”等专用语结尾；也有的干脆不写。

（三）署名和成文日期

在通告正文末尾的右下角，写明发文机关名称和成文日期并加盖公章。

四、任务示例

示例1:	
关于落实航班正常管理措施有关情况的通告	标题
各运输航空公司、运输机场公司:	正文
根据《民航局关于印发〈航班正常考核指标和限制措施〉的通知》(民航发〔2017〕156号)的相关要求,现做出如下决定:	通告缘由
一、暂停受理部分国内客运航空公司在时刻协调机场新增或调整预先飞行计划申请(详见本通告附表)。 二、自4月27日起至7月31日,停止受理泰国亚洲大西洋航空、巴基斯坦沙欣航空、巴基斯坦航空的客运加班、包机和新增航线航班申请。奥凯航空、龙江航空、阿富汗航空、加拿大航空、塔吉克斯坦索蒙航空因2月数据不达标,自4月27日起至6月30日,停止受理其客运加班、包机和新增航线航班申请。 三、给予深圳航空、奥凯航空、九元航空、马尔代夫航空、阿富汗航空、巴基斯坦航空通报批评。 四、自5月1日起,恢复受理土库曼斯坦航空的客运加班、包机和新增航线航班申请。	通告事项
五、自5月1日起,恢复受理航空公司在浦东机场的客运加班、包机和新增航线航班申请。	结束语
附件:附表.xls	
民航局运输司(公章)	发文机关署名
2018年4月28日	成文日期

【解析】这是一则民航知照性通告,常用来在一定范围内公布需要有关单位或个人周知的事项。本案例缘由部分交代了制发通告的法规依据;事项部分分条列项,逐一说明通告的具体内容。事由依据明确,事项清晰明朗,便于理解和传达。

示例2:	
关于部分外国航空公司开通至我国定期航线的信息通告	标题
经民航局批准,美国达美航空公司于××××年×月×日开通底特律—北京往返定期客运航线,每周5班;	正文 通告缘由
菲律宾飞龙航空公司于××××年×月×日使用A320型飞机开通卡利博—浦东往返定期客运航线,每周2班;越南航空公司于××××年×月×日起使用A320型飞机开通岘港—广州往返定期客运航线,每周2班;毛里求斯航空公司于	通告事项

××××年×月×日起使用A330-200型飞机开通毛里求斯—吉隆坡—浦东往返定期客运航线，每周1班。	
民航局运输司（公章）	发文机关署名
××××年×月×日	成文日期

【解析】这是一则民航信息通告，常用来宣布颁发国内航线经营许可、空中交通事件、航点客运班次分配情况等事项，带有知照性意义。写作上要求简洁明晰。常用“经民航局批准”领起下文。事项部分内容少时，可篇段合一。内容多时，可分段或分门别类表述。如同一类型同一性质的通告事项较多，也可采用表格形式。

示例3：	
关于做好航班正常管理规定实施准备工作的通告	标题
港澳台及外国航空公司：	主送机关
《航班正常管理规定》（以下简称《规定》）将于2017年1月1日起正式施行。为确保《规定》顺利实施，现就做好相关准备工作通告如下：	正文 通告缘由
一、航空公司应制订或完善简体中文版的运输总条件、机上延误应急预案和大面积航班延误应急预案，明确航班出港延误及取消后的旅客服务内容。	通告事项
二、航空公司应当按照《规定》要求，修改、完善投诉处理程序，设立专门机构或者指定专人负责受理投诉工作，明确中国境内的投诉受理电话和电子邮件地址，确保具备受理中文投诉的能力。	
三、航空公司应在2016年10月31日前完成在公司官网的显著位置向社会公布运输总条件、机上延误应急预案、大面积航班延误应急预案以及中国境内的投诉受理电话和电子邮件地址，并向民航局运输司备案等相关准备工作。	
港澳台航空公司应向国内航空运输处备案，联系人：××× 电话：86-10-6409××××；	
外国航空公司应向国际航空运输处备案，联系人××× 电话：86-10-6409××××。	
民航局运输司（公章）	发文机关署名
2016年9月28日	成文日期

【解析】这是一则民航遵守性通告，常用来在一定范围内公布需要有关单位或个人知晓的法令、法规、政策或需要办理的事项，具有较强的行政约束力。本案例开门见山交代了通告决定的法规依据，随后分条列项写明了通告的具体事项和执行要求，便于阅读者的理解和遵照执行。

五、任务提示

（一）语言要简明通俗

通告属晓谕性公文，阅读面较为广泛，写作时应注意语言明白简洁、通俗易懂，少用难懂的专业术语，以适应受文对象的多样性和广泛性。

（二）主题要集中单一

通告的内容具有专门性质，要求一事一告，直陈其事，主旨单一。篇幅力求短小精悍，切忌长篇大论。分条列项写作时，既要紧扣主旨、阐明中心，又要使各条之间有机联系。

（三）内容要合法合规

通告的事项必须符合党和国家的方针、政策、法律、法规，特别要注意不要把一些不宜公开的、机密的内容写入通告中。

（四）发布要及时有效

对一些危害国家安全、有损人民群众利益的事情或行为，应及时通告禁止或制止，以免造成较大的损失。对一些影响人们工作、学习、生活的事项，如停电、交通管制、安检升级等，以及一些需要在规定时间和地点办理的事项等，应及早告知。

六、任务实训

1. 判断正误(对的打“√”,错的打“×”)。

(1)通告适用于公布社会有关方面应当遵守或者周知的事项。（　　）

(2)通告可以用来处理带有一定专业性的事项，写作时应多用专业术语，以体现其专业性的特点。（　　）

(3)通告的撰写者要有政策观念，以政策衡量通告的事项，不能实行不符合法律程序的“土政策”。（　　）

(4)通告通常由级别较高的权威部门或授权新华社制发。（　　）

(5)通告告知事项的范围通常是一定范围内的单位或个人。（　　）

(6)上市的民航股份制企业董事会公布股本变动情况应发布通告。（　　）

2. 试指出下文中的错误，并进行修改。

港澳台及外国航空公司《航班正常管理规定》实施准备工作进展情况公告

各港澳台航空公司，各外国航空公司：

现对截至12月26日各港澳台及外国航空公司《规定》实施准备工作的进展情况予以通告(详见附件)。

为确保《航班正常管理规定》顺利实施，督促港澳台及外国航空公司做好相关准备工作，民航局于9月29日下发了《关于做好航班正常管理规定实施准备工作的通告》，要求航空公司应制订或完善简体中文版的运输总条件和机上延误应急预案等材料，明确中国境内的投诉受理电话和电子邮件地址，在公司官网的显著位置向社会公布以上内容，并报民航局运输司备案。

对于在2017年1月1日以后仍未按照《规定》的要求公布和备案相关信息的航空公司，民航局将依法予以行政处罚。

附件：1.港澳台航空公司相关信息公布及备案情况

2.外国航空公司相关信息公布及备案情况

2016年12月30日

3. 请根据下述材料，拟写一则通告。

为维护民用航空治安秩序，保障飞机和旅客的安全，遵照国务院《关于保障民用航空安全的通告》，依据国家有关法律、规定，公安部、民航局发布联合通告：

（1）严禁旅客将枪支（含各种仿真玩具枪、枪型打火机及其他各种类型的带有攻击性的武器）、弹药、军械、警械、管制刀具、爆炸物品、易燃易爆物品、剧毒物品、放射性物品、腐蚀性物品、危险溶液及国家规定的其他禁运物品带上飞机或夹在行李、货物中托运。凡携带或夹带上述危险品的，一经查出，即交公安机关依法处理。

（2）旅客乘坐飞机时，管制刀具以外的利器、钝器（如菜刀、水果刀、餐刀、工艺品刀、手术刀、剪刀等各类刀具，以及钢锉、铁锥、斧子、短棍、锤子等）一律放入行李中托运，不得随身携带。对故意隐匿的，一经查出，即交公安机关处理，误机损失由旅客自行负责。

（3）除国家规定的免检人员外，所有乘坐民航飞机的旅客必须接受安全检查。民航工作人员，驻机场检查、检验单位工作人员进入旅客隔离区，必须持有民航局或机场公安机关统一制发的隔离区通行证。上述工作人员乘坐飞机时，必须按普通旅客接受安全检查。

（4）旅客乘坐国内航班时，必须经过指定的安检通道接受安全检查。

（5）旅客乘坐国内航班必须按规定时间提前到达机场，凭客票及本人身份证件办理乘机手续。头等舱旅客可随身携带两件手提行李，普通舱旅客只准随身携带一件手提行李。体积不超过20厘米×40厘米×55厘米，重量不得超过5公斤，超过上述件数、体积、重量的，按规定作为行李或货物办理托运。拒绝托运的，机场、航空公司有关工作人员有权拒绝其登机。

（6）严禁伪造身份证件或冒用他人身份证件购票、登机。

（7）严禁乘机旅客利用机票为他人交运行李物品，严禁为素不相识的人捎带物品。

（8）严禁以任何理由干扰机组工作，破坏机舱内正常秩序，危害飞行安全。飞行中全体旅客必须服从机组管理。

（9）任何人不得以任何借口妨碍民航安检、公安和其他工作人员执行公务。

通告明确指出，对于违反通告规定的，由公安机关根据《中华人民共和国治安管理处罚条例》和民航局发布的有关民用航空安全的规章查处；构成犯罪的，依法追究刑事责任。

4. 请完成本章节的任务设计。

小贴士

“通告”与“公告”的区别

通告和公告均属晓谕性公文，皆可公开发布，主要区别在于：

1. 适用范围不同：公告用于发布重要事项和法定事项，内容多是国内外关注的大事；通告用于发布在一定范围内需要遵守或周知的事项，内容有时具有专门性，事项通常一般化。

2. 制发级别不同：公告通常由级别较高的权威部门或授权新华社制发等；通告的制

小贴士

发机关比较广泛，各级党政机关、企事业单位、社会团体都可制发通告。

3. 告知范围不同：公告面向社会，面向国内外，受众广泛；通告则局限于一定范围内，如某一行业、某一领域、某一管辖区、某一路段等。

4. 执行要求不同：公告的内容在于让人知晓；通告的内容不仅要求知晓，往往还带有一定的强制性和约束性。

第三节 通知

一、任务设计

为确保“两会”期间各项安全保卫工作万无一失，根据民航局相关工作要求以及《××航空股份有限公司“两会”安全保卫工作方案》（×航安委会发〔2017〕153号）文件精神，客舱服务部安全保卫质量处制定了《××航空客舱服务部“两会”安全保卫工作方案》，并通知各分部立即按照《方案》要求开展工作，严格落实各项措施，切实消除各类安全隐患，确保“两会”顺利召开。

请代拟这则通知。

二、任务解读

通知适用于发布、传达要求下级机关执行和有关单位周知或者执行的事项，必要时转发上级机关和不相隶属机关的公文、批转下级机关公文以及任免人员。

通知是应用范围极广、使用频率最高的一种行政公文，有“公文中的劳模”“公文中老黄牛”之称。

通知一般为下行文，也可用于平级或不相隶属机关的往来，但不能用于上行文，如确需送往上级机关可采用抄送。有时由于工作需要，两个以上机关可以联合向各自的下属单位发“联合通知”。有些事项紧急而重大，需要广而告之，还可经过批准，直接在报纸、电视、广播、网络等媒介上发布，而无需以文件形式下发。

通知有明显的时间要求，只能在一定时间内产生效力。一些需要特别强调的事情，可用“紧急通知”“重要通知”，以增强时间紧迫感和重要性。

根据内容和作用的不同，通知在民航领域的应用可分为六类：

（一）发布性通知

适用于向所属下级机关或单位发布行政法令和规章制度，要求下级机关或单位遵照执行，如《关于印发2017—2018年冬春航季国内航线经营许可和航班评审规则的通知》《××

航空股份有限公司关于印发〈客舱服务部乘务员运行指南〉的通知》。

（二）批转性通知

适用于批转下级机关的公文、转发上级机关或不相隶属机关的公文，如《民航局转发〈国家税务总局关于航空运输征收营业税问题的通知〉的通知》。

（三）指示性通知

适用于部署工作、传达要求下级机关或单位需要周知或者共同执行的事项，如《××航空股份有限公司关于加强空防安全工作的紧急通知》《中国民用航空局关于调整国内航线旅客运输燃油附加收取标准的通知》。

（四）任免性通知

适用于任免和聘用人员，如《××航空股份有限公司关于林莉等四名同志任职的通知》。

（五）知照性通知

适用于通知所属单位或其他有关单位，需要他们知道和了解的事项，如庆祝某个节日，成立、调整或撤销某些机构组织，印章的更改，更正文件差错等，如《关于注销××航空有限公司公共航空运输企业经营许可证的通知》《关于组织收看电视文献片〈云翼长天——周恩来与中国民航〉的通知》。

（六）会议通知

适用于上级机关单位或有关部门通知会议召开的时间、地点等事项，如《××航空股份有限公司关于召开2017年度航空运输市场发展分析会的通知》。

三、任务指南

通知的写作结构一般由标题、主送机关、正文、发文机关署名和成文日期组成。

（一）标题

通知的标题有两种写法：

1. 发文机关+发文事由+文种，如《中国民用航空局关于加强航空器客舱和航站楼等区域卫生消毒工作的通知》。发布性通知的标题一般含有“印发”或“发布”的字样，如《中国民用航空局关于印发〈航空运输电子客票行程单管理办法（暂行）〉的通知》。批转性通知的标题一般含有“批转”或“转发”的字样，如果转发的是上级机关、同级机关或不相隶属机关的公文，用“转发”，如《××市人力资源和社会保障局关于转发国内航空公司聘用外籍机组人员办理入出境及就业手续有关问题的通知》；如果转发的是下级机关的公文，则用“批转”，如《国务院批转中国民用航空局关于加强民用航空安全管理意见的通知》。

2. 发文事由+文种，如《关于加强客舱服务工作规范的通知》《关于〈民航旅客国内运输服务管理规定（征求意见稿）〉公开征求意见的通知》。

有时可根据通知内容的需要，在“通知”前加上限制词，如“联合通知”“紧急通知”“重要通知”“补充通知”，如《中国民用航空局关于加强“两会”期间安全保卫工作的紧急通知》。

作为文件发出的通知，一般不单用文种“通知”作标题。标题中除法规、规章名称加书名号外，一般不用标点符号。

（二）主送机关

通知的主送机关必须用全称或规范化简称，如“北京首都国际机场股份有限公司”可简称为“首都机场”。

使用统称，包括地区、部门、单位要齐全，称谓要准确，如“民航各地区管理局，局属各单位”。若主送机关有多个，则需由主到次排列，同类的用顿号隔开，不同类的用逗号隔开，如“民航各地区管理局，有关通用航空公司，各民航设计、咨询单位，局属各单位”。

（三）正文

一般包括通知缘由、通知事项和结束语三个部分。

1. 通知缘由。主要阐明制发通知的原因、依据或目的等。其开头方式较为固定，往往用“为了”“根据”“按照”等领叙词开头，并用“现将有关事项通知如下”“特此通知如下”等惯用语过渡到下文。

2. 通知事项。事项是通知的主体部分，应写明通知的具体内容，如所发布的指示、安排的工作、周知的事项等，要求条理清晰，提纲挈领，庄重规范，便于理解和执行。内容复杂的，需分条列项，逐一写明。

3. 结束语。可提出贯彻执行通知事项的要求和希望，如“以上各点，望遵照执行”“以上通知，请认真贯彻落实”等，也可用“特此通知”作结。

（四）发文机关署名和成文日期

发文机关名称要写全称或规范化简称，如“中国东方航空股份有限公司乘务培训中心”可简称为“东航乘务培训中心”。

成文日期是通知的生效时间。通知的成文日期确定通常以发文机关负责人的签发日期为准，写在发文机关署名正下方。用阿拉伯数字将年、月、日标全，年份应标全称，月、日不编虚位。

发文机关署名和成文日期之上需加盖印章。

四、任务示例

示例1:	
中国民用航空局 关于印发《外航航班时刻申办工作程序》的通知	标题
民航各地区管理局，各地区空管局，各航空公司，各机场公司：	主送机关
为进一步明确和规范外国和台、港、澳地区航空公司航班时刻申办过程中的有关工作程序，保证相关工作的顺利开展，根据《民航航班时刻管理暂行办法》，制定《外航航班时刻申办工作程序》。《外航航班时刻申办工作程序》已经民航局航班时刻管理领导小组第4次会议讨论通过，现予以印发，请遵照执行。	正文 通知缘由 通知事项 结束语
附件：外航航班时刻申办工作程序	附件
中国民用航空局（公章）	发文机关署名
2008年5月30日	成文日期

【解析】这是一则民航发布性通知。这类通知比较简短，一般采用一段式，说明发布某一规章的依据、目的和要求，有时还要指明该规章的重要意义和贯彻执行中应注意的

问题。常用"发布""颁发""公布""印发"等词语，并以被发布对象作为附件。在"执行"二字前往往会增加一些限定修饰的成分，如"认真遵照""切实遵照""参照""参考""研究""参酌"等字句，以保证通知的有效性。

示例2：	
关于转发国内航空公司聘用外籍机组人员办理入出境及就业手续有关问题的通知	标题
各区县人力资源和社会保障局：	主送机关
为规范国内航空公司聘用外籍机组人员的入出境及就业管理，现将中国民用航空局、外交部、公安部、人力资源和社会保障部《关于国内航空公司聘用外籍机组人员办理入出境及就业手续有关问题的通知》（民航发〔2014〕8号）转发给你们，并提出以下贯彻意见，请一并遵照执行。	正文 通知缘由
一、无犯罪记录证明须由外籍机组人员国籍国或者常住国政府部门出具，记录须保持时间上的连贯性，出具时间应在航空公司正式录用时间前的半年以内。 二、无犯罪记录证明须经出具无犯罪记录证明的国家的公证部门公证，也可由我国政府在该国的派驻机构或者该国政府在我国的派驻机构出具领事认证。 三、外国人在中国就业管理工作是一项政策性很强的涉外工作，各地要高度重视，加强管理，严格审核材料，积极提供优质服务，同时把好外国人入境就业关。	通知事项
附件：中国民用航空局、外交部、公安部、人力资源和社会保障部关于国内航空公司聘用外籍机组人员办理入出境及就业手续有关问题的通知	附件
×市人力资源和社会保障局（公章）	发文机关署名
2015年3月13日	成文日期

【解析】这是一则批转性通知，适用于批转下级机关或转发上级机关、同级机关和不相隶属机关的公文。这类通知要写明对所批转或转发的公文的意见、评价或作出的决定，并表明批转或转发该公文的意义、目的、希望和要求。如转发的是上级、同级或不相隶属机关的公文，则不宜随意发表批评性意见，如需变通执行这些公文，应预先征得有关方面的同意。如批转的是下级机关的公文，可对批转对象提出包括批评性意见在内的各种评价意见。常以被批转对象作为附件，并用"参考""参阅""参照执行""遵照办理""研究执行""认真贯彻执行"等惯用语明确执行要求。

示例3：	
×航客舱服务部关于加强空防安全工作的紧急通知	标题
全体乘务员：	主送对象
近期，国际航空运输事故频繁发生，国际恐怖活动依然活跃，空防形势十分严峻。为保障航空运输安全，根据《关于进一步加强空防安全工作的紧急通知》（×航〔2017〕38号）精神要求，现将有关事项通知如下：	正文 通知缘由

一、熟知空中突发事件处置预案，认真做好航前安全检查工作。 二、严格按规定做好航前清舱以及餐食、机供品等交接和安检工作，检查情况应及时上报航班机长。 三、做好驾驶舱门监控工作，航班上下客期间以及飞行全过程中须全程锁闭驾驶舱门，严禁无关人员进入驾驶舱。如确有需要，须经内话系统联络确认后方可进入。 四、严格按规定流程做好客舱服务工作，密切关注客舱旅客动态，如发现异常行为，应立即报告航班机长和乘务长，并及时采取有效控制措施。 五、航班过站期间，须按规定指派专人监控驾驶舱和客舱，严禁未经授权的人员和物品进入客舱。 六、凡执行××等敏感地区航班过夜的乘务员，一律不得擅自离开驻地。如有特殊情况，需联系当地营业部、办事处统一安排。 七、生产协调分部对执行××等敏感地区航线航班的乘务组须满员配置，并优先配备男性乘务员。 八、各乘务部及职能分部应严格落实值班和信息反馈制度。如遇突发情况，应立即启动应急预案，并按规定流程上报。	通知事项
特此通知。	结束语
×航客舱服务部（公章）	发文机关署名
2017年5月10日	成文日期

【解析】这是一则民航指示性通知，适用于上级机关对下级机关某项工作有所指示和安排，又不必用命令或指示行文时。指示性通知要求写得符合实际，切实可行，文字要明确晓畅，使下级机关知道要解决什么问题，为什么要解决这些问题，怎样解决这些问题。这类通知一般由通知缘由、通知事项和结束语三部分组成。缘由部分一般要概述情况，交代背景，说明目的，或陈述理由，指出依据，从中引出问题，并用“现将有关事项通知如下”“特作如下通知”等惯用语过渡下文。事项部分是通知的中心内容，是下级机关应知、应办的具体事项，是工作的具体安排，是执行的具体依据，应提出明确具体的要求。结尾部分一般比较简短，主要是要求下级机关结合实际情况认真研究通知精神并抓好落实。也可不写。

示例4：	
×航客舱服务部关于吴×等3位同志职务任免的通知	标题
各乘务组：	主送对象
经客舱服务部研究同意：吴×同志为客舱乘务一组乘务长；龙×同志为客舱二组乘务长；王×同志为客舱乘务三组乘务长。	正文 通知缘由
以上同志任职期间的薪酬发放按相关规定办理。	通知事项
特此通知。	结束语
×航客舱服务部（公章）	发文机关署名
2018年1月3日	成文日期

【解析】这是一则民航任免性通知，适用于上级机关按照干部管理权限任免下级机关的干部，或上级机关的有关任免事项需要告知下级机关时。任免通知的写法比较简单，一般只要写清决定任免的时间、单位、会议、文件依据以及任免人员的姓名和具体职务即可。常用格式：任免决定＋任免对象，即"经……研究决定，任命……为……"。

示例5：	
关于注销××航空有限公司 公共航空运输企业经营许可证的通知	标题
××航空有限公司：	主送对象
你公司公共航空运输企业经营许可证（临时）（民航运企字第064号）有效期至2015年12月4日，鉴于截至该日，你公司仍未按《公共航空运输企业经营许可规定》（民航总局第138号令）第四十三条的规定提交申请换发公共航空运输企业经营许可证的完整材料，有关事项通知如下：	正文 通知缘由
一、根据《行政许可法》第七十条"有下列情形之一的，行政机关应当依法办理有关行政许可的注销手续：（一）行政许可有效期届满未延续的……"和《公共航空运输企业经营许可规定》（民航总局第138号令）第四十四条"公共航空运输企业经营许可证有效期满，企业不再申请延期的，经营许可证自动失效"的规定，决定注销你公司公共航空运输企业经营许可证（临时）（民航运企字第064号）。你公司应在收到本通知之日起10日内，将原公共航空运输企业经营许可证（临时）（民航运企字第064号）正、副本缴回。 二、你公司公共航空运输企业经营许可证（临时）（民航运企字第064号）被注销后，不得从事公共航空运输活动，有关票证、代号、标志终止使用。 三、如对本通知不服，可以在收到本通知之日起60日内，依法向中国民用航空局申请行政复议，也可以在6个月内依法向北京市第二中级人民法院提起行政诉讼。	通知事项
中国民用航空局（公章） 2015年12月8日	发文机关署名 成文日期

【解析】这是一则民航知照性通知，适用于上级机关的有关事宜需要下级机关知道或办理时。知照性通知的内容应交代清楚所通知的事项、如何办理、有何要求等。本案例采用条项式写作方法，事项明朗，表述清晰，便于阅读与遵守。

示例6：	
关于召开2017年度乘务长评聘述职答辩会的通知	标题
全体乘务长：	主送对象
兹定于2017年12月24日上午9:00在×航东大楼303报告厅召开2017年度乘务长评聘述职答辩会，请按《×航空客舱服务部关于做好2017年乘务长评聘述职答辩会工作的通知》（×航客舱部〔2017〕49号）要求，带好相关资料，准时出席。 特此通知。	正文
×航客舱服务部（公章）	发文机关署名
2017年12月15日	成文日期

【解读】这是一则民航会议通知。常用“兹定于”“定于”等作为领叙语。会议通知应明确具体地交代清楚召开会议的原因、目的、会议名称、主持单位、主要议题、与会人员以及会议地点、报到时间、需要的材料等有关事宜，要求内容周密、语言清楚、表述准确，避免产生歧义。一些重要的、大型的会议，往往会要求提前报送参加会议人员的名单（包括姓名、性别、职务、联系方式等），以便尽早编组和安排住宿。

五、任务提示

（一）要明确目的，分清种类

通知使用频率高，应用范围广。不同场合写作方法各有不同。写作时必须首先明确通知目的，再有针对性地选择与之相适应的种类进行写作，如不能将批转或转发性通知写成发布性通知，也不能将发布性通知写成批转或转发性通知。

（二）要事项具体，切实可行

事项的表述是通知写作的重点。告知有关事项的信息是所有通知的共同点。单纯知照性通知的表达要求完整、准确、具体。布置工作的指示性通知因为内容较为复杂，且需办理和执行，故表达上应注意分条列项，具体清晰地提出工作任务、措施和要求。

（三）要措辞严密，讲求实效

通知的事项一般是要求立即办理、执行或知晓的，不容拖延。有些通知如会议通知，只在指定的时间内有效。写作时应注意行文迅速，表述精准，避免出现歧义或漏洞。

六、任务实训

1. 判断正误（对的打“√”，错的打“×”）。

（1）通知可用于上级机关对下级机关行文，也用于对平级或不相隶属机关行文，还可以对上级机关行文。（　　）

（2）通知属于知照性公文，使用范围广，使用频率高。（　　）

（3）发布性通知常用于上级机关对下级机关指示、安排工作，要求办理的某个事项。（　　）

（4）为追求时效，可以在同一通知里传达多个不同事项。（　　）

(5)会议通知只需写清楚召开会议的时间和地点就可以了。（　）

(6)通知的成文日期应用大写的阿拉伯数字标全年、月、日。（　）

2. 修改下列拟写不妥的通知标题。

(1)关于航空安全保卫工作的通知。

______

(2)加强台风紧急通知。

______

(3) ××航空有限公司批转中国民用航空局关于调整国内航线旅客运输燃油附加收取标准的通知。

______

(4) 关于浦东国际机场落实航班正常管理措施有关情况的通知。

______

(5)中国国际航空股份有限公司通知。

______

(6)关于暂缓执行《关于调整旅客随身携带液态物品和打火机火柴乘坐民航飞机管制措施的公告》的紧急通知。

______

3. 根据下述材料，拟写一则通知。

近期，在上海—台北—松山—上海的航线上发生了多起因乘务员餐食发放内容与实际配餐不一致而引发的旅客投诉事件。经×航客舱服务部调查发现，为值飞该航线的航班乘务员未正确理解和使用航段餐谱所致。为此，×航客舱服务部下发紧急通知，要求值飞该航线的航班乘务员务必仔细阅读上海—台北、台北—上海的航段餐谱，并熟知每页餐谱左上方标明的餐食适用航段、配餐内容及配餐地点。通知明确指出，标配有甜品哈格达斯冰淇淋的点心餐谱仅适用于台北—上海航班上使用。现执行的上海—松山—上海航段(××5097/5098)，应使用上海—台北—上海(上海配)餐谱。通知要求，各乘务组带班人员在做好机上餐谱发放工作的监督和提醒的同时，应加强乘务员日常餐谱辨识能力的训练与提升，做好不同航段餐谱内容与实际配备的确认工作，确保准确发放，杜绝因操作不当而造成旅客不满与投诉。

4. 请完成本章节的任务设计。

小贴士

“通知”的由来

“通知”这一名称在古代公文中鲜有提及。民国初期，湖北军政府的公文程式中有“传知”，用于“对下级行文”，类似于通知。1942年7月，国民政府国防最高委员会的《公文程式条例修正草案》新增了“通知”和“报告”，但在行政机关中并没有使用。1942年，陕甘宁边区政府的《新公文程式》中有“通知”；1949年，华北人民政府的《公文处理暂行办法》中正式决定“对于特定事项或特定机关人员，通知以必须知照的事项，用通知”。1951年，中央人民政府政务院的《公文处理暂行办法》中，把“通知”列为正式行政公文，沿用至今。

第四节 通报

一、任务设计

20××年5月5日，从宁波飞往深圳的××7731航班，在飞机进入平飞阶段后，机长以疲劳为由，要求乘务长方丽丽进入驾驶舱协助航程监控。在未进行客舱岗位重新分工的情况下，方丽丽脱离L1门职责区域，进入驾驶舱就座于观察员位置，直至飞机将要进入下降阶段时才回到客舱。鉴于此事给民用航空安全带来的巨大隐患以及由此引发的不良社会影响，民航××地区管理局经仔细调查研究，决定对此事进行通报批评，并做出严肃处理：一是对××航空行政约见，并派出工作组进驻××航空进行安全督导；二是依据《大型飞机公共航空运输承运人运行合格审定规则》对××航空实施行政处罚5万元。并要求各航空运输公司高度重视近期连续发生的客舱违规运行事件，防微杜渐，汲取教训，进一步强化飞行人员对民航规章和运行标准的学习与教育，牢固树立红线意识和底线思维，从严从实抓好航空安全管理。

请根据以上材料，拟写这则公文。

二、任务解读

通报适用于表彰先进、批评错误、转达重要精神和告知重要情况。

通报的内容必须是真实确凿的，不能弄虚作假，要用真实的事实和数据来说话，切忌空泛议论。

通报所表彰的好人好事，或者所批评的坏人坏事，要有一定的影响力和代表性，能反映或揭示事物的本质规律，能在一定范围内发挥良好的教育引导作用。

通报的制发注重时效性。通报的事实一般比较具体和现实，往往与时代背景有着较为紧密的联系，只有及时传播，才能起到更好地宣传、教育与引导作用。

按照内容和作用的不同，通报在民航领域的应用可分为三类：

（一）表彰性通报

适用于表彰先进单位和先进个人，宣传先进事迹，推广典型经验，以弘扬先进，树立榜样，推动工作，如《民航××地区管理局关于表彰2017年度政务信息工作先进单位和个人的通报》。

（二）批评性通报

适用于批评错误行为或告知典型事件，以便汲取教训、引以为戒、改进工作，防止类似问题再次发生，如《中国民用航空局关于对××航空公司迟报紧急事件信息行为予以批评的通报》。

（三）情况通报

适用于传达重要精神或重要情况，指出工作重点或必须关注的问题，以交流情况、沟通信息、提请注意、促进工作，如《2017年12月航空运输消费者投诉情况通报》。

三、任务向导

通报的写作结构一般由标题、主送机关、正文、发文机关署名和成文日期组成。

（一）标题

通报的标题有两种写法：

1. 发文机关+发文事由+文种，如《××航空公司关于对××7731航班机组人员严重违规行为予以批评的通报》。

2. 发文事由+文种，如《关于表彰民航先进基层党组织优秀共产党员和优秀党务工作者的通报》。

（二）主送机关

通报的主送机关一般为直属的下级机关，或需要了解该通报内容的不相隶属单位。

（三）正文

不同类型的通报，其正文内容的写作结构各不相同。

1. 表彰或批评性通报

正文部分一般由简述基本事实、评析性质意义、说明有关决定、提出希望要求四个部分组成。

（1）简述基本事实。概括性地叙述先进事迹或错误事实发生的时间、地点、人物、经过及结果等，让人们知道有关事实的来龙去脉，对有关人和事有比较清晰的认识。

（2）评析性质、意义。通过对先进事迹或错误事实的分析、评议，指出先进事迹的典型意义和积极作用，指明错误事实的性质、问题产生的根源、所造成的危害以及应当汲取的教训。

（3）说明有关决定。要明确指出是表扬还是批评，是记功还是记过，是奖励还是处罚。

（4）提出希望或要求。就如何向先进人物或事迹学习发出号召，提出希望；对存在的问题如何采取措施，防止类似错误事实再次发生等发出警诫，提出要求。

2. 情况通报

正文部分一般由概述情况、分析情况、提出意见或要求三个部分组成。

（1）概述情况。如果是传达上级重要精神的通报，要概括介绍重要精神的来源和基本内容；如果是传达重要情况的通报，则要求扼要介绍情况发生的时间及其性质、影响。

（2）分析情况。如果是传达上级的重要精神，要逐条逐项写清具体内容；如果通报的是重要情况，则要写清情况的主要方面，分析情况的发展趋势，并指出意义或者危害。

（3）提出意见或要求。根据上述情况分析，结合实际，提出进一步巩固和提高成绩的希望，或对失误与不良情况要进行积极整改落实的要求。

（四）发文机关署名和成文日期

在通报正文末尾的右下角，写明发文机关名称和成文日期，并加盖公章。

四、任务示例

示例1：	
关于近期两起乘务组成功处理机上突发医疗事件的表彰通报	标题
各分、子公司客舱部，股份客舱部各单位：	主送机关
20××年11月30日××300航班和12月4日××6629航班上，乘客突发疾病，乘务组及时准确传递信息，冷静高效进行特情处置，贴心周到地服务旅客，受到媒体广泛关注。具体情况如下：	正文
一、事件经过 1. 11月30日××300航班，纽约至广州，股份客舱部执飞主任乘务长：蔡芳（182646），区域乘务长：徐搏（737783）、鲍炜炜（182629）、蔡丽雅（742114），乘务员：周迪（752685）、林瑞（766363）、李雨（762267）、刘雅妮（741977）、赵洁（775917）、潘广路（755816）、孙亚楠（752624）、魏雪（752565）、郑雅楠（765876），兼职安全员：康亢（768817），安全员：刘磊（201223）。 航班落地前一个半小时，乘务员发现52D座位的一位老年旅客突发心脏病，心慌气喘，手有些抖。乘务员立即报告主任乘务长和机长，启动机上应急医疗救护程序，第一时间广播，在客舱寻找到一名外籍医生，并在医生的现场指导下，使用机上应急医疗救护药箱和氧气瓶对旅客进行救护。旅客病情逐渐稳定后，乘务员将情况报告机组，机组马上和地面联系叫救护车，同时要求乘务员继续协助救护，准备一旦病情恶化，就及时备降抢救。 航班安全降落后，主任乘务长连续做了两次客舱广播，告知旅客机上有患病旅客需要救治，飞机停稳后，请旅客先不要拿行李，以保持过道畅通。落地13分钟后，医护人员登机，及时到达后舱，对病人进行进一步诊治。 2. 12月4日××6629航班，三亚至杭州，××客舱部执飞乘务长：许赛（703532），乘务员：肖单霞（761820）、王成栎（780787）、田甜（781811）、田凡（611346），安全员：张武（213033）。 航班起飞后，45H座旅客的家属称旅客晕机厉害，乘务长同意旅客调至明珠经济舱平躺休息。当乘务长再次巡舱时，家属告知旅客为癌症晚期病人，已服用自备药物。经查看发现旅客已经病发，疼痛难忍，面部发黄，口吐鲜血。乘务长立即启动机上应急医疗救护程序，广播找医生，确认医生身份后，在医生的指导下给予旅客吸氧救护，但旅客并没有好转，还浑身出冷汗疼痛难忍。经医生听诊、量血压，发现旅客血压持续降低，并再次吐血。医生提出病人应该立即得到救治。乘务长将客舱情况报告机长。机长得知情况后，决定就近备降广州白云机场。飞机停稳后，医务人员立即上机做初步检查，乘务组和地面人员协助将患病旅客用担架转移至救护车。	简述基本事实

二、事件分析 在两起事件中，乘务组的处置充分体现了“生命高于一切”的原则，反应迅速、处理及时、团队配合高效，具体要点包括： 1. 及时向机长汇报，并根据机长安排，做好备降准备。 2. 为旅客提供安全、舒适并相对安静的救护环境。 3. 广播寻求医疗协助，并确认医生资质。 4. 在医护人员的指导下，做好空中应急医疗救护，密切监控旅客病情。 5. 落地后，协助安排需急救的旅客优先下机或预留医疗人员通道，并通过客舱广播告知旅客，请旅客支持和谅解。 6. 落地后，做好与地面人员、医疗人员的交接，并主动提供人性化关怀。	评析性质意义
三、表彰奖励 经股份客舱部研究决定： 1. 给予蔡芳乘务组在全客舱系统内通报表扬，并给予空勤个人绩效2分加分奖励。 2. 给予许赛乘务组在全客舱系统内通报表扬，由××公司对个人进行绩效加分奖励。	说明有关决定
四、相关工作要求 希望全体乘务员以此为榜样，加强机上应急医疗救护学习，提升突发事件应急处置能力，展现良好的职业素养，打造客舱服务品牌。	提出希望要求
××航空股份有限公司（公章）	发文机关署名
20××年12月8日	成文日期

【解析】这是一则表彰性通报。正文部分按简述具体事实、评析性质意义、说明有关决定、提出希望要求的顺序谋篇布局，事迹典型，语言简洁，叙述得体，逻辑清晰，符合表彰性通报的基本写作要求。

示例2：	
××航空公司客舱部关于 对××1729航班滑梯冲出事件责任人李××等予以批评的通报	标题
各部门、乘务组：	主送机关
20××年6月26日，××1729航班地面等待期间发生空客A321/B-2290飞机3L门滑梯冲出并展开事件。	正文 简述基本事实
一、原因分析 （一）直接准备阶段，乘务员未能发现3L门待命显示指示窗处于红、绿交界状态； （二）开机门时，负责操作的乘务员和负责监控的乘务长均未能发现3L门待命显示指示窗处于红、绿交界处；	评析性质意义

(三)机门"待命/解除待命"的实际状况与电子系统(驾驶舱和乘务长面板)的显示不完全匹配是导致误放滑梯的诱发原因。

从以上3个原因可以看出,本次事件的发生是多种因素重叠产出的发酵效应,虽然该飞机在机械构型和电子系统上存在着不匹配的现象,但乘务员安全意识淡薄,在进行非常规操作时缺乏风险防范意识、风险预判和管控能力不强等问题是导致事件发生的重要原因。

二、认定及处理结果

对此次不安全事件,公司根据《中国××航空股份有限公司航空安全严重差错标准》认定其为一起航空安全严重差错A类不安全事件。 说明有关决定

为了教育本人及所有员工,严肃规章,根据《中国××航空公司航空安全奖惩暂行规定》《客舱服务部空勤人员绩效考核办法》的相关规定,经客舱服务部安全管理委员会讨论决定报公司安全管理委员会审核批准,对该事件做如下处理:

(一)直接责任人

1.责任乘务员李××在全客舱部范围内进行通报批评,降级重新进行新乘带飞、由乘务部分部经理等级及以上人员实施放飞检查合格后重新上岗;

2.带班乘务长王××在全客舱部范围内进行通报批评,向乘务部做出书面检查,由乘务部分部经理实施航线指导,并处1500元罚款。

(二)管理责任人

1.原客舱服务部总经理张××负有运行和安全管理责任,扣除绩效奖金5000元;

2.党委书记郑××负有运行和人员管理责任,扣除绩效奖金4000元;

3.客舱部分管业务的副总经理陈××负有安全管理责任,接受局方约见谈话,并扣除绩效奖金4000元;

4.业务管理部总经理张××负有安全管理责任,扣除绩效奖金2500元。

针对此次发生的严重差错事件,各部门、乘务组应引以为戒,认真吸取教训,强化员工安全意识,切实执行各项安全规章,杜绝此类事件的再次发生。 提出希望要求

××航空公司客舱部(公章) 发文机关署名

20××年7月15日 成文日期

【解析】这是一则批评性通报。正文开头用一句话简明扼要地交代了错误事实发生的时间、地点和主要事实,随后从三个方面分析了发生问题的原因,并结合有关规定,对该事件直接责任人、管理责任人等作出处理决定,最后发出号召,提出整改希望和要求。文章主题明确集中,事实分析合理,处理依据充分,表述清晰规范。

示例3：

2015年12月航空运输消费者投诉情况通报

标题

各运输航空公司、机场公司，航科院、中国航协、外航服务中心：

主送机关

正文

2015年12月民航局运输司、各地区管理局、民航局消费者事务中心以及中国航空运输协会共受理消费者投诉496件，其中国内航空公司388件，国外及港、澳、台地区航空公司43件，机场18件，销售代理企业47件。现将本月投诉情况通报如下：

概述情况

一、对航空公司的投诉情况

（一）对国内航空公司的投诉情况

本月受理消费者对国内航空公司的投诉388件。其中，航班问题154件，占39.69%；退款71件，占18.30%；预定、票务与登机69件，占17.78%；行李运输差错43件，占11.08%；旅客服务25件，占6.44%；综合（含常旅客）16件，占4.12%；票价6件，占1.55%；超售2件，占0.52%；广告和信用各1件，各占0.26%。

序号	投诉类型		投诉件数	比例（%）
1	航班问题	取消	94	39.69
		延误	44	
		错失衔接	4	
		时刻变更	4	
		更换航空器	3	
		信息沟通	2	
		其他	3	
小计			154	
2	退款	不适当的退款	20	18.30
		拒绝提供退款	17	
		推迟提供退款	17	
		拒绝提供退款/提供的机票/旅行支票不能接受	4	
		信息沟通	4	
		其他	9	
小计			71	
3	预定、票务、登机	售票预定错误	20	17.78
		拒绝出售机票	11	
		拒绝乘客登机	11	
		信息沟通	7	
		错误取消	3	
		未收到机票	2	
		未能成功签转	2	
		无法联络	1	
		预先重新保护	1	
		其他	11	
小计			69	

分析情况

序号	投诉类型		投诉件数	比例（%）
4	行李	行李破损	12	11.08
		行李延误	9	
		行李丢失	7	
		多收费	6	
		收费标准过高	2	
		行李内物丢失	1	
		行李内物被盗	1	
		物品丢失	1	
		信息沟通	1	
		其他	3	
小计			43	
5		旅客服务	25	6.44
6		综合（含常旅客）	16	4.12
7		票价	6	1.55
8		超售	2	0.52
9		广告	1	0.26
10		信用	1	0.26
合计			388	100.00

1.各航空公司投诉类别和数量统计（略）

2.国内航空公司的投诉率统计

本月35家航空公司中有31家航空公司发生了投诉，航空公司平均投诉率为万分之零点壹壹（0.11‱）。（略）

（二）对外国航空公司及港、澳、台地区航空公司的投诉情况

本月受理对外国及港、澳、台地区航空公司的投诉43件。（略）

二、对机场的投诉情况

本月对机场的投诉18件。（略）

三、对机场地面服务代理企业的投诉情况

本月没有发生对机场地面服务代理企业的投诉。

四、对航空运输销售代理企业的投诉情况

本月受理对航空运输销售代理企业的投诉47件，其中签改退票34件、售后服务7件、售票服务6件。

五、投诉处理情况与问题

（一）12月份投诉处理情况

12月受理的496件投诉中，共有456件得到了及时处理和回复，40件尚未回复处理结果，其中有8家国内航空公司的14件投诉没有及时处理回复；有14家外国及港、澳、台地区航空公司的21件投诉没有及时处理回复；有5家国内机场的5件投诉没有及时处理回复。详见下表：

1.国内航空公司未处理情况（略）

2. 外国及港澳台地区航空公司未处理情况（略） （二）11月份投诉仍未处理情况 截至目前，2015年11月份没有及时处理回复的1件九元航空关于旅客服务问题的投诉仍没有回复处理结果；10家外国及港、澳、台地区航空公司的12件未及时处理的投诉，有2件于12月份回复了处理结果，仍有10件未回复；5家机场未及时处理的5件投诉，仍有4件没有回复处理结果。详见附表： 1. 外国及港澳台地区航空公司仍未处理情况（略） 2. 机场仍未处理情况（略）	提出意见
本通报不对投诉的有效性进行界定，未处理的投诉正在督办中。 中国民用航空局（公章） 2016年2月22日	发文机关署名 成文日期

【解析】这是一则情况通报。本案例为航空运输消费者投诉情况通报，通常要求每月一报，属于例行性情况通报。此类通报的写作结构一般比较固定，多用表格形式来进行归类、整理与统计分析，注重数据采集的真实性和准确性，具有较强的行业工作指导意义。

五、任务提示

（一）事件要典型

要选择典型事件，突出关键情节，要有鲜明的倾向。

（二）内容要真实

通报所反映的情况必须真实、准确，不能随意夸大或缩小，以免因失实造成不良影响。通报事实要准确，时间、地点、姓名、数字不允许有丝毫差错。

（三）决定要恰当

要从事实出发，做到态度鲜明，分析中肯，依据合规，评价实事求是，结论公正准确，用语把握分寸。

（四）制发要及时

无论是表彰性通报或批评性通报，都应及时迅速，抓住时机，以更好指导当前工作。

六、任务实训

1. 请判断下列事项哪些可以用通报行文（可以打“√”，不可以打“×”）。

（1）民航×地区管理局决定表彰2017年度航空安全工作先进单位和个人。（　）

（2）民航局运输司公布××航空公司开通上海—大阪航线事宜。（　）

（3）民航局公布2017年12月航空运输消费者投诉情况。（　）

（4）×航客舱服务部告知有关人员做好准备，参加年度乘务长述职大会。（　）

（5）×航股份有限公司公布股本变动情况。（　）

2. 根据下列材料，拟写标题，并指出此通报写作方面的错误之处。

标题：________________

各乘务部、各部门：

我部乘务二部张晓、王明因其保管不慎，将空勤登机证丢失，且未按规定向有关部门及时报告。近阶段空防形势严峻，上级有关部门三令五申强调空防安全的重要性，并制定了一系列空防措施。仍然有个别乘务员空防意识淡薄，不能遵章办事，给空防安全造成极大隐患。为此，我部决定对张晓、王明通报批评。

2017年4月15日

3. 根据下列所给的材料，拟写一份通报。

20××年6月29日，×航GS7554航班执行新疆和田—乌鲁木齐的飞行任务。12时25分起飞后，在空中遭遇6名歹徒的暴力劫持。9名机组人员沉着冷静、果断处置，在旅客协助下制服劫机歹徒，飞机于12时47分安全返航并降落和田机场，成功挫败了一起暴力恐怖劫机事件，保障了国家安全和人民群众生命财产安全。

在事件处置过程中，飞行机组坚决果断、指挥有力，安全员和乘务员英勇无畏、舍生忘死，乘机旅客临危不惧、挺身而出，2名安全员、2名乘务员和多名旅客在搏斗中光荣负伤，展示了大无畏的革命英雄主义和集体主义精神，谱写了一曲荡气回肠的时代赞歌。事件发生当日，民航局即对该机组通令嘉奖，授予其“中国民航反劫机英雄机组”荣誉称号，奖励人民币100万元。授予在“6•29”反劫机斗争中成绩卓著、发挥关键作用的安全员杜岳峰、徐洋和乘务长郭佳“中国民航反劫机英雄”荣誉称号；为成绩显著、做出重要贡献的机长邹劲松、副驾驶陈开元、杨海涛和乘务员吕慧、王婉钰、宋佳分别记个人一等功；对参与处置的×××等5名旅客表示慰问和感谢，并给予现金奖励10万元/人。

4. 请完成本章节的任务设计。

小贴士

“通报”正文写法一览表

通报类型	结构层次			
	一	二	三	四
表彰性通报	介绍先进事迹	分析先进事迹的性质和意义	表彰决定	提出希望号召
批评性通报	介绍错误事实或现象	分析错误性质或危害性	惩罚决定或整改措施	提出希望要求
情况通报	介绍基本情况	分析情况，找出原因，指出意义或危害		或要求进一步巩固成绩，提高成效；或要求积极改正错误，克服不足

第五节 请示

一、任务设计

××航空公司乘务三部资深普通舱乘务员分部章阳，男，1985年1月1日出生，2008年6月进入该航空公司客舱服务部任乘务员一职，合同于2018年1月1日到期。邓婕，女，1985年12月23日出生，2008年2月进入该公司客舱服务部任乘务员一职，合同于2018年1月1日到期。二人在工作期间均表现欠佳，多次发生违规违纪行为。为规范客舱服务部员工合同管理，建立优胜劣汰的人才队伍建设机制，根据这二人的工作综合表现，乘务三部向×航人力资源部请示终止其劳动合同。

请拟写这则公文（缺失条件自拟）。

二、任务解读

请示适用于向上级机关请求指示、批准。

请示是请求性的上行文，其主送机关只能是具有直接隶属关系的上级机关，而不能是同级机关、下级机关或不相隶属机关。

请示具有要求回复的性质，行文目的非常明确，即要求上级机关对本机关（单位）权限范围内无法解决的重大事项或工作中遇到的疑难问题给予明确的答复或批示。

请示必须是事先行文，是尚未进行和有待指示的事项，不可“先斩后奏”“边斩边奏”。

请示必须一事一请示，即一份请示只能请求指示、批准一件事或解决一个问题。

按照内容和用途的不同，请示在民航领域的应用可分为三大类：

（一）请求指示类

适用于对党和国家的有关方针、政策、法律、法规不甚了解，对上级的有关精神把握不准，有待上级明确答复的问题；或工作中发生了重要新情况、新问题，而又无章可循，难以处理，必须请求上级给予指示的问题；或因情况特殊或关系重大不敢擅自做主，需要上级给予明确解释、指导和指示的问题，如《关于TY154M/B-2622号飞机特大飞行事故责任人处理意见的请示》。

（二）请求批准类

适用于因情况特殊难以执行上级的统一规定，需要变通处理，需要请求上级批准的问题；或上级机关明确规定必须请示批准后才能办理的事项，如《关于成立民用机场管理委员会的请示》。

（三）请求支持类

适用于本机关（单位）意见分歧，无法统一，难以有效开展工作，要求上级裁决的问题；或本机关（单位）职权范围内不能决定或解决不了，希望上级给予支持和帮助解决的问题，如《×航乘务训练中心关于解决波音738动态客舱模拟器购置资金的请示》。

三、任务向导

请示的写作结构一般由标题、主送机关、正文、发文机关署名和成文日期组成。

（一）标题

请示的标题通常有两种形式：

1. 发文机关+发文事由+文种，如《中国民用航空局关于简化购买国内飞机票手续问题的请示》。

2. 发文事由+文种，如《关于组建民航公安机构的请示》。

请示的发文事由一般不使用“申请”“请求”一类词语，避免与文种“请示”在语义上重复。应注意，不能把文种“请示”写成“请示报告”，也不能写成“报告”或“申请”。请示和报告是两种不同的文种。

（二）主送机关

请示的主送机关只有一个，即有权给予批准、指示或帮助的直接隶属的上级机关，不能多头主送。如需报送其他上级机关，应当采用抄送的形式。即使是受双重领导的机关上报请示，也应根据内容写明主送机关和抄送机关，由主送机关负责答复请示的问题。不能向领导者个人请示。一般不得越级请示，若遇特殊情况要越级请示时，需抄送被越过的上级。

（三）正文

请示的正文一般由请示缘由、请示事项和结束语三部分组成。

1. 请示缘由。请示缘由要简明扼要地阐述请示原因、背景、依据、目的等，写明请示什么和为什么请示，举出必要的事实、数据来说明原因，阐明请示的必要性、紧迫性和合理性。这部分是请示能否被批准的关键，因此要实事求是，言之有据，条理清晰，抓住关键。

2. 请示事项。是请示正文的主体，是要求上级机关给予指示、批准、答复的具体问题或所要求的具体事项。由于请示事项是上级机关给予答复和审批的直接依据，因此，请示什么事项，请求上级具体办什么和怎么办，都要写得具体明确、切实可行，不能含糊其辞。这部分要求层次分明，由主到次，环环相扣。

3. 结束语。这部分是请示正文的结尾，是向上级机关提出肯定性要求，也是自己愿望的表述和对上级机关尊重的表示，因此语气要恳切谦和。一般用“以上请示，妥否，请批复”“特此请示，请批复”“以上请示如无不妥，请批复（转）”等请示用语。

（四）发文机关署名和成文日期

在请示正文末尾的右下角，写明发文机关名称和成文日期，并加盖公章。

四、任务示例

示例1：	
关于TY154M/B-2622号飞机特大飞行事故调查处理意见的请示	标题
民航局：	主送机关
2月24日，×航空公司TY154M/B-2622号飞机执行成都至温州SZ509航班任务时，在温州地区发生飞机粉碎性解体事故，机上61人全部	正文

遇难,其中旅客50名、空勤人员11名。根据国务院领导同志关于认真做好善后工作并查清事故原因的指示和《特别重大事故调查程序暂行规定》(国务院第34号令),2月25日,民航局、公安部、监察部、全国总工会联合组成"2·24"特大飞行事故调查处理领导小组及事故调查组。领导小组在浙江省、四川省政府特别是温州市政府的大力支持下,积极稳妥地进行了善后工作,对事故开展了全面深入的调查。	
调查发现,造成此次事故的直接原因,最大可能是在TY154M / B-2622飞机的升降舵操纵系统中错误地安装了不符合规定的自锁螺母,而维修时又未能发现该情况,导致飞机在飞行中螺母旋出,连接螺栓脱落、飞机俯仰通道的操作失效,造成飞机失事。	请示缘由
鉴于此次事故是一起特别重大的责任事故。根据相关规定,调查小组拟对××航空公司总经理王如岑、党委书记杨发高等16名责任人员给予相应的行政及党纪处分。	请示事项
以上处理意见妥否,请批示。	结束语
附件:TY154M / B-2622号飞机特大飞行事故调查报告	附件
"2·24"特大飞行事故调查处理领导小组	发文机关署名
××年×月×日	成文日期

【解析】这是一则民航请求指示类的请示。这类请示一般要解决的多为认识上的问题。本案例缘由部分简要交代了事故发生的时间、地点、后果以及调查处理经过,并分析了事故发生的主要原因,为处理意见的提出提供了充足的事实和法规依据;事由部分的表述用"拟"而不是"决定"来引领,言辞谦和;结语部分用"以上处理意见妥否,请批复",既表达了对上级的尊重,也表达了希望得到上级指示的肯定性要求。

示例2:	
关于报送××乘务组为2017年度"优秀班组"的请示	标题
××航空公司:	主送机关
××乘务组为我部明星乘务组。多年来,××乘务组坚持以人为本,不断提升服务质量,将细微服务理念贯穿于服务全过程。从旅客登机的引导到位,到根据客舱温度变化,将毛毯主动分发给老幼旅客,再到对头等舱旅客坚持姓氏称谓,××乘务组服务热情,积极主动,注重细节,表现出了良好的职业形象。××乘务组始终坚持航空安全底线,强化红线意识,注重客舱安全检查,严格按SOP的规范执行,确保了航班的安全顺利运行。××乘务组优质的服务细节体现了近年我公司提出的"提升服务专注度"的要求,赢得了旅客的好评。为树立典型,发挥榜样力量,	正文 请示缘由

根据《××集团公司2017年度“优秀班组”评选办法》，经认真研究，拟报送××乘务组为2017年度“优秀班组”。	请示事项
以上请示，妥否，请批复。	结束语
××航空公司客舱部（公章）	发文机关署名
2018年2月1日	成文日期

【解析】这是一则请求批准类的请示。这类请示多为下级机关限于自己的职权，无法办理或决定的事项。本案例缘由部分事实充分，真实客观，评价中肯，为请示事项得到上级的批准做了良好铺垫。

示例3：	
×航乘务训练中心 关于解决波音738动态客舱模拟器购置资金的请示	标题
××航空公司：	主送机关
新建成的×航乘务训练中心已于近日启用。为适应人数过千的乘务员队伍职业培训的需要，全面提升乘务员职业培训质量，我中心拟添置全视景波音738动态客舱模拟器一台。 该模拟器可以逼真地模拟波音738机型的驾驶舱和客舱布局，包括厨房、盥洗室、舱门、应急出口及各类应急设备。舱体内部的每个舷窗和舱门观察窗均安装有液晶显示器，并用三维动画模拟出各种飞行姿态，如起飞、正常巡航、降落等场景。乘务员可以身临其境地目睹和感受各种紧急情况时的情景，如机舱外的火警、舱内烟雾、陆地和水上迫降的实景等。乘务员能够在颠簸动态的模拟舱内完成处置客舱失火、客舱失压以及从两座应急滑梯同时组织应急撤离等训练科目。客舱模拟器还能满足乘务员与飞行机组、空警、安全人员的联合训练。	正文 请示缘由
目前，该模拟器官方报价为1200万元。因我中心预算不足，特申请拨款300万元予以解决。	请示事项
以上请示妥否，请批复。	结束语
×航乘务培训中心（公章）	发文机关署名
××××年×月×日	成文日期

【解析】这是一则请求支持类请示，常用于请示者知道如何办，有权限办，但在人、财、物等方面存在困难，需要上级给予支持、帮助解决的事项。本案例缘由部分的陈述，注重以客观事实来说明问题，显得理由充分，要求合理，有助于获得上级的理解、支持与帮助。

五、任务提示

(一)不要多头请示

同一个请示事项，一般不要同时请示两个或两个以上的领导机关或主管部门，以免出现“公文旅行”，单位之间互相推诿的情况，延误了请示的批复。受双重领导的单位，应根据具体情况，主送一个上级机关，抄送另一个上级机关。

(二)不要越级请示

除非特殊情况，一般不得越级请示。因特殊情况，必须越级行文时，一般应抄送越过的上级机关。不论什么内容的请示，需要同时送其他机关的，应当用抄送形式，但不得抄送其下级机关。

(三)不要横向请示

请求平行职能部门或不相隶属的上级机关审批其管辖范围内的事项，不可使用“请示”，而是用“函”。

(四)不要事后请示

请示必须事前行文，决不能“先斩后奏”，或边请示边办理。

(五)不要向领导个人请示

请示除领导直接交办的事项外，一般不得直接送领导者个人。

(六)不要一文多事

一份请示只能写一个问题，不要把几个性质不同的问题或事项同时写在一份请示中，以免上级机关不好批复而贻误工作。

(七)不要“请示”“报告”混用

把“请示”写成“请示报告”或“报告”都是不对的。

(八)语言要谦恭

要尊重上级，不得有要挟、命令或催促一类的口吻或词句。在写请示事项时，一般只能写“拟”怎么办，不能写“决定”怎么办，因为既已“决定”就不必请示了。

六、任务实训

1. 判断正误(对的打“√”，错的打“×”)。

(1)为提高办事效率，可多事一请。 (　　)

(2)情况紧急时可以越级请示。 (　　)

(3)为使请示得到及时处理，应在文中多标注几个主送机关。 (　　)

(4)请示的内容必须是本机关(单位)职权范围之内的事项。 (　　)

(5)请示可以事前行文，也可事中行文或事后行文。 (　　)

2. 选择题。

(1)请示应当(　　)。

A. 可一文多事

B. 抄送下级机关

C. 一般只写一个主送机关

D. 考虑上级的审批权限和承受能力

(2)请示的下列结语中,正确的有(　　)。

A.特此请求,请批复

B.当否? 请批准

C.可否,请批复

D.请审批

(3)下列"请示"的结束语得体的是(　　)。

A.以上事项,请尽快批准

B.以上所请,如有不同意,请来函商量

C.所请事关重大,不可延误,务必于本月20日前答复

D.以上所请,妥否,请批复

(4)撰写请示,要求(　　)。

A.主送一个主管的上级机关

B.主送上级机关的领导人

C.受双重领导的机关主送两个上级机关

D.主送主管的与所请事项有关的上级机关

3.下文是×航客舱部的一份请示正文部分,请指出其错误之处。

我部办公室自××××年×月成立以来,在有关部门的大力支持下,工作开展顺利,但目前仍存在一些较为实际且急需解决的困难。第一,我部办公室人员编制甚少,现编制3人,除两名正、副主任外,只有1名工作人员,因本部门需要经常飞航班,客舱服务任务重,故工作不能很好开展。第二,本部门人员在办公室文件流转和处理方面缺乏经验,急需培训。以上请示报告,请尽快回复。

4.请完成本章节的任务设计。

小贴士

"请示"的适用范围

请示常用于以下几种情况:

1.上级机关明确规定必须请示批准后才能办理的事项。

2.对党和国家的有关方针、政策、法律、法规不甚了解,有待上级明确答复的问题。

3.工作中发生了重要的新情况、新问题,而又无章可循,难以处理,必须请求上级给予指示的问题。

4.因情况特殊难以执行上级的统一规定,需要变通处理,请求批准的问题。

5.工作中遇到了严重困难,需要请求上级帮助解决的问题。

6.本机关(单位)意见分歧,无法统一,难以有效开展工作,要求上级裁决的问题。

7.本单位职权范围内不能决定或解决不了,有待上级指示或批准的问题。

第六节 报告

一、任务设计

20××年7月26日上午9时35分，××机场公安局接到××国际机场指挥中心报警，中国××航空公司北京飞往长沙的××1343航班机组报告，在飞机从北京首都机场起飞后约10分钟，有一名男性旅客声称其同伙带有硫酸，他本人负责谈判，要求机组飞往韩国，如若不从，就用硫酸泼机组人员和机上旅客。机组以天气原因要求在××国际机场紧急迫降。接警后，××机场公安局立即启动反劫机预案，组织20名民警组成处置小组，赶赴客机坪，并对机场控制区实行戒严，对进入客机坪的道路实行交通管制。机场有关领导也相继赶到现场。9时49分，飞机安全降落在机场。经对机内情况了解和分析，处置小组指派2名便衣民警登上飞机，于10时20分许，将位于12排F座的犯罪嫌疑人抓获并押下飞机。经过突审，查明犯罪嫌疑人杨劲松，男，汉族，1972年1月20日生，现为××大学图书管理员，住××市××区××村11栋205号，有精神病史。××省公安厅接报后，应常务副厅长刘国庆要求，抓紧预审犯罪嫌疑人，在没有弄清情况之前，所有乘客暂缓放行，查清有无同伙；对机上货物、行李进行安检，防止遗留危险物品；请××机场公安局协助民航局做好旅客稳定工作，讲明情况，防止引发事端。××省公安厅反恐办等部门警员也前往现场指导。经过全体参战民警和安检人员的紧张工作，对飞机进行清舱处理，未发现犯罪嫌疑人有其他同伙人员和硫酸。事后，××机场公安局就××1343航班非法干扰事件向中国民用航空局公安局做了情况汇报。

请根据上述材料，拟写这则公文（缺失条件自拟）。

二、任务解读

报告适用于向上级机关汇报工作、反映情况、回复上级机关的询问。

报告是下级机关向上级机关汇报工作、反映情况使用的单向性上行文，不需要上级机关给予答复。

报告可事前行文，也可事中或事后行文。提出建议，多为事前行文；反映情况，答复询问，多为事中或事后行文；汇报工作，多为事后行文。

报告的行文目的是为了下情上达，通过向上级提供信息、提出建议、答复询问，使上级对下级有所了解，以增进上下沟通，密切上下联系，方便上级更好地做出决策和指导工作。

根据内容和作用的不同，报告在民航领域的应用可分为三类：

（一）工作报告

即汇报工作情况的报告，适用于向上级汇报一段时期的工作情况，或上级交办的某项任务的完成情况，或某次重要会议、重要活动的开展情况等，如《××航空公司落实2017年度航空安全责任制工作情况报告》。

（二）情况报告

即反映情况的报告，适用于向上级汇报工作进展中出现的新情况、新问题，特别是突发事件、特殊情况、意外事故及处理情况等,如《关于7·26劫机事件的情况报告》。

(三)答复报告

即回复报告,适用于答复上级机关的询问,或经上级机关批示,对群众来信来访中反映的问题或文件材料中反映出的问题进行查办的事项,如《××航空公司关于对2017年5月旅客投诉问题的答复报告》。

三、任务向导

报告的写作结构一般由标题、主送机关、正文、发文机关署名和成文日期组成。

(一)标题

报告的标题通常有两种形式:

1. 发文机关+发文事由+文种,如《中国民用航空局关于民航系统体制改革的报告》。

2. 发文事由+文种,如《关于〈中华人民共和国民用航空法(草案)〉审议结果的报告》。

(二)主送机关

报告属于报请性上行文,主送机关一般只写一个,即负责受理报告的上级机关,不可主送同级机关或不相隶属机关。如需知会其他上级机关,可采用抄送的形式。

(三)正文

报告的正文一般由报告缘由、报告事项和结束语三个部分组成。

1. 报告缘由。即报告的开头,主要概括说明报告的目的、依据、缘由或主要情况。常用"现将主要情况(工作)汇报如下""现将调查处理的结果报告如下"等习惯用语作为过渡,承上启下,引出正文的主要报告内容。

2. 报告事项。即报告的主体。这部分是报告的核心,用来说明报告的事项。如为工作类报告,此部分应写本单位基本工作情况、主要成绩、经验教训以及存在的问题,并就今后发展提出有关设想和建议;如为情况报告,则重点是实事求是地概括叙述事件发生的原因、经过、性质,并提出处理意见、处理情况或处理建议;如为答复性报告,则应针对上级机关的询问和提出的要求,写明事情办理的结果或问题调查的结论,写清办理或调查的过程,并表明态度。如内容单一,可分自然段,分层叙述;如内容较多,可分条列项,逐条陈述,必要时还可加小标题。

3. 结束语。报告惯用的结语是"特此报告""专此报告""请审阅""以上报告如有不当,请指示"。如需呈转,则通常写上"以上报告如无不妥,请批转各地区、各单位遵照执行"等语句来结尾,也可不写。

(四)发文机关署名和成文日期

在报告正文末尾的右下方,标明发文机关名称和成文日期,并加盖公章。

四、任务示例

示例1:	
民航局政府网站2017年第四季度抽查工作有关情况报告	标题
国务院办公厅秘书局:	主送机关
按照《国务院办公厅秘书局关于做好政府网站季度抽查工作的通知》	正文

（国办秘函〔2016〕48号）要求，民航局认真组织开展政府网站季度抽查工作，现将2017年第四季度抽查工作有关情况报告如下：　报告缘由

一、抽查范围

第三季度网站抽查工作严格按照《政府网站发展指引》（国办发〔2017〕47号，以下简称《指引》）要求，增加抽查比例，从8个站点中分别选取了西北地区管理局、华东地区管理局、新疆管理局3个子站进行抽查，抽查比例超过30%。　报告事项

二、抽查情况

西北地区管理局、华东地区管理局、新疆管理局三个子站栏目可用性正常，信息更新率、互动栏目回应情况和服务实用情况均能达到《国务院办公厅关于开展第一次全国政府网站普查的通知》（国办发〔2015〕15号）要求，子站均无空白栏目和失效链接，依托民航局政府网站主站回复公众留言近213条，整体抽查合格率为100%。

西北地区管理局子站由5个一级栏目、22个二级栏目组成，其中2个一级栏目、14个二级栏目链接民航局政府网站主站。本季度，西北地区管理局子站共更新各类信息156条，其中新闻类栏目信息51条，发布通知公告和各类信息公开类信息105条。

华东地区管理局该子站由6个一级栏目、19个二级栏目组成，其中1个一级栏目、1个二级栏目链接民航局政府网站主站。本季度，华东地区管理局子站共更新各类信息149条，其中新闻类栏目信息51条，发布通知公告和各类信息公开类信息92条，办事类6条。

新疆管理局子站由5个一级栏目、29个二级栏目组成，其中2个一级栏目、16个二级栏目链接民航局政府网站主站。本季度，新疆管理局子站共更新各类信息98条，其中新闻类栏目信息33条，发布通知公告和各类信息公开类信息65条。

三、其他工作

（一）网站集约化建设情况。

民航局政府网站群包括民航局主站、英文版网站、移动APP端、手机浏览器版网站、7个地区管理局子站组成。网站群采取集中统筹的系统架构、内容管理平台和安全防护平台，由民航局信息中心提供统一的系统运行维护，保障了政府网站运行的安全性，实现了对网站运维技术、人力和经费的有效缩减。

（二）网站一体化政务服务平台建设情况。

2017年，民航局政府网站积极落实国务院、国务院审改办及民航局要求，根据《国务院关于加快推进"互联网+政务服务"工作的指导意见》推进行政审批服务平台建设。通过新技术、新模式、新理念的应用，全面公开政务服务事项，针对民航局50项行政审批事项，设置统一的办事服务

指南、统一的办事服务入口,并提供查询链接等。实现行政相对人在线预受理,同时汇总行政审批事项办结情况,实现行政审批事项结果公开。 四、下一步工作 对照《指引》,加强政府网站群日常维护,从职责分工、网站的开设整合、网站功能、创新发展、安全防护、机制保障等多方面对民航局网站群进行对标诊断,规范民航局网站群建设管理。	
民航局综合司(公章)	发文机关署名
2017年12月14日	成文日期

【解析】这是一则民航工作报告。这类报告的主体部分应写本单位基本工作情况、主要成绩、经验教训以及存在的问题,并就今后发展提出有关设想。这类报告的篇幅一般较长,应恰当安排层次结构。

示例2:	
关于河南航空有限公司 黑龙江伊春"8·24"特别重大飞机坠毁事故的情况报告	标题
国务院:	主送机关
2010年8月24日21时38分,河南航空有限公司E190机型B3130号飞机执行哈尔滨至伊春VD8387定期客运航班任务时,在黑龙江省伊春市林都机场进近着陆过程中失事,造成机上44人死亡、52人受伤,直接经济损失30891万元。事故调查组通过现场勘查、技术鉴定、调查取证、综合分析和专家组论证,查明了事故发生的经过、直接原因和间接原因、人员伤亡和财产损失情况,认定了事故性质和责任,提出了对相关责任人员和责任单位的处理建议,并提出事故防范和隐患整改措施建议。现将有关情况报告如下:	正文 报告缘由
一、基本情况 (一)航空器情况(略) (二)机组情况(略) (三)有关航空公司情况(略) (四)机场及当日气象情况(略) (五)航线审批情况(略) (六)有关民航管理机构情况(略) 二、事故发生经过及应急处置情况 (一)事故发生经过 2010年8月24日20时51分,飞机从哈尔滨太平国际机场起飞。21时10分,飞机巡航高度6300米,距伊春机场169公里,飞行机组首次与伊春机场管制员建立联系,管制员向飞行机组通报能见度为2800米。	报告事项

经调查查明，飞机在距离伊春机场30号跑道入口外跑道延长线1110米处首次与地面树梢产生刮擦，在1080米处飞机主轮与地面接触并继续滑行，持续与地面猛烈撞击，在870米处两台发动机触地，部分机体分解，主机身最后停止于690米处。

在与地面的撞击过程中，飞机机翼油箱破裂导致燃油泄漏，泄漏的燃油沿地势向飞机机头、机身方向流淌并起火，飞机客舱内迅速充满浓烟，飞机机身除尾部外严重烧毁。幸存人员分别通过飞机左后舱门、驾驶舱左侧滑动窗和机身壁板的两处裂口逃生，其余舱门及应急出口因严重撞击变形或浓烟阻隔无法打开。机长没有组织指挥旅客撤离，没有救助受伤人员，而是擅自撤离飞机。

飞机失事时间为2010年8月24日21时38分08秒，失事地点位于黑龙江省伊春市林都机场30号跑道入口外跑道延长线上690米处。失事点坐标：北纬47°44'52"，东经129°02'34"。

（二）事故应急处置情况

事发当日，伊春机场值班经理行使机场应急救援总指挥的职责。21时38分42秒，伊春机场塔台电话告知值班经理与飞机失去联系，并在飞机着陆方向看到火光。21时40分56秒，值班经理通过对讲机向机场消防、救护下达“启动一级应急救援，向30号跑道方向立即展开搜索救援”指令。随后，值班经理带上值班医生立即乘坐现场指挥车，沿着机场巡场路赶赴事故现场，途中请求伊春市急救中心增援。机场消防站接到指令后出动2台消防车到达事故现场开展救援工作。伊春市政府在接到相关报告后也立即向有关部门下达指令，要求动员全市救援力量立即赶赴机场进行救援，伊春市消防支队和急救中心随后到达现场加入救援行动。整个现场救援行动投入救援人员约1000名、消防车和救护车各20台，至次日凌晨1时基本结束，搜寻到42具遇难者遗体，54名伤者（其中重伤37人、轻伤17人）被转运至伊春市内医院救治，其中2名严重烧伤的重伤员在后期救治过程中经抢救无效死亡。伊春市政府抽调干部与河南航空善后人员共同组成“一对一”工作组，接待遇难人员和受伤人员家属；伊春市公安部门在黑龙江省公安厅的指导、支持下，迅速开展遇难者身份鉴定工作；卫生部及黑龙江省卫生厅共调集90余名专家和医护人员赴伊春市参加伤员救治，伊春市卫生部门对每个伤员组织专门治疗小组并安排专人护理。

三、事故原因和性质

（一）直接原因

1. 机长违反河南航空《飞行运行总手册》的有关规定。

2. 飞行机组违反民航局《大型飞机公共航空运输承运人运行合格审定规则》的有关规定。

3. 飞行机组在飞机撞地前出现无线电高度语音提示，且未看见机场跑道的情况下，仍未采取复飞措施，继续盲目实施着陆，导致飞机撞地。

（二）间接原因

1. 河南航空安全管理薄弱。

2. 深圳航空对河南航空投入不足、管理不力。

3. 有关民航管理机构监管不到位。

4. 民航中南地区空中交通管理局安全管理存在漏洞。

（三）事故性质

经调查认定，河南航空有限公司黑龙江伊春"8·24"特别重大飞机坠毁事故是一起责任事故。

四、对事故有关责任人员及单位的处理建议（略）

五、事故防范措施建议（略）

特此报告。 结束语

国务院河南航空有限公司黑龙江伊春
"8·24"特别重大飞机坠毁事故调查组 发文机关署名
2012年6月21日 成文日期

【解析】这是一则民航情况报告。写作上应实事求是地概括叙述事件发生的时间、地点、原因、经过、性质及结果，并提出相应的处理意见或建议。

示例3：

关于群众反映海军
及民航飞机噪声问题（×717）调查处理情况的报告 标题

××环境保护督察工作领导小组群众反映问题处置组： 主送机关

正文

××××年×月×日，收到群众反映的（×717）环境问题后，市委、市政府高度重视。×月×日，郊区环保局执法人员赴现场进行了调查处理。经现场调查，举报情况基本属实。现将有关情况报告如下： 报告缘由

一、举报内容及调查情况 报告事项

（一）举报内容

××市正北近郊有海军飞行学校、民航飞机场，海军飞行训练常在晚上，噪声影响休息。机场离居民区很近，希望搬迁。

（二）调查情况

现场调查发现，××机场始建于1958年，为军民合用机场，可供各种中、小型飞机昼夜起降，目前属于国家二级民航机场。自2003年复航以来，先后开通××至北京、上海、广州、成都、厦门、海口等14个城市的11条航线，年旅客吞吐量即将突破70万人次。军方训练活动在夏秋季基本是执行全天飞行训练计划，且飞行频次较大。飞行活动属于军事管理范畴，

地方无权干涉。随着城市化进程的加快,新建小区增加,居民离机场较近。 经现场调查,举报内容基本属实。 二、处理情况及信息公开情况 (一)处理情况 ××××年底,××市将机场改扩建列为全市重点工程之一。目前,航站区改扩建工程可研、初设、环评、水土保持评价、控制规划等已批复,并推进隔音设施的建设,降低噪声污染。 (二)信息公开情况 ×月×日,在××市郊区政府网站将此环保问题调查处理情况进行了公示。 三、工作措施 郊区将进一步协调海军飞行学校调整飞行计划,尽量减少晚上飞机噪声污染,同时加快推进机场改扩建项目建设,尽快安装隔音降噪设施,进一步降低噪声污染。	
中共××市委　××市人民政府(公章)	发文机关署名
××××年×月×日	成文日期

【解析】这是一则答复报告。适用于针对上级机关的询问和提出的要求,写明事情办理的结果或问题调查的结论,写清办理或调查的过程,并表明态度。答复报告的写作要注意针对性,有问必答,求真务实,切忌节外生枝。

五、任务提示

(一)内容要真实,重点要突出

报告内容要有喜报喜,有忧报忧,既不夸大成绩,也不掩盖存在的缺点和问题。要注重调查研究,善于抓住事物的关键。要提高分析、归纳问题的能力,找出事物的内在联系,提炼出鲜明的观点。

(二)文字要精练,用词要准确

行文要简洁,汇报问题要简要,直截了当。切忌使用套话、空话,让人不得要领。

(三)行文要及时,主题要集中

要不失时机,尤其是专题报告,一事一报,反映情况要及时,讲究时效。

(四)不得夹带请示事项

报告属于报请性公文,受文单位不用答复,如果夹带请示事项,往往会造成失时误事。

六、任务实训

1. 判断正误(对的打"√",错的打"×")。

(1)工作报告应在工作开始之前写,以求得上级领导的指导。　　(　　)

(2)为减少发文,在上级机关呈送的报告中,可附带请示问题。 ( )

(3)请示和报告都必须一文一事。 ( )

(4)收到下级上报的“请示”或“报告”后,上级应当做出答复。 ( )

(5)报告的表达方式主要以叙述和说明为主。 ( )

(6)情况报告只需写出事件发生的原因和经过即可。 ( )

2. 选择题。

(1)下列可用报告写作的有( )。

A. 向上级汇报工作,反映情况

B. 向下级或有关方面介绍工作情况

C. 答复同级或不相隶属机关的询问

D. 答复民航旅客的各类投诉意见

(2)下列不符合报告写作要求的有( )。

A. 报告必须一事一报

B. 报告可事前、事中或事后行文

C. 报告属于上行文

D. 报告不可主送同级或不相隶属机关

(3)下列适合做报告结语的有( )。

A. 特此请求,请批复

B. 当否? 请批准

C. 可否,请批复

D. 请审阅

3. 以下为××航空公司团委拟写的一则报告,请指出其中的错误之处。

关于成立共青团××航空公司委员会的请示报告

××航空公司委员会:

共青团××航空公司团支部于2016年5月成立,一年多来,在集团公司党委的正确领导和指导帮助下,组织发动公司团员青年,紧紧围绕公司发展、生产、经营、管理等中心工作,立足本职,努力拼搏,发挥着积极的作用。

一、主要工作成效(略)

二、存在问题不足(略)

三、下一步工作设想(略)

另,随着公司的发展,公司团员青年的队伍得以壮大,截至目前,公司35周岁以下青年86人,占公司全体员工的95%,其中28岁以下团员青年47人,占公司员工近一半。为适应公司团组织建设的实际需要,更好开展新时期共青团工作,进一步增强团组织的战斗力,积极发挥广大团员青年的作用,特申请成立共青团××航空公司委员会。

以上报告妥否,请批示。

4. 请完成本章节的任务设计。

小贴士

“报告”和“请示”的区别

报告和请示是两个不同的文种，虽然都是上行文，都具有向上级机关汇报的性质，但在内容与形式、性质与要求上都有明显不同，既不能把请示写成报告，也不能写成“请示报告”。区别如下：

1. 行文目的不同。请示旨在请求上级批准、指示，需要上级批复，重在呈请。报告要向上级汇报工作、反映情况、提出意见或建议、答复上级询问，一般不需上级答复，重在呈报。

2. 行文时间不同。请示需要事前行文，不允许先斩后奏。报告则相对比较灵活，既可以在事后行文，也可以在工作进行过程中行文。

3. 主送机关不同。请示一般只写一个主送机关，报告有时可有多个主送机关，如情况紧急时需要上级多个领导机关尽快知道的灾情、疫情等。

4. 受文机关处理方式不同。请示均属办件，收文机关必须及时批复。报告多属阅件，除需要批转的建议报告外，收文机关对其他的报告可不作答复。

5. 涉及的内容不同。请示用于向上级机关请求批准、指示，凡是下级机关、单位无权解决、无力解决以及按规定应经上级机关批准认定的问题。而报告用于向上级机关汇报工作、反映情况、提出意见、建议、答复询问。

6. 写作的侧重点不同。它们虽然都要陈述、汇报情况，但报告的重点只在汇报工作情况，不能夹带请示事项。而请示中陈述情况只是作为请示原因，即使反映情况所占篇幅很大，其重点仍在请示事项。

第七节
函

一、任务设计

××民用机场场址位于县城红果东北侧，距中心城区直线距离约26公里。机场规划为民用支线机场，飞行区指标规划为4C，跑道长3000米，整体用地面积约3550亩。××民用机场建设通航对落实军民融合国家发展战略，促进×县实施产城景融合发展战略，推动区域发展和提高对外开放水平具有十分重要的意义。为此，×县政府向中国民用航空局行文，请求同意将××场址作为××民用机场推荐场址。

请根据上述材料，拟写这则公文(缺失条件自拟)。

二、任务解读

函适用于不相隶属机关之间商洽工作、询问和答复问题、请求批准和答复审批事项。

函适用范围广泛，一般不受级别高低的限制，行文灵活、简便，集上行文、平行文、下行文功能于一身，被称为公文中的“轻骑兵”。

按照内容和用途的不同，函在民航领域的应用可分为五类：

（一）商洽函

适用于平行机关或不相隶属机关之间商洽工作、联系有关事宜，如《×航乘务培训中心关于租用波音738动态客舱模拟器的函》。

（二）请求函

适用于向有关职能主管部门（如工商局、税务局、人事局等）请示帮助解决有关问题，如《甘肃省人民政府关于请求解决民航机场移交地方管理有关问题的函》。上行、平行均可使用。

（三）问询函

适用于向有关单位查询、了解问题，如《关于××航空股份有限公司实际控制人履行相关承诺事项的问询函》。上行、平行、下行均可使用。

（四）告知函

适用于向有关单位告知某些情况或事项，《关于西部航空有限责任公司行李收费的告知函》。多为平行、下行文。

（五）答复函

适用于针对来函所做的答复，如《关于同意××场址作为××民用机场场址的复函》。

三、任务向导

函的写作结构一般由标题、主送机关、正文、发文机关署名和成文日期组成。

（一）标题

函的标题有两种写法：

1. 发文机关+发文事由+文种，如《××人事局关于同意提高职工交通费、远郊补贴和午餐费标准的函》。

2. 发文事由+文种，如《关于商洽代培客舱高级管理人员的函》。

如果是答复性的函，文种名称应写明“复函”或“函复”，如《××机场关于××空中游览项目噪声扰民问题的函复》。

（二）主送机关

即受函单位的名称。

（三）正文

函的正文一般包括发函缘由、发函事项和结束语三个部分。

1. 发函缘由。即函的开头，要有针对性地写明发函的依据、背景和原因。如果是复函，开头应先引叙来文的标题和发文字号，以示尊重，常用“你（贵）单位×年×月×日《关于××××的函》（××〔2017〕×号）函收悉”做引语。

2. 发函事项。即函的主体，是函的核心部分，要写明商洽什么、告知什么、请示什么，以及要求受函单位答复什么，批准什么等内容。发函的事项一定要写得明确、具体。

如果是复函，主体部分应写明对来函所谈事项的态度主张，或答复询问，或提出疑问。如同意，可写希望；如不同意，应简述理由，并提供解决问题的方法，切不可简单生硬地拒绝。

3. 结束语。函的结束语很多，常用的有“即此函告”“专此函洽”“特此函达”“敬请函批”等惯用语，也可用“是否同意，请研究后函复”“请大力协助为盼”“望准予××为荷”“望早日函告”等语。

如果是复函，则常用“即此函复”“特此复函”“特此函告”“此复”等惯用语做结。

（四）发文机关署名和成文日期

在函的正文末尾的右下角，写明发函机关名称和成文日期，并加盖公章。

四、任务示例

示例1：	
关于商洽代培客舱服务高级管理人员的函	标题
×航乘务培训中心：	主送机关
得知贵中心将于近期举办客舱服务高级管理人员讲习班，系统培训客舱服务管理人员。因我公司客舱服务培训设备和师资力量不足，经研究，拟派10名客舱服务部管理人员随班学习。代培费用由我公司如数拨付。	正文 发函缘由 发函事项
如蒙慨允，恳请函复为盼。	结束语
××航空客舱服务部（公章）	发文机关署名
2018年2月1日	成文日期

【解析】这是一则商洽函。正文开头简明交代了商洽代培事宜的原因，随后就拟派代培人数、代培费用拨付提出初步想法，最后以“如蒙慨允，恳请函复为盼”作为结束。文章思路清晰，语气谦和，逻辑性强。

示例2：	
关于同意代培客舱服务高级管理人员的复函	标题
××航空客舱服务部：	主送机关
贵部2018年2月1日《关于商洽代培客舱服务高级管理人员的函》（×航客服〔2018〕3号）函收悉。经我中心研究，同意你部派10名客舱服务部管理人员参加我中心举办的为期10天的客舱服务高级管理人员讲习班。因我中心住宿接待能力有限，需你部自行解决住宿问题。代培费用5000元/人，请于2月14日前拨付至我中心财务处。讲习班将于2月16日开始，具体事宜见附件。	正文 发函缘由 发函事项
特此函复。	结束语
附件：《关于举办客舱服务高级管理人才讲习班的通知》	附件
××航空乘务培训中心（公章）	发文机关署名
2018年2月5日	成文日期

【解析】这是一则答复函。正文开头引述对方来函标题及发文字号，以作复函的缘由，继而用“经我中心研究”一语过渡到主体部分。主体部分先表明态度，同意来函商洽事项，并就其他相关具体问题提出了要求和建议。文章针对性强，态度诚恳，表述严谨，行文规范。

示例3:

关于请求给予工作配合的函 —— 标题

××航空客舱服务部: —— 主送机关

贵单位石倩倩参加我台主办的“我行我秀”空姐风采礼仪大赛，表现优秀，获得总决赛参赛资格，将于2017年10月18日—11月10日代表××赛区到北京参加总决赛。请贵单位予以支持配合，批准该选手的请假申请为荷。 —— 正文（发函缘由、发函事项）

××电视台(公章) —— 发文机关署名

2017年9月26日 —— 成文日期

【解析】这是一则请求函。××电视台与××航空客舱服务部非隶属关系，故采用“函”这一文种形式请求给予相关工作协助。文章开门见山交代了函请的背景和原因，语气平和，理由充分，真实可信。事项部分使用“请”“为荷”等感谢用语，语气谦和，礼貌得体。

示例4:

××航空公司关于行李收费的告知函 —— 标题

各机场(集团)公司: —— 主送机关

我公司作为2017年度中国领先低成本航空，致力于为广大旅客提供灵活多选、暖心高效的差异化服务。为了方便广大旅客更快捷办理行李托运，特将我公司行李收费相关规定告知如下。 —— 正文（发函缘由）

1. 每位旅客可免费携带一件尺寸不超过40cm×30cm×20cm，重量在7公斤以内的非托运行李。 —— 发函事项

2. 托运行李尺寸不得超过40cm×60cm×100cm，免费托运行李额根据旅客购买的客票种类进行区分。不同机票种类免费行李额如下表。

机票种类	舱位	免费托运行李额
超级旅行家	C/P	30kg
中转	V	20kg
优选经济舱	F	15kg
普通经济舱及团队	Y/B/H/K/L/M/R/Q/G	10kg
“零花钱”等特价产品	D/X/U/A/E/W/Z/T/I/J/N/S	0kg

3. 凡超过免费行李额的行李，均需收取逾重行李费。

4. 在差异化服务推广期间，我公司在民航局关于逾重行李的相关收费规定指导下，自2018年1月1日起，对逾重行李收费标准实行优惠政策如下:

逾重行李费率为12元/公斤，以公斤为单位计重（重量舍弃小数取整至个位），收费总金额舍去个位取整至十位。例，旅客逾重重量为4.5公斤则计重4公斤，收费金额为48元舍去个位取整至十位后按照40元收取。

优惠政策截止日期另行通知。

5. 各渠道收费标准如下：

销售渠道	重量	销售价格	购买时间
官网/"西部航空"微信公众号/飞行加APP	10kg	60元	航班计划离站时间4小时
	20kg	120元	
	30kg	180元	
	40kg	240元	
呼叫中心95373/代理人售票处	10kg	70元	航班计划起飞时间一天前
	20kg	130元	
	30kg	190元	
	40kg	250元	
登机口	超规行李不允许携带入客舱，若未在值机柜台按规定托运，将超规行李带至登机口，导致行李无法运输等后果需旅客自行承担。仅在条件（时间、安全、行李大小等情况）允许范围内，登机口按逾重行李基础收费标准收取费用后，方可办理行李运输，即每公斤按照同航段机票全价的1.5%计算		

××航空公司（公章）　　发文机关署名

2017年12月5日　　成文日期

【解析】这是一则告知函。常用于不相隶属机关告知有关事项。其缘由部分简要交代了发文单位的行业背景，以及发出告知函的原因，理据清晰充分；事项部分分条列项，逐一说明了所告知事项的执行标准与执行要求。文字说明与表格说明并用，便于阅读与理解。

五、任务提示

（一）内容要单一

要遵循一函一事的原则，不要在同一函中提出多个性质不同的事项。

（二）文种要准确

写作中应注意"请示函"与"请示"、"函复"与"批复"之间的区别，防止混用。

（三）行文要简洁

要开门见山，直陈其事。表达简明扼要，事项明确具体，切忌套话、空话。

（四）用语要得体

函主要用于平行机关或不相隶属机关之间，因此撰写时要特别注意用语礼貌得体。要多用商讨的语气，态度要诚恳谦和，既不能恭维逢迎，也不能盛气凌人、简单粗暴。忌用"决定""必须""应该"等命令、指示性语言。

六、任务实训

1. 判断正误（对的打"√"，错的打"×"）。

（1）请求函与请示的共同点是"请求批准"。（　　）

（2）函可用于××航空公司向其直属上级单位请求提高交通标准的事宜。（　　）

（3）便函不属于公文。（　　）

（4）函的行文方向只可平行，不可上行或下行。（　　）

（5）为便于受文单位统一处理，函可以一文数事。（　　）

2. 请指出下文中的错误之处，并改正。

关于提高职工交通费和远郊补贴事宜的复函

××航空公司《关于提高职工交通费和远郊补贴事宜的函》收悉。根据国家和我市有关规定，在核定的工资总额范围内，企事业单位可以结合实际，基于搞活内部工资分配制度，推动工资分配激励机制建设，充分调动职工工作积极性的目的，适当调整提高职工交通费和远郊补贴。调整提高的具体标准由各企事业单位根据有关规定和程序制定。

另，烦请你公司于12月14日前将本年度编制预算情况上报我局。

谢谢。

×市人力资源和社会保障局

3. 请完成本章节的任务设计。

小贴士

“请示”与“请求函”的区别

在公文撰写中，经常出现“请求函”与“请示”混用的情况。其实，“请求函”和“请示”是有严格区别的。

一是类型不同。“请示”是上行文；“请求函”是平行文。

二是主送机关不同。“请示”的主送机关是具有领导、指导关系的上级；“请求函”的主送机关是平行或不相隶属的职能单位。

三是内容范围不同。“请示”是请求批准、指示；“请求函”是请求批准某项职能事项。

四是行文语气不同。“请示”用语应体现对上级机关的尊敬；“请求函”的用语应体现互相尊重。

五是办复方式不同。“请示”的事项是由上级机关批复下级机关；“请求函”的有关批准事项是由不相隶属的受文单位复函的。

第八节 纪要

一、任务设计

为进一步加强××地区机场管理工作，总结交流经验，提升区内机场安全管理水平，

20××年6月6日上午，民航××管理局在××机场召开运行安全管理工作会议。

民航××管理局副局长刘××对区内四大机场安全管理情况进行了讲评。刘局长指出，区内各机场运行安全管理工作呈现出体量越来越大、要求越来越高、问责越来越严、压力越来越大的四个特点，各单位要充分认识到当前的形势与责任。刘局长强调，各单位在运行安全管理工作中要做好三个方面。一是谋在大处，要落实领导的岗位责任，要落实安全管理体系。二是抓在细处，要抓重点，做好鸟击防范、FOD防范、冬季除冰雪、不停航施工和应急救援等工作；要抓基础，提高人员素质、加大资金投入；要抓监管，转变监管方式、创新监管方法、落实监管体系。三是落在实处，隐患问题要有定力，安全体系要有耐力，联动处置要有合力，各单位要对标看齐和取长补短。同时，刘局长表示，××机场在运行安全管理工作有很多“接地气”的举措，在飞行区鸟击防范、FOD防范、机坪运行监察等方面卓有成效。

会上，民航××地区管理局机场处副处长徐××通报了2015年至2016年4月份××地区运输机场运行安全情况，航空安全办公室副主任姜××介绍了天津“8·12”事故后续问责情况；××机场集团副总经理宋××介绍了××机场运行安全管理经验。

会议由民航××监管局局长刘××主持。民航××地区管理局机场管理处、航空安全办公室、政策法规处，民航××监管局，××机场集团共30余人参会。

根据上述材料，拟写一则会议纪要。

二、任务解读

纪要适用于记载会议主要情况和议定事项。

各级党政机关办公会和专题会讨论议定的事项都是本机关的决策事项，要以纪要的形式印发公文，作为指导开展工作的依据。有些纪要经上级领导机关或主管部门批准后，就具有法规性质，不仅与会单位要遵照执行，其他有关方面也必须遵照执行。

按照内容和性质的不同，纪要在民航领域的应用可分为三类：

（一）例行会议纪要

适用于机关（单位）领导集体研究处理一些不宜由领导个人决定的事项的例行性会议，如党委会、办公会、行政例会等。例行会议常有固定的时间，如每周一次、每月一次；有固定的出席人，如党委会的出席对象一般是党委书记和党委委员，与会议议题有关的负责人也可列席。例行会议有时研究处理一个议题，有时连续讨论处理多个议题。会上研究决定的事项，通常要以会议纪要的形式印发给有关单位（部门）阅读或办理，如《民航局局务会议纪要》。

（二）工作会议纪要

适用于为了研究某些重大工作问题而召开的专门会议。通过对涉及有关工作问题的重要方针政策的研讨以及经验交流等情况的纪实，以给相关工作问题的处理提供指导，如《全国民航自动转报系统工作会议纪要》。

（三）协调会议纪要

适用于两个或两个以上的平行机关或不相隶属机关之间，针对一些需要配合与协作的事务而召开的会议。通过对经过多方会谈所形成共识的纪实，以约束各方共同遵守执行，如多部门协调会，如《关于加快推进江苏民航发展的会谈纪要》。

三、任务向导

纪要的写法较为灵活,通常由标题、正文、出席情况等部分组成。

(一)标题

纪要的标题相对其他公文标题,写法较灵活,主要有三种形式:

1. 会议名称+文种,如《全国民航青年文明号工作会议纪要》。

2. 主办单位+会议名称+文种,如《××机场安保工作会议纪要》。

3. 正标题+副标题,如《抓住机遇,练好内功——××航空公司工作会议纪要》。正标题反映会议的主要精神和内容,副标题反映会议名称和文种。

(二)正文

纪要不用写主送机关。

正文是纪要的核心部分,一般由前言、主体和结尾三部分组成。

1. 前言。即会议纪要的开头。主要用来记述会议的基本情况,包括:会议的背景、依据和目的、召开会议的时间、地点、会议名称、主持人、主要出席人、会议主要议程、讨论的主要问题、会议的结果及评价等。常用“××××年×月×日, ×××局长(职务)主持召开××会议,讨论××××××××××问题等”等语开头,并用“纪要如下”引出下文。

2. 主体。这一部分主要记述会议的主要内容,是会议纪要的核心,要求准确简明地写出会议讨论的问题及结果、会议决定的事项、提出的要求等。

主体部分一般有三种写法:

(1)条项式。把会议讨论的主要问题和议定的事项,按主次,分要点一条条列出来。办公会议纪要、工作会议纪要多用这种写法。

(2)综述式。将会议所讨论事项和研究的问题进行综合概括,分成若干部分,每个部分讲一个方面的内容。通常把主要的、重要的内容放在前面,尽量写得详细些、具体些;次要的、一般性的内容放在后面,可写得简略一些;特殊的,放在最后。较复杂的工作会议或经验交流会议纪要多用这种写法。

(3)摘记式。即把与会人员典型的、代表性的发言要点摘录下来,按发言顺序或按内容性质先后写出。一般在记录发言人首次发言时,在其姓名后用括号注明发言人所在单位和职务。为了便于把握发言内容,有时根据会议议题,在发言人前面冠以小标题,在小标题下写发言人的名字。这种写法的好处是,可尽量保留发言人说话的风格,比较客观、具体。一些重要的座谈会纪要常用这种写法。

主体部分的叙述常以会议为表述主体。在说明会议过程时,常用“会议听取了……的汇报”“会议传达了……文件(会议、讲话)精神”“会议围绕……进行了热烈讨论”等句式;在阐述会议精神时,常用“会议提出”“会议认为”“会议指出”“会议强调”“会议讨论了”等惯用开头语;在表述会议决议时,常用“会议决定”“会议要求”“会议号召”等领叙词。

3. 结尾。一般强调本次会议的意义,并对与会者提出希望和要求,也可对大会作概括性总结。也可不写结尾,以会议主要内容分述完毕,自然作结。

(三)出席情况

纪要通常把出席会议人员名单放在结尾处,以减轻纪要开头部分的篇幅压力。一般来说,例会纪要需分别写明出席、请假以及列席人员的名单,专题工作会议只需写明出席人员的名单就行。

纪要有特定的发文式样，一般将发文机关和成文日期置于公文版头下部。

纪要可分发给下级单位，抄送给同级或不相隶属的单位，也可作为“附件”报送给上级领导机关。

纪要不加盖印章。

四、任务示例

示例1：	
民航××地区管理局航空运输委员会会议纪要	标题
××××年×月×日下午，民航××地区管理局×××局长主持召开民航××地区管理局航空运输委员会第一次工作会议，××管理局领导、局机关市场处、空管处、纪检处、航安处、法规处、规划处、飞标处、机场处、公安局等单位负责人参加了会议。会议通报了民航局近期下发的《关于进一步做好航权航班和时刻管理工作的通知》《关于进一步规范国内航线加班包机临时经营航班和时刻管理的通知》《关于印发进一步改革国内航线经营许可和航班管理办法的通知》等文件精神，讨论通过运输委员会工作职责及工作制度，审议××××年夏秋季航班航权初审方案。纪要如下：	正文 前言
一、审议××局运输委员会工作职责及工作制度 会议讨论了运输委员会工作职责及工作制度，下设航权管理办公室、航班时刻管理办公室的工作职责和工作程序，详细内容近期将行文下发。 二、审议××××年夏秋季航班航权初审方案 会议审议了航权管理办公室提交的××××年夏秋航季××局辖区内新开/新进航线经营许可及××××年夏秋季××局辖区新增航班的初审方案，该方案将于×月×日通过民航航航班管理(信息检测)系统对外公示。 三、会议决定于×月×日召开运输委员会第二次工作会议，会议内容将包括以下方面： 1. 讨论航权管理办公室提交的××××年夏秋季××局辖区内新开/新进航线经营许可及××××年夏秋季××局辖区内新增航班对外公示后各运输航空企业的反馈意见； 2. 审议时刻管理办公室提交的××××年夏秋季时刻协调有关方案，研究××区域内六个繁忙机场的时刻协调情况； 3. 审议航权管理办公室提交的××××年夏秋季运输航空企业上报的新增航班时刻的申请。	主体
出席人员：×××　×××　×××　×××　×××　××× ×××　×××　×××　×××　×××　×××	出席情况

【解析】这是一则工作会议纪要。前言部分记录会议的基本情况,包括会议的时间、地点、会议名称、主持人、与会人员、主要议题等,并用"纪要如下"作为过渡语引出下文。主体部分采用条项式,分条列项,逐一写明会议的议定事项。文章结构完整,逻辑清晰,表达规范,要点明朗,便于阅读和理解。

示例2:

×航山东运控部
"奥运"表彰及"奋战百日"活动动员会议纪要

标题

正文

前言

9月28日,中国××航空股份有限公司山东分公司运行控制部(以下简称"运控部")在青岛召开了国庆节前会议,除了值班人员与在外人员,其余人员都参加了会议。会议对奥运(残奥)会保障工作进行了总结与表彰,同时对"奋战一百天、全力以赴完成全年各项任务"活动进行了动员,并进行了节前和节日期间注意事项等安全教育。

主体

作为×航山东分公司航班运行的中心枢纽,运控部在奥运(残奥)会航班保障中取得了优异成绩,整个奥运(残奥)会期间,执行航班3063班,正常2727班,不正常336班,正常率89.03%。其中青岛始发1084班,正常1003班,不正常81班,正常率92.53%;济南始发385班,正常337班,不正常48班,正常率87.53%;烟台始发351班,正常278班,不正常73班,正常率79.2%。期间共保障重点航班140班,保障专机4班,VVIP航班2班。运输保障奥运参赛人员和媒体人员共756人。青、济、烟三地的航班正点率都得到了很大提高,特别是青岛地区,更是达到了前所未有的92.8%,为×航山东分公司奥运(残奥)会航班保障的顺利完成付出了辛勤汗水。

运控部×××经理在对奥运(残奥)会保障工作总结的同时,对表现突出的班组和个人进行了表彰,并动员全体人员以"奥运精神"积极参与"奋战一百天、全力以赴完成全年各项任务"的活动,努力完成全年任务。

运控部×××书记带领大家一起学习了××航空股份公司关于"奋战百日"的文件精神和×航山东分公司×××书记在动员大会上的讲话精神,并进行了节前教育,同时也结合近期的情况进行了十月份安全教育,并要求大家做好节日期间的安保工作。

×××副经理对一年来现场航班保障工作进行了总结,认为在机关人员的协助和现场值班人员的努力下,航班正点保障取得了可喜的成绩,鼓励大家继续努力,积极协调,进一步提高航班正点率,并对节后的现场航班保障工作进行了安排。

出席情况

出席:××× ××× ××× ××× ××× ×××
××× ××× ××× ××× ××× ×××
缺席:××× ×××
请假:×××

【解析】这是一则专题会议纪要。开头部分交代了会议的时间、地点、主办单位、出席者、会议名称以及会议主要议题等基本情况，用语简明。主体部分采用综合式写法，首先概述了×航山东分公司运控部在奥运(残奥)会航班保障中取得的优异成绩，突出重点；随后根据发言顺序，依次概述了发言者的主要讲话精神。文章重点突出，逻辑清晰，概括准确，详略得当。

五、任务提示

(一)要突出"要"

纪要是对会议全部材料的概括、综合和提炼，必须做好会议材料积累，广泛搜集会议材料，全面掌握会议情况。

(二)要强调"纪"

把握会议主要精神和核心内容，突出会议纪要的纪实性、概括性特点，既要反映会议精神、领导讲话要义，又须提炼概括，不能成为会议记录的"副本"。

(三)要讲究"简"

纪要的写作要有条理，逻辑性要强，观点要鲜明，概括要完整，表达上以叙述为主，要精炼通俗，篇幅不宜太长。

(四)要注意"特"

与大多数公文相比，纪要的写法有诸多不同。纪要的文件标题常由"××××纪要"组成，如"民航局局务会议纪要""民航局专题会议纪要"等。纪要的编号可以按序号来编，如"第10号"；也可按年度编排，如"〔2018〕3号"。纪要格式可以根据行文需要而定。

六、任务实训

1. 指出下列会议纪要的不妥之处，并加以改正。

乘务三部三月份安全生产例会会议纪要

20××年4月5日，乘务三组召开了三月份安全生产例会。会议首先由乘务三部各乘务员完成规定例会测试，包括机上急救常识、航线基本安全常识以及危险情况处置常识等。然后是客舱各职能部门相关内容的学习。然后按照近期航班重点机供品、酒类回收新规定进行检查，对存在的问题逐一进行了指正。最后就3月13日××5459机长反映在地面闻到香烟味的事件进行了讨论。

2. 写作题。

以"做一名合格空中乘务员"为主题，组织一次班会活动，并根据相关会议记录，拟写一则会议纪要。

3. 请完成本章节的任务设计。

小贴士

“会议纪要”的三种写法

根据会议性质、规模、议题等不同，会议纪要大致有以下三种写法：

1. 集中概述法。即用概括叙述的方法，把会议的基本情况，讨论研究的主要问题，与会人员的认识、议定的有关事项（包括解决问题的措施、办法和要求等），进行整体的阐述和说明。这种写法多用于召开小型会议，而且讨论的问题比较集中单一，意见比较统一，容易贯彻操作。写的篇幅相对短小。

2. 分项叙述法。某些大中型会议或议题较多的会议，一般采取分项叙述的方法，把会议的主要内容分成几个大的问题，然后加上标号或小标题，分项来写。这种写法侧重于横向分析阐述，内容相对全面，问题阐述得比较细，常常包括对目的、意义、现状的分析，以及目标、任务、政策措施等的阐述。

3. 发言提要法。这种写法是把会上具有典型性、代表性的发言加以整理，提炼出内容要点和精神实质，然后按照发言顺序或不同内容，分别加以阐述说明。这种写法能比较如实地反映与会人员的意见。某些根据上级机关布置，需要了解与会人员不同意见的会议纪要，可采用这种写法。（资料摘选自360百科）

第三章

民航客舱管理事务文书

民航客舱管理事务中常见应用文书有客舱工作计划、客舱工作总结、客舱工作简报、会议记录等。它们是民航客舱管理部门在处理客舱日常事务时用来沟通信息、安排工作、总结得失、研究问题的实用文体，是应用写作的重要组成部分。其作用主要在于反映情况、传递信息、交流经验等。

第一节 客舱工作计划

一、任务设计

李嘉欣是××航空的资深客舱乘务长。2018年1月6日，她接到飞行任务，将于1月8日执飞北京（首都国际机场）至厦门（高崎国际机场）的××1871航班。为确保航班运行安全顺利，客舱服务工作按质按量完成，李嘉欣从基本准备、安全准备、服务准备、业务通告学习等方面入手，撰写了一份详细的客舱工作计划。

请代李嘉欣拟写这则客舱工作计划。

二、任务解读

客舱工作计划是指团体或个人对未来一定时间内要做的客舱工作从目标、任务、要求、措施等方面预先作出设计安排的事务性文书。

客舱工作计划的制定是对将要实施的客舱工作进行一个预见性的安排，包括要做什么，怎么做，以及实施过程中可能遇到的情况、问题及具体的解决措施等。

客舱工作计划的制定目的是为未来的客舱工作和需要完成的目标服务的，对未来工作的开展有指导性作用。

计划制定后，对有关团队或个人来说不仅是工作指南，而且带有权威性和约束力，无论是号位分工、特殊旅客服务，还是空防安全保障，都应按计划的要求去做，以确保计划得到顺利实施。

客舱工作计划有许多不同种类，既有时间长短之分，也有范围大小之别。通常来说，比较长远、宏大的称为"规划"，比较切近、具体的称为"安排"，比较繁杂、全面的称为"方案"，比较简明、概括的称为"要点"，比较深入、细致的称为"计划"，比较粗略、雏形的称为"设想"。

三、任务向导

客舱工作计划的写作结构一般由标题、引言、主体、结尾、署名和日期组成。

（一）标题

客舱工作计划标题有两种形式：

1. 制定主体名称+适用时间+内容性质+文种。如《东方航空凌燕乘务组2017年台商春节包机客舱工作计划》。

2. 适用时间+内容性质+文种。如《2018年度客舱安全工作计划》。

如果是还没有最后确定的计划，可在标题后面注明“讨论稿”“草案”等字样。

（二）引言

客舱工作计划通常有一个“前言”段落，主要点明制订计划的指导思想和对基本情况的说明分析。

引言文字要力求简明，以讲清制订本计划的必要性、执行计划的可行性为要，应力戒套话、空话。

（三）主体

如果说引言回答了“为什么做”的问题，那么主体要回答“做什么”“怎么做”“何时做”等问题。

1. 任务与要求

首先要明确指出总目标和基本任务，随后应根据实际内容进一步详细、具体地写出任务的数量、质量指标。必要时再将各项指标定质、定量分解，以求让总目标、总任务具体化、明确化。

2. 办法与措施

以什么方法、用什么措施确保完成任务实现目标，这是有关客舱工作计划可操作性的关键环节。所谓有办法、有措施就是对完成计划须动员哪些力量、创造哪些条件、排除哪些困难、采取哪些手段、通过哪些途径等心中有数。这既需要熟悉实际工作，又需要有预见性，而关键在于有实事求是的精神。唯有这样，制订的措施、办法才是具体的、切实可行的。

3. 时限与步骤

工作有先后、主次、缓急之分，进程又有一定的阶段性，为此在计划中针对具体情况应事先规划好操作的步骤、各项工作的完成时限及责任人。这样才能职责明确、操作有序，执行无误。

任务与要求、办法与措施、时限与步骤是制订客舱工作计划的三要素，缺一不可。在具体写法上，任务与要求一般要单列，办法与措施、时限与步骤则可分别分段列项来写，也可揉为一体来写。根据内容的需要，客舱工作计划可采用文件式、条文式或表格式来进行谋篇布局。

（四）结尾

结尾的内容一般包括在执行计划时应该注意的事项，需要说明的问题，或是提出要求、希望和号召等。

（五）署名和日期

注明制定计划的单位名称和日期。如在计划标题上已标明了单位名称，结尾处就不必重复。

四、任务示例

标题

客舱工作计划

正文

引言

为确保顺利执飞7月9日上海(浦东国际机场)至成都(成都双流国际机场)正班××5929次航班,现就个人有关工作计划如下:

任务与要求

一、任务与要求

1.了解该航班的具体飞行日期,复习该航班的相关航线知识,包括飞行距离、地理人文及航班配餐情况。

2.了解该航班的执飞机型及人员配置情况,就自身将会执行的号位,明确号位分工。

3.上网查阅客舱部的近期安全及业务通知,就目前严抓的安全整改项目进行学习,熟练业务技能。

4.进行个人证件资料和个人用品的整理和确认。

措施和步骤

二、措施与步骤

1.个人飞行网显示本次航班是由上海浦东国际机场至成都双流国际机场的正班航班,飞行距离1980公里,飞行时间约为2小时50分钟(20××年7月9日××5929 去程8:00~10:50,回程11:50~14:00)。登陆业务通复习成都航班的相关航线知识,了解到该航班飞行将会经过的山区较多,飞行过程较为颠簸,于是做了相关的防机上颠簸处置预案。

根据飞行时间,此次航班的配餐情况为去程早餐,回程午餐。由于飞行时间较长,我将需要在落地安全检查前的15分钟再送一遍矿泉水和茶水。

2.该航班是由A320执行,根据我的资质一般担任外场4号的岗位。该号位具体负责普通舱外场的工作,在内场准备餐食的同时,我需要做好外场的服务工作,并及时清洁洗手间。该号位在紧急情况下需要手动释放救生船,所以我需要就该项目进行专门复习。

3.近期客舱部的重要安全通知为《夏季飞行——防颠簸及烫伤》。我已再次复习颠簸的三个具体处置方案,并就近期遇到的相关颠簸情况进行了梳理。现结合本次执飞的航班多由游客组成,并且暑期儿童旅客较多的情况,做出如下安排:

(1)在服务过程中及时口头提醒旅客在座位上坐好,系好安全带。提醒带小孩的旅客多关注自己的小孩,不要随意走动。

(2)颠簸期间频繁广播通知旅客,让旅客就安全问题引起重视。对每一个上洗手间的旅客,提醒他们拉好扶手。

(3)冲泡咖啡和茶水这些热饮的时候,适当加些矿泉水,中和一下水温。建议小朋友喝果汁类饮料,避免热饮。

4.航班的前一晚确认飞行中应始终备用的证件资料是否齐全，清洁并熨烫好围裙和制服，确保充足睡眠。在出门执飞航班任务前，检查自身的仪容仪表是否符合规定，登机牌、姓名牌和丝巾手表是否佩戴完整。	
本人就20××年7月9日××5929航班的个人工作计划如上。其中，由于具体起飞时间较早，考虑到旅客多在6点30分前到达浦东国际机场，上飞机后大部分旅客会先休息补充睡眠，所以第一段餐食的发放及保存需要和组员们就当天的具体情况进行适当调配。	结尾
×××	署名
20××年7月6日	日期

【解析】这是一则客舱工作计划。引言部分用一句话说明了制定计划的必要性，简明扼要。正文部分首先提出具体的任务数量和质量指标，既符合乘务员工作的实际情况，又涵盖了乘务员工作的方方面面。随后根据上述任务与要求，分条列项，确定了完成任务的具体措施、行动步骤以及时间安排，以保证飞行任务的顺利完成。结尾部分就餐食发放注意事项做了补充说明。文章结构完整，表述清晰，有针对性，可操作性强。

五、任务提示

（一）实事求是，留有余地

制订客舱工作计划时不仅要考虑到工作的需要，而且要考虑到实际的可能。要在深入细致调查研究的基础上进行，不能只凭主观愿望、凭热情来制订计划。所提目标任务，不能过高，也不能偏低，要有实际可操作性，又留有余地。客舱工作计划应是经过一定的努力之后才能达到的行为目标。再好的计划，在执行的过程中也难免有预测不到的地方，所以要根据遇到的新情况、新问题及时进行修正、补充、调整，要保持一定的弹性。

（二）具体明确，突出重点

客舱工作计划的目标、任务要具体明确，措施、步骤要切实可行，具有可操作性，切忌目标笼统、措施含糊、职责不明。另外，要根据任务的主次、缓急来安排工作的顺序，把中心工作和重点任务突现出来。通常在写客舱工作计划时，重要的、紧迫的工作应安排在前面写，一般的、可缓的工作安排在后面写，这样，既使行文错落有致，又使计划便于执行。

（三）语言简洁，说明为主

客舱工作计划以叙述和说理为主，语言要简洁明了，尽量用深入浅出的语言，不作冗长的叙述和过多的议论，行文上也要力求条理清楚，段落分明。

六、任务实训

1. 假设你是××航空公司的一名乘务长，你即将执飞上海浦东至台北桃园的××8951航班。请根据相关内容要求，择其要点，拟写一则客舱工作计划。

客舱工作要点：

除了各类证件及服务用品的检查外，传达任务书的相关信息后，其余内容可以分

为以下几部分:

一、安全方面

1. 安全员的空防预案:包括清舱、与机组的联络暗号、机上防盗、防劫机等方面的内容。乘务长可以根据安全员提到的其中几点,结合乘务员的工作展开,根据当天航班的特点提出对乘务员的要求,并可以运用一些案例突出所要讲的重点(例如清舱分为乘务员上机后的清舱、上客前的清舱以及旅客下机后的清舱,对3次不同类别的清舱提出要求,并可以举些反面的案例加深印象)。

2. 机门的操作:首先,可以利用机门操作的六字方针进行提问,提问的内容可以是其中的某个字,请乘务员展开。其次,飞机的机型不同,操作的方法也不同,也可以利用这点请乘务员来复习,还可以对以往这个机型的滑梯冲出事件进行案例分析。然后对两人制的开门制度提出自己的要求。在机门操作方面重点要提醒乘务员在此期间应高度集中注意力,因为无论流程多么完善,如不集中注意力仍会发生一些意外。

3. 上客时的出口座位评估:可以用提问来完成这方面的准备,在乘务员回答后进行必要的补充,并根据规定提出相应的要求(例如评估的及时性、评估后的再确认、动态评估以及出口旅客行李物品的摆放等)。

4. 颠簸的处置:首先可以对三种颠簸的处理方案进行提问。然后提出颠簸时对广播员的要求,以及对客舱乘务员的要求。还可以假设一些情景,请乘务员来回答如果遇到类似的情况该如何处理,并对乘务员的回答进行可行性分析。提醒乘务员在颠簸期间还应加强自我防护,如听到暂停服务的广播应视情节将餐车拉回服务舱,以免受伤。

5. 机型应急设备、客舱设备、厨房设备等的提醒和提问,提问紧急情况下各号位职责及携带物品,对所执行机型的设备应进行复习。

6. 禁止捎、买、带及私拿私分机供品,并提醒遵守海关及卫检规定。

7. 如执行过夜航班,提醒驻外期间遵守相关规定,确保个人安全。

二、服务方面

1. 对头等公务舱旅客的服务要求。

2. 对特殊旅客的服务提出要求。此时也可以假设一些情景,请乘务员来回答(如UM的服务,睡觉旅客的服务等)。

3. 结合不同航线的旅客特点提出服务要求,可以请乘务员先来说说这条航线的特点,然后结合这些特点提出服务上的要求。还可以根据碰到或者是听到的服务案例进行讨论分析。

4. 洗手间的卫生要求。

5. 送餐服务工作结束后对乘务员的其他要求(例如巡视客舱的内容,乘务员轮流用餐等)。

6. 过夜航班驻外规定的相关提醒。

7. 提醒乘务员在航班中培养自身的综合能力,如发现、处理和解决问题的能力,并倡导在航班中提升与旅客的沟通能力。

三、其他

1. 与乘务员一起复习本月检查重点,并有针对性地提出要求。

2. 营造航前准备会良好的氛围，尽力使每位乘务员都参与。

3. 航前准备会可多采取提问及讲案例的方式。

4. 航前准备会时间控制在20~25分钟之间。

2. 请完成本章节的任务设计。

【任务链接】

航前准备会

航空条例规定，每一个航班都需经历四个阶段：预先准备阶段、直接准备阶段、飞行实施阶段、航后讲评与反馈阶段。

作为飞行前最重要的一道准备程序，航前准备会是乘务长/客舱经理明确工作目标，部署工作任务的关键阶段。成功的航前准备会是提升客舱服务质量的保证。

航前准备会一般不少于20分钟，主要内容包括：

1. 基本准备：自我介绍、检查仪表着装和三证、乘务长宣读任务书、号位分工等。

2. 安全准备：客舱安全准备、空防安全准备等。

3. 服务准备：配餐服务、特殊旅客服务等。

4. 通告：安全类业务通告、服务类业务通告、生产派遣类业务通告、供应类业务通告等。

第二节 客舱工作总结

一、任务设计

假设你是××航空公司的一名乘务长，你刚执飞了上海虹桥国际机场至北京首都国际机场的航班。因为是国庆期间，去程航班几乎满座，由于临场应变性强，乘务员很好地处理了一位清真教徒旅客的餐食问题，也较好地对一位无人陪伴儿童提供了服务。

但后舱洗手间卫生是一个薄弱环节：洗手间地板水渍较多，卫生纸也未叠成三角。回程餐食由北京航食配备，所采用的餐具是新型的环保餐盒，在送餐过程中硬质的餐盒密封不够容易造成滴漏。另外，节假日航班旅客携带的行李较多，来回程均有部分行李在关舱门前不能及时摆放到位。这是一个较大的问题。

针对上述情况，根据空乘职责要求和民航相关规定，拟写一则客舱工作总结。

二、任务解读

客舱工作总结是指团体或个人对一段时期内所进行的客舱工作实践活动进行检查、反思、分析和研究，找出成绩，总结经验，吸取教训，以提高客舱工作水平，促进今后客舱工作的一种事务性文书。

客舱工作总结是对一段时期内客舱工作生产情况进行的回顾,具有事后性的特点。

客舱工作总结的目的是为了总结经验教训,提高理性认识,以扬长避短,指导未来。

根据不同的角度,客舱工作总结可以分成很多类:

1. 按时间的长短可分为:长期工作总结、中期工作总结和短期工作总结;年度工作总结、季度工作总结、月度工作总结和周工作总结。

2. 按内容可分为:综合性工作总结和专题性工作总结。

3. 按制订总结的主体可以分为:部门工作总结和个人工作总结。

三、任务向导

客舱工作总结的写作结构一般由标题、引言、主体、结尾、署名和日期组成。

(一)标题

客舱工作总结标题有两种形式:

1. 制定主体名称+时间期限+内容性质+文种。如《东方航空凌燕乘务组2017年台商春节包机客舱工作总结》。

2. 时间期限+内容性质+文种。如《2017年度客舱服务工作总结》。

(二)引言

客舱工作总结通常有一个"前言"段落,一般简单概述总结的内容和目的。引言的方式主要有以下几种:

1. 概述式。概括介绍基本情况(如客舱工作背景、时间、地点等)。

2. 结论式。提出总结的结论,使读者明白总结的核心所在。

3. 提示式。对客舱工作的主要内容进行提示性的简要概括。

(三)主体

一般由基本情况、经验和教训、设想和安排等内容组成。

1. 基本情况。包括所要总结的客舱工作的环境背景、具体任务、实施步骤等。

2. 经验和教训。总结工作成效和规律性的、有指导意义的体会。除了所取得的成就、经验之外,对工作中出现的失误也应实事求是地说明,做到既不一味铺陈优点,也不有意回避缺点。

这部分一定要写得丰富、充实,并选用具体事例适当地展开议论,使总结出来的经验和教训有论点,有论据,有血有肉,鲜明生动,确实能给人以启发和教益。

3. 设想和安排。在总结经验教训的基础上,针对工作中存在的问题,提出解决办法。

主体部分的结构形式通常可采用"情况—经验—问题—建议"的顺序,分成四大部分进行总结,这是写总结的传统方法。根据需要还可以用其他的形式,如阶段式,用于对周期长、阶段性显著的工作进行总结,把整个工作过程按时间顺序划分为若干阶段进行总结;并列式,以具体的工作项目为顺序,把要总结的内容按性质逐条排列,夹叙夹议,这种形式较适用于专题性总结。此外,也可按时间的顺序、围绕的中心、突出的重点等进行总结,还可按文章的自然段落安排行文的层次。

(四)结尾

结尾是正文的收束,应在总结经验教训的基础上,提出今后的方向、任务和措施,表明决心、展望前景。这段内容要与开头相照应,篇幅不应过长。如果总结在主体部分已将这些内容表达过了，就不必再写结尾。

（五）署名和日期

总结正文写完以后，应该在正文的右下方，写上总结单位或个人的名称和总结的年月日。

四、任务示例

客舱工作总结	标题
2017年10月3日，本人执飞了上海虹桥国际机场至北京首都国际机场的××5137航班，航班总体平稳顺利结束。上海—北京去程人数152人，配餐155份，无特殊餐，有一位UM（无人陪伴儿童）旅客。北京—上海回程人数130人，配餐132份，有一份穆斯林餐，及时送出，无特殊旅客。与机组配合默契，机组准备会中联络暗号及时传达，乘务组服务受到机长肯定。现将有关工作总结如下：	正文 引言
一、经验和教训	
航前准备阶段，乘务组上机后第一时间进行了应急设备的检查，负责内场的乘务员及时清点餐食，负责外场的乘务员检查了客舱设备，确保旅客上机后服务设备正常使用。乘务组配合安全员共同实施了清舱。	经验和教训
飞行实施阶段，由于去程几乎满客，在头等舱和金卡这些“天合优享”旅客的服务上我们在地面已备好名单与服务用品，最大限度地争取了有效时间。去程头等舱8人，金卡共计32位，我们对每一位都进行了姓氏服务。其中31A王先生在IPAD上显示的信息为清真教徒，但其未进行特殊餐的预定。后舱乘务员在地面准备时已发现相关情况，于是将机组餐中的鸡肉饭与旅客餐中的鱼香肉丝米饭（含猪肉）进行了调换，确保了这位金卡旅客对于餐食有两种选择的余地。对于后舱乘务员处理这件事情时所表现的细心与专业，我给予了充分的肯定。	
时值国庆佳节，去程旅客多为旅游团体，小孩较多。对于热饮和餐食的服务，乘务组格外小心，把关到位。其中由4号乘务员具体负责UM（无人陪伴儿童）的服务。小朋友的具体空中生活已另附特殊旅客单据，与地面服务员的交接及时。	
去程旅客较多，飞行时间短，服务时间紧凑，我在巡视客舱时发现后舱的洗手间卫生仍是一个薄弱环节。洗手间地板水渍较多，卫生纸也未叠成三角。与后舱乘务员沟通后情况有所改善。	
二、设想和安排	
回程航班准点起飞，未涉及延误。航班总体服务情况较好，共有22位金卡旅客，收到两位旅客的表扬意见。回程餐食是由北京航食配备，所采用的餐具是新型的环保餐盒，在送餐过程中硬质的餐盒密封不够容易造成滴漏。建议北京航食在使用这类餐盒时适当减少餐食内的汁水含量，更能方便送餐服务。另外，蛋炒饭和炒面之类的餐食口味也较受旅客欢迎。	设想和安排

节假日航班旅客携带的行李较多，来回程均有部分行李在关舱门前不能及时摆放到位。对于这个问题我主要有以下三个设想： 1. 在旅客上机过程中，一面加强客舱广播的次数，告知其具体的行李储藏空间，一面由乘务员第一时间协助合理摆放。 2. 前舱乘务员在旅客上机时对于过大体积的手提行李第一时间在机门口进行拦截，联系地面人员办理托运手续。 3. 过站阶段及时清理储物空间，把机供品收纳整理好，腾出更多的行李架和衣帽间。 希望大家在今后的工作中能严格履行职业规范，把客舱工作做好做实。	结尾
乘务长：×××	署名
2017年10月4日	日期

【解析】这是一则客舱工作总结。引言简单概述该总结的目的和内容；正文分为经验和教训、设想和安排两大部分。经验和教训部分如实评价了飞行工作，既总结了成功的经验，也分析了失败的教训，客观而公正。措施与步骤部分重点针对本次航班出现的“行李在关舱门前不能及时摆放到位”的问题做了分析，并提出了三点解决办法，重点突出，有的放矢，对今后的工作有实际的指导意义。

五、任务提示

（一）实事求是，客观公正

实事求是写好客舱工作总结的重要原则，可客观陈述航班中的正负案例，以及从中得到的经验与教训，为今后的执飞任务提供借鉴。特别注意的是，在总结时应该对事不对人，寻求“什么是对的”，而不是“谁是对的”。

（二）兼顾全面，突出重点

在兼顾全面的基础上，对本次航班的重要关注点进行总结，切忌主次不分，面面俱到却又处处浮光掠影。注意不要舍本逐末，不要过度关注问题的一些无关紧要的细节而忽略对于如何改进整体航班运行品质的总结。

（三）叙议结合，语言简朴

叙议结合是客舱工作总结写作的主要方法。语言要朴实准确，不必追求辞藻华丽，也不必引经据典，以准确简洁为好，以便让阅读者在尽可能短的时间内抓住要领，用于实务。

六、任务实训

1. 请结合下述材料，根据乘务员工作职责要求和民航相关条例，拟写一则客舱工作总结。

假设你是中国××航空股份有限公司的一名乘务长，你刚执飞了××3406重庆至广州的航班，本次航班上发生了以下两件特殊的事情：

（1）旅客登机过程中，乘务长发现一位女士抱着一名熟睡的婴儿，便上前引导其入座，为其提供毛毯和枕头，并询问婴儿的情况。得知该婴儿出生40天，黄疸偏高，有先天性的心脏病，而且并未询问过医生小婴儿可否乘机，同时也无相关的可乘机证明，前往广州是为小婴儿做心脏手术。乘务长立即报告机长，机长决定终止该旅客行程。在乘务长和安全员耐心的劝说下，该旅客下飞机。安全员按照规定局部清舱后，在得到机长的同意下飞机关门起飞。

（2）送餐过程中，31L旅客高女士对机上旅客餐食的牛肉面不喜欢，向区域乘务员提出需要更换米饭。在递送餐盒时，高女士不慎将面条撒翻在了31J旅客申先生的右大腿上方。乘务员见状，急忙协助申先生擦拭。高女士一再向申先生道歉，并表态愿意承担申先生的干洗费，申先生仍很生气。中舱乘务长见此情况，向客舱经理汇报后，调整申先生到头等舱入座。客舱经理亲自安抚申先生的不满情绪，特意向他赠送了礼物，之后申先生情绪得到缓解。

2. 请完成本章节的任务设计。

【任务链接】

航后讲评会

航班结束后，乘务员应参加由主任乘务长/乘务长召开主持的乘务组讲评会，对航班中的问题进行讲评总结。

航后讲评的内容包括听取机组意见、航后乘务工作讲评（包括工作差错、典范事例、特殊旅客服务、应急突发事件的处置、旅客意见反馈及改进乘务工作的建议等）。

航后讲评会一般不少于10分钟。

航后讲评是对整个航班工作进行总结，以提高未来客舱服务工作水平的重要阶段。

第三节 客舱工作简报

一、任务设计

机供品餐食部隶属于客舱服务部，主要承接与生产密切相关的餐食机供品相关运行管理工作，具体负责机供品餐食的标准与计划、运行管理、质量监控、回收控制等工作。

该部门不仅需要每月制作配餐配备航段计划，而且要结合过去的反馈及季节特点，对机供品配备标准作较大幅度的调整，把有限的资源投入到最需要的航线，力争取得最佳的投入收益。

围绕"成本管控"和"提升内外部客户满意度"两大目标，客舱服务部每月都会出一份"工作简报"，用以反映当月机供品餐食部的工作情况及布置下一阶段的工作要点。

2018年春节即将来临，请针对春节前后机供品餐食工作的要点，代客舱服务部拟写一则机供品餐食一体化客舱工作简报。

二、任务解读

客舱工作简报又称“客舱情况简报”“客舱工作动态”，是客舱服务部编发的反映一段时期内客舱工作进展情况、沟通信息、交流经验、指导工作的一种简短、灵便的事务性文书。

客舱工作简报不是文体，而是文书运行的载体。其应用范围广泛，可上行，向上级机关汇报工作，反映情况，为领导的正确决策提供可靠信息；可平行，向同级机关（单位）沟通信息，交流经验，起到一定的提示和参考作用；也可下行，向下级机关（单位）通报情况，传达精神，起到工作指导作用。

客舱工作简报具有较强的时效性，须及时反映、交流新问题、新情况和新动态。

简明扼要是客舱工作简报的显著特点。一份客舱工作简报有的刊登一篇文章，或几段信息；有的刊登几篇文章，一般一两千字，短则几百字，长的也不过三五千字。内容简要，主要选取那些重要的、主要的事项进行扼要的报道。表达简练，不铺排和修饰。

客舱工作简报的传播具有内部局限性。多数情况下，简报只在管辖范围内的有关领导或机关（单位）之间内部传阅，不宜甚至不能公开传播，有的还会加注“内部资料，注意保存”字样。

按照内容涵盖的范围划分，客舱工作简报可分为客舱综合工作简报和客舱专题工作简报。

（一）客舱综合工作简报

即反映客舱部的日常工作和动态的简报。这种工作简报的内容是综合性的，有工作研究、经验总结、信息交流、批评建议等。这类工作简报可以定期出，也可以不定期出，主要供公司领导和有关部门全面准确地了解客舱情况、掌握客舱动态，以便从实际出发指导全面工作。

（二）客舱专题工作简报

即为某一项重要工作而专门编发的简报。一般内容比较单一，如“客舱处突简报”“客舱安全信息简报”等。

三、任务向导

客舱工作简报的写作结构一般由报头、报身、报尾组成。

（一）报头

报头正中常用醒目的“工作简报”“工作动态”或“情况简介”作为标题。标题下方用括号标明编发顺序号。另外，还要标明编制单位或机关名称、编发日期。

（二）报身

报身也称“报核”，是客舱工作简报的主体部分，通常由开头、主体和结尾三部分组成。

1. 开头。客舱工作简报的开头，常见的有三种形式：

（1）叙述式。即开门见山地把要反映的事件的时间、地点、人物、起因和结果在开头部分直接写出，使读者一目了然。

（2）结论式。先写出事情的结果或因此而得出的结论，然后再作具体说明或得出结论的理由。

（3）提问式。即一开始就用一个或数个问题把主要事实提出来，引起读者的注意，然后用回答的语气在主体部分作具体的叙述。

2. 主体。主体是客舱工作简报的最主要的部分，一定要写得充实、有力。要用有说服力的事实、数据、情况、问题等典型材料，支持简报的结论或让读者了解真实的情况，作出自己的判断。

主体部分常用写法主要有以下三种：

（1）按时间顺序写。即按照事件发生、发展和结束的自然顺序来写，这种写法比较适合报道一个完整的事件。

（2）按空间变换的顺序写。这种写法适用于报告一个事情的多个场面，或者用于围绕一个中心，综合报道几个方面的情况。

（3）归纳分类表述。即把所有材料归纳成几个部分、几条经验、几种倾向或几种做法，分别标上序号或小标题，逐一写出。

3. 结尾。客舱工作简报的结尾常见的有两种形式：一种是把主体部分情况、事实叙述完后，干净利落地结束全文；另一种是用一句话或一段话收束全文。收束全文的句子，或用来总括全文的内容，或提出今后打算。

（三）报尾

报尾在工作简报末页的下方，也用横线与正文部分隔开。一般包括两个基本内容：一是发送范围，写在版尾的左方；二是印发的份数，写在报尾的右下方。

四、任务示例

报头

机供品餐食一体化月度工作简报

（第1期）

机供品餐食一体化办公室　　　　2018年1月31日

报身

一、近期重点工作

（一）全力做好春运保障工作

春运特色甜品研发与配备：延续十二生肖特色新年甜品设计理念，今年大年三十、年初一、年初二（2.15　2.17）三天，将在上海、北京、青岛、昆明、江西五个基地站出港航班头等舱/公务舱继续推出“灵犬吟祥”特色绿豆糕；为让更多旅客感受东航心意，上海出港沪京线经济舱同时推出此款甜品。祥和灵犬代表我司对旅客新年的祝福寄语，寓意工作、生活蒸蒸日上。

根据商委发布的加班包机计划，要求各分子公司及航食提前做好各国内站点春运备货、调拨计划，尤其是非基地站春运期间加班包机航班机供品备货工作。同时为确保春运期间餐车保障，有效提升餐车利用率，于1月中旬开展餐车检查工作，提前部署餐车调拨工作，共计调拨1468辆长餐车，130辆半餐车，涉及20家配餐公司。

（二）提升沪京线机供品餐食品质

配备标准提升。产品优化改进方面：为提升旅客乘机体验，结合春夏秋冬四季特点，经济舱尝试推出季节性餐食。本季菜品中增加春的元素——笋，头等舱推出质地鲜嫩的纸皮笋、经济舱推出清香爽脆笋片。机供品方面：为提高经济舱旅客体验，沪京线来回程均增加经济舱餐卡。同时为切实保障沪京线白金卡服务，在沪京线增配毛巾碟。

加强质量管控。我部制定沪京线餐食质量专项检查方案，上海、北京出港每天抽取三个涉及早餐和正餐的航班，要求带班人员取样餐食清晰照片，落地后在任务书内上传；提高航食检查频次，上海和北京两场质量管理人员以十天为一个周期进行配餐公司餐食质量检查，并做好相关台账记录。

（三）餐食优化提升

1. 推出“妈妈味道”第二季菜品：2017年“妈妈味道”系列经济舱菜品第一季推出后广受欢迎。经过客舱部与东方航食团队成员紧锣密鼓的潜心研发，自2018年1月1日起，“妈妈味道”第二季菜品已配备上机，包括咸肉香肠菜饭、卤肉饭等菜品，同样获得了广泛关注和好评。在新菜品推出的同时，持续跟踪菜品品质和满意度等相关反馈情况。

2. 上海—太原航线配备大碗面：为提升旅客乘机体验，自2018年2月1日起，在上海至太原往返航班头等舱餐食中增加大碗面的配备。其中，太原出港配备山西特色刀削牛肉面，上海出港配备海派虾仁葱油拌面。

3. 持续推进各地优化试餐：1月上旬完成西宁、银川、西安试餐工作，西安以“丝路味旅”为主题，对西安出港的远程线及西安—上海线餐食进行调整，增加特色元素，如西域主食之一的“手抓饭”、清真美食“芝麻牛肉”等当地菜品。西宁、银川结合“一带一路”倡议同步提升餐食品质，餐食选用当地特色藜麦粥、猫耳朵、洋芋嚓嚓、肉夹馍等。

（四）机供品优化提升

1. 新款香槟逐步配备上机：根据公司香槟、起泡酒招标工作进程，已完成三款香槟及一款起泡酒合同签署及备货，待原蒙马特香槟和泰亭哲香槟库存消耗完毕将配备新款香槟。法国马克西姆经典干型香槟、艾洛伊金丝带绝干香槟、罗斯福珍藏香槟、澳大利亚德保利杨柳谷起泡酒将在不同航线上实施配备。目前已发布新款香槟资料，并同步实施酒水单的更新工作。

2. 新款头等舱和公务舱洗手液、润肤乳实施配备：新款头等舱洗手液、润肤乳和公务舱洗手液、润肤乳已完成合同签署。新头等舱洗手液和润肤乳选用来自英国专业个人护理品牌SEVEN PLUS，自2018年1月6日起在国际远程航线头等舱实施配备。新公务舱洗手液和润肤乳选用国内知名品牌佰草集，待原洗手液和润肤乳库存消耗完毕后实施机上配备。

（五）协助《服务手册》修订工作。按要求完成《服务手册》新增关于《食品安全国家标准　航空食品卫生规范》相关条例，协调武汉分公司完成××2506航班餐食中心温度监测任务。

（六）开展航食质量季度检查工作，完成长春航食、长沙航食检查，空调出风口、电子秤、餐食克重达标等存在问题，已要求航食进行整改，并将书面整改报告及整改后的照片发送我部。

（七）机供品餐食三期系统上线：在信息部的统一部署下，机供品餐食三期系统于1月底正式上线使用。各分（子）公司根据操作手册提前对相关业务人员及片区内各航食相关业务人员做好培训，确保系统上线顺利。对上线后出现的问题及时与信息部协调反馈，第一时间解决。

（八）近期重要工作提醒

1. "小客舱大滋味"系列餐食工作：发布2018年"小客舱大滋味"系列餐食提升工作总体要求，包括开展"特色美食周"活动、推进第二季"妈妈味道"系列经济舱餐食工作、基地站餐食优化改进。请各分子公司于2月28日前提交"特色美食周"工作计划，并在月报中以专项内容形式汇报以上3项工作具体推进、落实情况。

2. 关于规范国际航线餐具DH及调拨流程：为提升DH及境外调拨的执行效率，1月向片区化发布《关于在境外航线实施DH满配及规范境外调拨流程的通知》，要求自2月1日起正式实施。请各片区化检查相关航食及乘务员实施情况并做好台账记录。

二、2018年1月运行质量

（一）餐饮、机供品满意度情况

由于2018年新的餐饮、机供品满意度统计方法正在调整中，目前暂未有相关考核、实际完成数据。待公司下落具体指标后，将第一时间向分子公司发布。

（二）空中餐饮投诉

1月份涉及投诉12起，分子公司指标下落情况如下：总部6.5起，上航2起、西北1.5起、云南1.5起、北京0.5起。

三、下一阶段主要工作

（一）做好2018年机供品、餐食硬仗各项工作计划。

（二）持续推进新机型引进机供品餐食相关工作。

（三）请各分公司做好春运运行保障工作。

（四）启动第一季度航食质量检查。

报：公司领导

送：各部门

发：各分公司客舱服务部

（共印×份）

报尾

【简析】这是一则客舱工作简报。报头部分包含标题、编发号、编制单位及编发日期。报身部分首先抓住"机供品餐食"这个大家普遍关心而又重要的话题，使得该文具有实用指导价值。随后采用归纳分类表述法,分近期重点工作、2018年1月运行质量、下阶段主要工作三个方面来介绍近期的"机供品餐食"情况,其中又有大量事实材料支撑,具体而有说服力。全文表述精练,逻辑清晰,符合工作简报的基本写作要求。

五、任务提示

(一)选题要准确

选题是否准确是一份简报价值大小、作用好坏、质量高低的关键所在。一般说来,选题应符合面上指导需要,符合实际情况;抓的是普遍存在的问题,是急需回答和解决的问题;具有覆盖全局的广泛性、切中要害的针对性、发人深省的典型性。定准选题之后,要进一步深入思考,斟酌推敲,提炼出深刻的主题思想。意义深刻的鲜明主题,应能"见人所未见,发人所未发",写出"人人心中皆有,个个笔下俱无"的思想。在提炼主题的过程中,应当贯穿"人无我有,人有我新,人新我深"的思想,力求使主题内容体现创新的思维和独到的见解,体现认识的升华和规律的揭示。

(二)事实要典型

俗话说:事实胜于雄辩。要使一篇客舱工作简报写得血肉丰满,需要大量事实材料来填充。写情况简报,必须以事实为依据,靠事实来说明。一定要掌握和运用大量事实材料,而且要选择最本质、最典型、最有说服力的事实材料。

(三)材料要可靠

客舱工作简报所反映的情况要真实、准确、可靠。对基本情况的估价要客观、全面、辩证,不能以偏概全,更不能只报喜不报忧。未经审核的材料,不要写入简报。引用材料,要准确无误,严禁弄虚作假,随意拔高夸大,确保选用的材料经得起事实检验。

(四)表述要精练

客舱工作简报要求简洁明快,不能拖泥带水,语言要精练。文字表述上要惜墨如金、删繁就简,讲究语短话明、言简意赅。要善于用概括性语言,尽量把纷繁复杂的情况加以归纳,用更少的话说更多的事;要善于用文件性语言,准确估价所涉及的内容,增加工作指导的权威性。

六、任务实训

1. 判断正误(对的打"√",错的打"×")。

(1)客舱工作简报适用于反映客舱服务部在一段时期内各方面工作进展情况和存在的主要问题,主要用于总结经验。 (　　)

(2)客舱工作简报可以用于管辖范围内的单位之间的情况交流,也可以对外公开传播。 (　　)

(3)客舱工作简报具有较强的专业性、时效性和简洁性。 (　　)

(4)客舱工作简报的主题提炼的过程中,应贯穿"人无我有,人有我新,人新我深"的思想。 (　　)

2. 请根据下述材料,代客舱服务部拟写一则客舱旅客投诉情况简报。

2017年6月，×航客舱部共受理旅客投诉193件，投诉率为万分之0.07，其中包括民航局转发投诉13件，旅客意外伤害2件。

在2017年6月的空中服务投诉中：有3个部门的投诉案件均为0件，分别为乘务一部、乘务二部和外籍分部；有3个部门的投诉案件均为1件，分别为乘务四部、乘务五部和乘务六部；有1个部门的投诉案件为2件，为乘务七部；有1个部门的投诉案件为3件，为乘务三部；机供品部门的投诉案件为10件，业务管理部承担投诉机上流控等案件为6件。

3. 请完成本章节的任务设计。

小贴士

“简报”与“消息”的区别

1. 表达方式不同。简报和消息都要求反映真实的情况，但消息仅限于客观事实的报道，而简报则允许对客观的事实加以适当的评论。

2. 时效要求不同。简报和消息在编发时都要求快速及时，但消息在编发的速度上要求更高，追求的是快速反应。而简报的编发时间则允许一定程度的滞后性。

3. 内容侧重点不同。简报和消息的内容都要求新，但消息侧重于新闻性，简报则侧重于经验性。

4. 传播范围不同。消息一般面向全社会，内容是公开的，没有保密价值，读者越多越好。简报则通常以领导者及有关单位为发送对象，阅读范围特定，有的还会加注“内部刊物，注意保存”字样，具有一定程度的保密性。

第四节 会议记录

一、任务设计

以10人/组的方式，就“如何学好空乘专业知识，争做一名合格乘务员”展开小组讨论，并请据此拟写一份会议记录。

二、任务解读

会议记录是行政机关、企事业单位、社会团体在会议中如实记载会议组织情况、会议进程和会议内容的笔录性文书。

会议记录是有关会议情况的笔录，是传达、贯彻会议精神，研究总结会议情况的凭证，是编写会议纪要或会议简报的基础，也是检查会议决定执行情况的依据，同时还是日后备查的重要的原始史料。

会议记录适用于机关、单位召开的会议，只要是正式会议，都应作会议记录。

会议记录通常记在事先印好的会议记录纸上，以便于日后查找和存档。

会议记录用纸首页参考式样见本教材附录四。

三、任务向导

会议记录一般由标题、会议组织情况、会议内容、会议结尾四部分组成。

（一）标题

即会议记录名称，一般由“单位名称+会议名称+文种”组成，如《××航空公司2017年度评优评先工作会议记录》。

（二）会议组织情况

记录者在会议正式召开之前，预先记录有关会议的组织情况，包括七项内容：

1. 会议时间。要写清楚××年×月×日×时。

2. 会议地点。召开会议的具体场所名称。

3. 出席人。人数不多的小型会议，可逐一写清出席人姓名及职务；人数众多的大型会议，原则上只记出席范围和人数。

4. 缺席人。人数不多的小型会议，可逐一写清缺席人姓名及职务，并注明缺席的原因；人数众多的大型会议，原则上只记缺席人数。

5. 列席人。非参加会议的正式成员，但因工作需要参加会议的有关人员。

6. 主持人。写清楚主持人的姓名和职务。

7. 记录人。要写明记录人的姓名和职务。

（三）会议内容

这是会议的主体，包括主持人讲话、会议议题、与会者发言、报告的内容、讨论的情况、决议事项、遗留问题等。与会者的发言，按发言先后顺序记录，记录姓名和发言的主要内容。“决议”一项很重要，要详细记录，先写议案内容，后写表决结果，并注明表决实际情况，例如“全体通过”或“若干同意”“若干反对”“若干弃权”。会议内容详略、记录方法，以会议性质、重要程度为依据。

（四）会议结尾

包括散会说明和核稿签名两项。

会议结束，另起一行写“散会”二字，并由主持人和记录人分别签名，以示负责。

四、任务示例

××××年政协包机总结会会议记录	标题
会议名称：××航空公司××××年政协包机总结会 时间：××××年×月×日×时×分至×时×分 地点：三楼会议室	

出席人:××5103航班全体组员 缺席人:无 主持人:××5103航班乘务长 记录人:××5103航班5号乘务员 议题:××××年度政协包机总结 会议内容:	会议组织情况
乘务长:各位组员,大家好,今天我们完满完成了××××年度的政协包机航班任务。在此,作为本次航班的乘务长,感谢大家对于我工作的配合。在座的各位都是各乘务分部精挑细选的专包机乘务员,相信我们在接下来的飞行任务中将会有更多的合作。接下来,我们针对本次飞行做一些总结,本次航后讲评会议将由预先准备阶段、实际准备阶段、飞行实施阶段三部分来分述。 一、预先准备阶段 乘务长:本乘务组于××××年×月×日接到第××届全国人民代表大会第二次会议和政协第××届全国委员会第二次会议的包机航班任务,通过部门推优的方式共选拔了8名乘务员共同执飞由上海至北京的此次重要保障航班。 3号乘务员:我作为本次航班的内场乘务员,与×月×日下午前往东航食品公司就食品质量与数量进行查看与清点。 4号乘务员:我们也事先多次召开碰头会,熟悉与了解本次重要保障航班的相关信息,就当天的服务流程进行一定的梳理。 乘务长:由于本次航班是包机形式,我们按照旅客名单进行了乘务员的统舱分配,取消原定的头等与普通舱分工,按照统舱的形式安排3号、6号及7号乘务员担任内场工作,2号、4号乘务员担任R道外场工作,5号、8号乘务员担任L道外场工作。 二、实际准备阶段 乘务长:通过PA形式,我指挥组员按《应急设备检查单》内容对应急设备进行逐一检查,以切实保证航班的安全。 7号乘务员:我与3号、6号乘务员共同清点了餐食、机供品并汇总了数量。当时发现果仁有缺失,餐食单上是120份,清点下来是112份,及时通知乘务长和航食航机员进行了增配。 4号乘务员:我在客舱设备的检查时发现27L的阅读灯不亮,第一时间联系了机上的机务人员进行修理。结果在旅客登机前修复。 乘务长:上客前乘务组与机组做好了沟通,并召开了机组准备会,制订飞行预案。旅客登机前10分钟,我将最新信息传达至乘务组,做好了迎客准备。	会议主要内容

三、飞行实施阶段 乘务长：迎宾服务是最易留下难忘印象的第一声问候，我们整体乘务组在努力营造热情，温馨的服务氛围时，更需关注高端旅客的入座情况。 2号乘务员：根据IPAD上移动客舱的相关显示，我们及时为这56名政协委员提供个性化服务，送上热毛巾和报纸，并根据不同职位来称呼，这方面真是下了不少功夫。 乘务长：在飞机起飞前的迎宾过程中我发现大家的服务忙而不乱，和我之前提出的要求相符，相信大家都做了充分的事先准备。起飞后的飞行时间较短，但好在我们只有这56位重要旅客，大家的服务也是稳而有序。其中，我特别要表扬4号乘务员的工作，在地面她细心观察，及时发现了阅读灯的问题。在整个服务流程中她也一直微笑得体，细致入微。 4号乘务员：多亏了大家的共同努力，特别是这次食品公司的配餐，黑椒牛柳米饭受到了许多好评。有了这些好评，我们和旅客的沟通也更顺畅了。 乘务长：虽然在大家的配合下航班的氛围营造的非常好，但有一点特别需要提出注意：由于我们本次航班是包机性质，所以增配了许多普通航班所没有的物品，比如餐后的红豆沙糕团。在为旅客提供时要注意好时机的把握，在落地前的40分钟就应该开始收纳整理这些零散物品。我在落地前的安检中仍旧看到了一些散落在过道中的糕团包装袋，这不仅不利于客舱的整洁和美观，也不利于安全。 7号乘务员：乘务长提出的这个问题的确需要特别注意，之前我们没有单独送小包袋食品的经验，现在想来，这个糕团可以在发放餐后水果时共同发送。因为餐后水果有一个大的塑料盒包装，利于收纳。这样我们也可以控制时间，在落地前30分钟把所有物品收理干净。 乘务长：对，流程虽是固定的，但像我们这样的情况结合实际也可以适当精简。主要是把握安全，同时也给旅客一个优雅安静的客舱环境。今天的航班主要就是这些，我再次感谢大家的尽心尽责，希望在今后的航班飞行中我们吸取今天的经验，保持今天的态度，越飞越好。	
谢谢大家，散会。 核稿签名：××× ×××	结尾

【解析】这是一则航后讲评会的会议记录。开头部分记录了会议名称、时间、地点、出席人、缺席人、主持人、记录人和议题等基本情况。随后，从预先准备阶段、实际准备阶段和飞行实施阶段三个方面，如实记录了所有发言者的原话。最后以“散会”二字表示结尾，并核稿签名。结构规范，记录完整，条理清晰，便于查阅。

五、任务提示

（一）力求准确

要注意保持记录的“原始材料”特点，尽量记录原话、原意，主要数据要准确。如果没来得及记录，可暂时空着，会后找当事人补上；也可以先录音，会后根据录音内容再行整理。切忌用记录人的认识、语言代替或修改发言人的语言，更不允许随意增删发言内容。记录的真实性、准确性是做好会议记录的前提。

（二）力求清晰

会议记录不是简单的听写活动，它要求记录人训练有素，具有与会议内容相应的思想政治水平、业务知识和文字修养等条件。记录人必须专心致志，思维敏捷，抓住发言者的重点、要点，应根据与会议主旨和议题关系的紧密程度或详或略，关系紧密的详记，非紧密的略记，与议题无关的、离题的可不记。记录力求清晰、重点突出，鲜明地反映会议内容。

（三）力求规范

会议记录是整理有关文件的依据，是日后查考的凭证，是重要的历史档案，这就要求它真实、准确，同时还要易于辨识，利于保存，因此要注意记录的规范性。首先，格式要规范、完整；其次，书写要规范，字体要求清晰易认，尽量不要使用不规范的简称和草书；再次，为了加快记录，使用了速记符号、简写字等代码，会后要翻译、整理。

六、任务实训

1. 判断正误（对的打“ √ ”，错的打“ × ”）。

（1）会议记录一般由标题、会议组织情况、会议内容、会议结尾四部分组成。（　　）

（2）会议记录过程中如果来不及记，可以用记录人的认识、语言代替或修改发言人的语言，只要意思差不多就可以了。（　　）

（3）所有的会议记录，都需要逐一写明出席者的姓名及职务。（　　）

（4）“决议”一项很重要，要详细记录，先写议案内容，后写表决结果，并注明表决实际情况。例如“全体通过”或“若干同意”“若干反对”“若干弃权”等。（　　）

2. 请完成本章节的任务设计。

小 贴 士

会议纪要与会议记录的区别

1. 性质不同。会议记录是讨论发言的实录，它只需忠实地记载会议实况，保证记录的原始性、完整性和准确性，属事务文书。会议纪要是对会议记录内容的整理、归纳和提高，且需要严格按照公文制发的处理程序行文，属公文处理范畴。

2. 功能不同。会议记录一般不公开，只作资料存档。会议纪要通常要在一定范围内传达或传阅，要求贯彻执行。

3. 结构不同。会议记录是顺时实录式结构。会议纪要则以整理过的总分式结构为基本框架。

第四章

民航客舱服务专用文书

民航客舱服务专用文书是空中乘务员按照航空公司规定，在完成民航乘务培训、进行民航客舱常规服务或应对突然事件时所使用的各类专用文书形式。民航客舱服务专用文书一般包括客舱广播词、客舱乘务初始新雇员带飞记录表、特殊旅客空中生活记录、机上事件报告单、紧急医疗事件报告单、旅客遗留物品交接单等。

第一节 客舱广播词

一、任务设计

春节期间，某航空公司××5831航班正飞行在上海至洛杉矶的航程中。春节，俗称过年，是我国最重要、最隆重，历史最悠久、最热闹的传统节日，也是中华民族传统的喜庆祥和、阖家团圆的日子。中国人民过春节已有4000多年的历史。在春节期间，中国的汉族和一些少数民族都要举行各种活动以示庆祝。 这些活动均以祭祀祖神、祭奠祖先、除旧布新、迎禧接福、祈求丰年为主要内容，活动丰富，多彩多姿，带有浓郁的各民族特色。

请代表该航班的乘务长张欣向旅客致节日祝福词。

二、任务解读

客舱广播词是航班乘务员在飞机飞行过程中，通过广播告知需要大家周知的事项的书面稿件，内容包括迎送、安全设备示范、提供餐食、起飞降落的安全提示，以及特殊情况告知等。

客舱广播词面向全体旅客，是客舱沟通服务的重要内容之一。

按广播性质和情况所需，客舱广播词可分为以下三种：

（一）常规广播词

即航班运行正常情况下所使用的常规性广播词，比如登机广播、安全演示、起飞前安全检查、起飞后广播、餐前广播、机上免税品销售、颠簸提示、下降时安全检查、飞机着陆提示等。

（二）特情广播词

即航班运行过程中遇到某些特殊情况时所使用的广播词，比如等待旅客登机、飞机清舱、等待随机文件、航空管制、机械故障、需要到候机厅等待、换乘飞机、装货等待、飞机滑回停机位、系统故障、找医生、机上有病人备降、落地前由于强逆风飞机推迟落地时间、空中盘旋、备降、中途站天气不好直飞、返航、临时着陆、航班取消等。

（三）即兴广播词

即航班运行过程中根据航班旅客特点、节庆活动、业务通告要求等临时编撰的广播词，比如生日祝词、春运欢迎词、两会代表欢迎词,以及元旦、“三八”妇女节、“六一”儿童节、教师节(9月10日)、中秋节等节庆祝词。

三、任务向导

一般来说,客舱广播词的主要内容包括以下几个部分:

(一)称呼

客舱广播起始,除了在广播之前“叮咚”的广播提示音之外,还需用“女士们,先生们”“各位旅客”等称呼来提请旅客注意。

(二)正文

一般包括飞行状态告知、介绍和提示等方面内容。

1. 飞行状态告知。如“飞机已经离开……”“现在飞机已经开始下降”等。

2. 介绍和提示。根据客舱服务各阶段的不同要求拟写不同的内容,如供餐广播词,需介绍供餐的时间和品种等;飞机下降广播词,需提示安全检查要求等。

广播词的表述内容先后有一定顺序,告知内容一般宜具体直接、简洁清楚。不同的广播内容,应该分写成不同的广播词,分次广播,不能混合在一起,以方便旅客理解。广播词的遣词造句应用词恰当,语句规范,表情达意准确无误,不宜独创一些不大通用的字、词、句等。

(三)致谢

广播结束时,应对旅客的认真收听表示感谢,对旅客的旅途顺利和愉快表示祝福,如“感谢你的理解”“感谢你的关注”“谢谢”“祝您旅途愉快”等。

四、任务示例

(一)常规广播

1. 欢迎词

女士们、先生们:	称呼
早上好(下午好/晚上好)!	问候语
欢迎您乘坐东航MU5530,隶属天合联盟成员中国东方航空。 我是本次航班的(客舱经理/乘务长)×××, (致礼①/②/③/④/⑤) ①正常航班——统一致礼 我们全体乘务员将竭诚为您服务,希望能给您带来愉快、舒适的旅程。 ②正常航班——逐一介绍组员 今天,机上有______名乘务员共同为你服务。现在由我来向您介绍,他们是:______、______……和______。我们希望能给您带来愉快、舒适的旅程。 ③延误后起飞航班——非航空公司原因 我谨代表××航空感谢您选择我们的航班。	正文

④延误后起飞航班——航空公司原因 我谨代表××航空感谢您选择我们的航班。 由于________原因，本次航班推迟了起飞时间。给你带来不便，我们深表歉意，感谢您的谅解！ ⑤延误等待 我谨代表××航空感谢您选择我们的航班。 由于________________原因， A.航路/××机场天气　B.航路交通管制 C.机场跑道繁忙　D.飞机晚到 E.等待旅客登机　F.旅客行李未装完 G.飞机排除故障　H.临时加餐 I.等待随机文件　J.出境检查手续延误 K.需要进行飞机除冰程序　L.旅客人数与舱单不符 M.旅客临时取消行程，基于安全原因，必须卸下托运行李 我们还需等待（一些时间/大约________分钟）从本站起飞（我们的机长正在积极与塔台保持联络，如果有进一步的消息，我们会尽快通知您）。给您带来不便，我们深表歉意，感谢您的谅解！ （稍后，我们会为您播放安全录像/进行完全演示），请您留意观看。 谢谢！	致谢

【解析】机门关闭前，客舱经理/带班乘务长通知全体乘务员做好致礼准备，在机门关闭待命后，第一时间立即进行欢迎词广播。不同情境之下的致礼表达方式略有不同。致欢迎词后，紧接着提示接下来需要广播的事项。如关机门后地面停留时间充足，且客舱氛围较好，或在专包机、节假日、特色活动航班等情况下，由客舱经理决定，可向旅客逐一介绍乘务员，所播报的乘务员经征询本人意见可播报其小名、昵称，可在名字前增加"巾帼乘务员""××品牌示范组（如凌燕、金鹰等）乘务员"等头衔。

2. 安全设备示范

女士们、先生们：	称呼
现在我们为您进行客舱安全设备示范，请您注意观看。 救生衣在您的座椅下面。使用时取出，经头部穿好。将带子扣好、系紧。然后，打开充气阀门，但在客舱内不要充气。充气不足时，可将救生衣上的人工充气管拉出，用嘴向里充气。 氧气面罩储藏在您座椅上方。当发生客舱释压时，面罩会自动脱落。氧气面罩脱落后，要用力向下拉面罩。将面罩罩在口鼻处，带子套在头上，进行正常呼吸。如您的周围有小旅客，请先带好您的面罩，然后再帮助他。	正文

这是您座椅上的安全带。使用时,将连接片插入锁扣内。根据您的需要,调节安全带的松紧。解开时,先将锁扣打开,拉出连接片。 本架飞机除了正常出口外,在客舱的左右侧还有紧急出口,分别写有紧急出口的明显标志。 客舱通道及出口处都设有紧急照明灯,紧急情况下请按指示灯路线撤离飞机。 安全说明书在您座椅前面的口袋里,请您仔细阅读。	
感谢您的关注!	致谢

【解析】安全设备示范的开头提醒注意,随后逐一介绍救生衣、氧气面罩、安全带、紧急出口等安全设备的位置及其使用方法、注意事项等。

3. 安全检查

女士们、先生们:	称呼
本次航班从__________到__________的飞行距离为__________,飞行时间大约需要__________。 飞机(就要/已经)开始滑行了,请您系好安全带,收起小桌板,调整椅背,打开遮光板,关闭手机等电子设备,包括带有飞行模式功能的手机。同时在飞行过程中不得使用锂电池移动电源给电子设备充电,确保锂电池移动电源始终处于关闭状态。 本次航班是禁烟航班,请有吸烟爱好的旅客朋友们理解和支持。 根据民航局的规定,机组人员在飞机起飞爬升阶段,不得从事与安全无关的工作,在此期间我们无法为您提供服务,我们将在飞机平飞后及时为您服务。谢谢您的理解!	正文
谢谢!	致谢

【解析】如飞机已开始滑行,紧接着在欢迎词后广播安全检查;如飞机还未开始滑行,则在欢迎词结束稍后再广播。安全检查广播词通常先概述航班情况及飞行状况,随后逐一播报系好安全带、关闭手机、电源使用、禁烟等安全提示。

4. 起飞前再次确认安全带

女士们、先生们:	称呼
飞机很快就要起飞了,请您再次确认安全带已经系好,手机等电子设备已关闭。	正文
谢谢!	致谢

【解析】通常在机组给予起飞指令后播报此条广播词。

5. 平飞广播

称呼
正文

女士们、先生们：

（①/②）

①白天

我们已经（飞翔/徜徉）在蓝天白云之间。

②夜晚

我们已经（飞翔/徜徉）在浩瀚星空中。

旅途中，您可以（使用座椅前的耳机）欣赏______等影音节目。如果您要使用个人电脑，请记得关闭无线网卡功能。

供餐（①/②）

①中短程航班

我们正在为您准备（早、午、晚）餐，（过会儿/稍后）您就可以享用了。（餐后，我们将销售免税商品。）

②远程航班

我们正在为您准备（早、午、晚）餐，（过会儿/稍后）您就可以享用了。餐后，我们将销售免税商品。（始发站）时间____点____分，我们会为您提供（早/午/晚/快餐）。____点____分，为您提供早/午/晚/快餐。

飞行途中，难免会碰到不可预测的颠簸气流，为保证您的安全，请务必始终系好安全带。飞机颠簸时，请不要离开座位。

（①/②）

①正常航班A

愿我们能陪伴您度过美好的（悠闲惬意的）空中时光。

②延误航班

我们在您身边，愿能随时为您服务。

【解析】通常在起飞后20分钟开始播报。常用充满诗意的语言领起，说明飞行状态，提示娱乐设备的使用及注意事项，飞行颠簸安全提示等。根据不同航班类型，可选取不同的表达方式。结尾语或表示祝愿，或表达真诚服务态度，营造亲切温馨的客舱氛围。

6. 预报时间、天气和下降致谢

称呼
正文

女士们、先生们：

现在是（出发站）时间____点____分，（到达站）时间____点____分。我们的飞机会在____分钟后到达____机场。

（到达站）天气（晴朗/为多云/为阴天/为小雨……），地面温度为____摄氏度，____华氏度。

（由于温差较大，下机时，您不妨添加些衣物，以免着凉。）

飞机（已经/即将）开始下降。谢谢您在这段旅途中给我们的支持和帮助。

现在，请您系好安全带，收起小桌板，调直椅背，打开遮光板，确认所有电子设备已关闭。 稍后，客舱灯光将会调暗，机上洗手间将停止使用。 根据民航局的规定，机组人员在飞机下降阶段，不得从事于安全无关的工作，在此期间，我们将无法为您提供服务，如您有需求，可按呼唤铃，我们将在飞机落地后及时为您服务。	
谢谢您的理解！	致谢

【解析】原则上在飞机落地前30分钟开始播报。内容包括航程时间说明、到达站天气和地面温度介绍、温馨提示、飞机状态告知、安全提示。

7. 落地前再次确认安全带

女士们、先生们：	称呼
我们的飞机马上就要降落____机场。 请您再次确认安全带已扣好系紧，所有电子设备已关闭。	正文
谢谢！	致谢

【解析】通常在机组通知起落架放下后开始播报。内容多为告知飞行状态及安全提示等。

8. 到达站落地广播

女士们、先生们：	称呼
我们已经来到____。 飞机将停靠在____号候机楼。 您可以在____号行李转盘提取托运行李。 现在是（到达站）时间点____分，地面温度____摄氏度，____华氏度。 飞机还在滑行，请不要站起来，保持安全带系好。手机关闭，直到飞机完全停稳、舱门打开。下机前，打开行李架时，请您小心，以免行李滑落发生意外。	正文
非常感谢您选择了某某航空。	致谢
我们全体机组人员祝您一切顺利，期待下次再会！	祝愿

【解析】一般在飞机落地后播报。内容包括告知飞机到达站、停靠地点、行李提取地点、到达时间和地面温度等，并再次进行安全提示。

9. 下机广播

女士们、先生们：	称呼
我们的飞机在前（中/后）登机门对接廊桥/客梯车，请带好您的全部手提物品由前（中/后）登机门下飞机。	正文
谢谢！	致谢

【解析】飞机停稳，预位解除后播报。主要是告知下机方式以及其他注意事项。

（二）特情广播

1. 娱乐系统故障

女士们、先生们：	称呼
非常抱歉，为了确保航班正点起飞，机上娱乐系统没能及时修复，因此造成____舱第____排到第____排的旅客无法正常使用音频系统，给您带来不便，我们深表歉意。	正文
感谢您的谅解！	致谢

【解析】表达顺序上通常是先致歉，然后简要说明原因，并就所导致不便，再次致歉。广播时，语气诚恳，语速不可过快。

2. 空中颠簸

女士们、先生们：	称呼
本架飞机受到气流影响，正在颠簸！ 为了您的安全，请您尽快就座，系好安全带。机上洗手间暂停使用，正在使用洗手间的旅客，请您注意抓好扶手。	正文
谢谢。	致谢

【解析】告知发生颠簸的原因，并做安全提示。

3. 客舱温度偏低

女士们、先生们：	称呼
我们的飞机在（上升过程中）客舱温度偏低，（给您带来不适/不能提供足够的毛毯），我们感到很抱歉。 这种情况（稍后/在飞机到达安全高度后）会得到改善。	正文
感谢您的谅解！	致谢

【解析】说明客舱温度偏低的原因，告知该情况将会得到改善的时间节点，并对旅客的谅解表示感谢。

4. 寻找医生

女士们、先生们：	称呼
现在，飞机上有一位（生病的旅客/即将分娩的孕妇）需要帮助。如果您是医生或护士，请立即与乘务员联系。	正文
谢谢！	致谢

【解析】告知需要帮助的原因，并有针对性地发出求助信息。

5. 备降

女士们、先生们：	称呼
由于______ A. 天气原因 B. 机场大雾 C. 机场罢工 D. 机场关闭 E. 机场跑道上有障碍物一时无法消除 F. 机上有一位（病人/即将分娩的孕妇） G. 航路有雷雨，为了安全起见，我们的飞机不能按时降落在___机场 H. 航路强逆风，飞机燃油消耗较大 I. 飞机机械故障 …… 机长决定降落在______机场，等______ A. 天气好转后　　B. 病人得到妥善安置后 C. 故障得到排除后 …… 再继续飞行。给您带来不便，我们深表歉意。 备降后的事宜，我们会及时通知您。飞机预计在______分钟后到达______机场。	正文
感谢您的理解！	致谢

【解析】说明备降原因、拟备降机场、复飞时间，并就由此带来的不便表示歉意。

6. 返航

女士们、先生们：	称呼
刚接到机长通知，由于______ A. 航路天气恶劣　　B. ______机场关闭 C. 机上有病人需要急救 …… 我们必须返回______机场，给您带来不便，我们深表歉意。 预计到达______机场时间是____点____分。返航后的事宜，我们会及时通知您。	正文
感谢您的谅解！	致谢

【解析】说明返航缘由，就带来不便表示歉意，并简要交代返航时间及事宜。

7. 直飞

<table>
<tr><td>女士们、先生们：
刚接到机长通知，由于____机场（天气不符合飞行标准/关闭），飞机无法降落，机长决定直飞____机场。
预计到达时间是____点____分。
原计划在____下机的旅客，给您带来不便，我们深表歉意。飞机落地后，我们会为您联系地面工作人员，安排相关事宜。
感谢您的谅解！</td><td>称呼
正文
致谢</td></tr>
</table>

【解析】说明直飞原因、预计到达时间，并就带来的不便表示歉意。

8. 空中盘旋

<table>
<tr><td>女士们，先生们：
刚刚接到机长通知，由于________
A. 机场空中交通繁忙　　B. 机场罢工
C. 航路有雷雨　　D. 能见度较低
飞机暂时不能降落。我们将在________机场上空盘旋，等待进一步的消息。给您带来不便，我们深表歉意。
感谢您的理解！</td><td>称呼
正文
致谢</td></tr>
</table>

【解析】说明盘旋缘由，并就带来的不便致歉。

9. 推迟到达时间

<table>
<tr><td>女士们、先生们：
由于受到航路上强逆风的影响，我们的到达时间将推迟____分钟，预计在____点____分降落在____机场。给您带来不便，我们深表歉意。
感谢您的理解！</td><td>称呼
正文
致谢</td></tr>
</table>

【解析】说明原因并就所造成不便致歉。

（三）即兴广播词

1. 活动介绍

<table>
<tr><td>女士们、先生们：
欢迎来到________机场。
（到达站城市）正在举办（活动名称），有空您可以去（看看/观摩一下）。
（到达站城市活动介绍，详见相关业务通告）
如：上海旅游节创始于1990年，每年的9月中旬至10月上旬在上海举办。上海旅游节是由上海市旅游局、上海市文化广播影视管理局、</td><td>称呼
正文
致欢迎词
活动介绍</td></tr>
</table>

上海市商务委员会共同主办的,是目前国内规模最大、最具城市特色的大型旅游节庆活动。 上海旅游节以"人民大众的节日"为定位,以"走进美好与欢乐"为主题,结合了观光、休闲、娱乐、文体、会展、美食、购物于一体的旅游产品和近百项市民参与的重要活动,展现了四季上海都市风光、都市文化和都市商业的无穷魅力。 本次上海旅游节于9月13日—10月6日在隆重举行。主要活动有开幕大巡游、上海旅游节花车巡游、方队表演、玫瑰婚典、银联美食节、彩船巡游、音乐烟花节等。 2014年上海旅游节以"四季上海欢迎你"为主题,将给市民游客带来一场精彩纷呈的节庆盛宴。	

【解析】针对到达城市文化艺术活动,根据业务通知或乘务员了解确认,即时增加相关活动简短介绍。通常是先致欢迎词,随后点明到达站点的活动名称,发出观摩邀请,并根据业务通告对相关活动做简要介绍。

2. 专/包机欢迎词

尊敬的各位领导,尊敬的两会代表,女士们、先生们:	称呼
你们好!	问候语
××航空公司特为各位代表前往北京参加两会提供了本次专机航班,我们全体机组人员热烈欢迎您的到来并向您致以衷心的祝愿,	正文
祝各位北京之行愉快并预祝两会圆满成功!	祝愿

【解析】先致欢迎词,随后对旅客行程表示衷心祝愿。

3. 节日祝福

亲爱的旅客朋友们:	称呼
新年好!	问候语
我是本次航班的乘务长。今天是大年,是中华民族传统的新春佳节。在这个喜庆祥和、阖家团圆的节日里,请允许我代表中国南方航空公司及机组全体人员向您致以最真诚的问候!	正文
祝您_____年吉祥,万事如意,身体健康!愿我们的祝福在新的一年里能给您带来好运!	祝愿

【解析】就某个节日的来临向旅客真诚问候和祝福,营造温馨亲切的客舱气氛。通常由乘务长广播,以示郑重。

五、任务提示

客舱广播是机组人员与旅客沟通的重要手段。客舱广播中的很多内容需要旅客了解、理解、支持和配合。因此，客舱广播在文本组织与广播时都有其特殊要求。

（一）用词要准确规范

客舱广播属于有声语言，有着稍纵即逝的一过性特点，不像文字读物可以反复阅读。人们在听广播时，不可能有较长的品味时间。如果客舱广播词的语言过于冗长晦涩，会导致旅客听不懂或听不清广播员所要表达的真实意思，容易造成旅客理解上的缺失与空白，大大影响客舱广播的服务效果。因此，客舱广播用语要求准确规范，使用国际通用的专业术语。既不宜过于口语化，也不宜独创一些不大通用的字、词、句等，而应用词恰当、语句规范、言简意赅，以示庄重、规范，如用"稍后"取代"过一会儿"、用"隶属"取代"是属于"、用"本次航班"取代"这一次航班"、用"感谢你的理解"取代"谢谢你能理解我们的难处喔"等。

（二）内容要切实集中

由于客舱广播受航班时间、航班环境等特殊因素的限制，旅客收听时又常常带有一定的随意性，因此，客舱广播词的内容要具体切实、简洁集中，要突出重点告知的内容，不能随意对一些枝节问题进行渲染铺陈，以免掩盖了重点，使旅客在聆听时发生理解上的障碍。比如直飞广播词的撰写，只需重点申明"××机场（天气不符合飞行标准/关闭），导致飞机无法降落，机长决定直飞 ××机场"即可，无需对天气为什么不符合飞行标准，或机场为什么要关闭等做具体的铺陈、描述和解释。

（三）情感表达要亲切自然

客舱广播中的内容，很大程度上需要旅客了解、理解、支持和配合，所以语言的表达应该确切晓畅，情感的传送应该温馨贴心，切实避免因用词或语气不当影响到旅客的心情和配合态度，造成不必要的误解或冲突。要注重礼仪规范，比如对旅客乘坐该航班表示真诚的欢迎，对旅客的配合行为要表示感谢，对发生设备故障时给旅客带来的不便表示诚挚的歉意等。

（四）客舱广播要及时有效

客舱广播员应根据《乘务广播手册》内容，及时落实各项广播。当航班延误时，应及时广播，通知旅客相关信息。遇有颠簸，应及时提醒旅客，必要时重复广播。

（五）客舱广播要灵活机动

在特殊情况下，应根据航班不同情况临时组织广播词。比如关门后因航空管制、机械故障、天气、等待货物等原因发生的航班延误，清舱时的寻人广播、失物招领广播、特殊气象提示等；针对到达地文化艺术活动，有的航空公司会要求根据业务通知或乘务员了解确认，即时增加相关活动的简短介绍；针对某些重要的节日，如春节、劳动节，要即时安排节日祝福类广播；针对某些专包机旅客，要结合旅客的不同背景和特点致以别具一格的欢迎词等。

六、任务实训

1.客舱广播一般按常规进行。但遇到特殊情况，广播内容也会稍加调整增加。请根据下列场景提示，在下面横线上填写广播词。

（1）飞机即将降落。当天正是中国传统佳节——中秋节。这时你可以广播——

各位旅客，____

________________________________！我们期待着再次与您相会。谢谢！

（2）飞机刚落地，还在滑行，不少旅客站起来拿行李，这时你可以广播——

各位旅客，____

____，谢谢您的理解与配合。

（3）35L的一名乘客突发哮喘，急需一种名叫沙丁胺醇气雾剂的药品，这时你可以广播——

各位旅客，____

____

____，谢谢。

（4）18C的乘客李女士向乘务组求助说，自己随身携带的一只红色手包不见了，内有苹果手机1部、信用卡2张，以及人民币若干。这时你可以广播——

各位旅客，____

____

____，谢谢。

2. 按中英文标准广播、快速作答、情景广播（分常规、特情、即兴三种情景）和特色广播四个环节，组织一次班级“空中百灵”广播词大赛。

3. 请完成本章节的任务设计。

小贴士

客舱广播

客舱广播一般由乘务长指定有广播员证书的乘务员负责广播。广播员要用中、英两种以上的语言广播，根据航线添加相应语种广播。广播用语要求准确规范，使用国际通用的专业术语。客舱广播时要求吐字清晰，音调柔和，速度适中。正常情况下，较为适宜的中文播音速度建议为每分钟200~220字，英语播音速度为每分钟120~150词。播放录像节目时，不得对客舱广播（规定广播内容或与安全有关的内容除外）。当长航线、夜航或大多数旅客休息时，应酌情减少广播或缩短广播内容。紧急情况时，由（主任）乘务长负责广播。

第二节 客舱乘务初始新雇员带飞记录表

一、任务设计

2016年毕业后，宋玲玲签约航空公司成为一名客舱乘务员。在接受航空公司岗前培训后，自2017年5月1日至2017年8月1日期间，宋玲玲开始正式进入航班带飞训练的操作与实践。带飞阶段圆满结束后，按要求宋玲玲需要填写客舱乘务初始新雇员带飞记录表。

请代宋玲玲拟写一份学员感想。

二、任务解读

《客舱乘务初始新雇员带飞记录表》是用来记录客舱乘务初始新雇员在航班实际操作或模拟、演示形式带飞训练过程情况的一种常用文书表单式文件（表格样张见本教材附录五）。

三、任务向导

《客舱乘务初始新雇员带飞记录表》通常分为三个部分：

（一）工作情况记录

通常以标准化表格的形式从预先准备、直接准备、起飞前、飞行中、着陆前、着陆后、特殊情况处置等方面分项列条对新雇员在带飞训练过程中的表现情况进行逐一评估。"带飞评估"通常用符号进行标注，比如"☆"表示掌握熟悉；"△"表示基本掌握；"×"表示未掌握。简单明了，一目了然。

（二）带飞辅导员的点评

带飞辅导员点评的撰写，通常应先对客舱乘务初始新雇员的带飞训练时间做简单交代，随后对照客舱乘务初始新雇员的岗位职责要求，从品德、形象、绩效、能力和态度等方面进行评价，具体内容包括个人仪容仪表是否得体规范、是否有较强的工作责任心、是否安心岗位工作、岗位技能的掌握是否熟练、能否规范完成岗位工作任务、是否服从领导、是否有团队精神等，最后做出考评结论，如按时转正、延期转正、带飞训练合格或不合格等（具体写法见任务示例1）。

（三）学员感想（或带飞心得）

学员感想是客舱乘务初始新雇员在航班带飞训练过程中所获得的感受和体会。这些感受和体会不一定经过严密的分析和思考，可能只是对乘务工作的感性认识和简单的理论分析。

学员感想是一种日常应用文体，属于议论文的范畴，一般篇幅可长可短，结构比较简单。其正文部分通常分为开头、主体、结尾、署名四个部分。

1. 开头。简述所参加的乘务带飞训练的基本情况，包括参加带飞训练的时间、航段，所从事的具体工作的过程及结果等。

2. 主体。通常采用并列式结构，从不同角度将自己的感受和体会总结成几个不同的方面，分别加以介绍，各层次之间是并列关系，如"一、二、三……"等。每一部分的写作可以采用先从理论上总述，再列举事实加以证明的方法，使文章有理有据，不流于空谈。

3. 结尾。学员感想的结尾一般可以再次总结并深化主题，可以提出未来继续努力的方向，也可以自然结尾，不专门作结。

4. 署名。学员感想一般应在文章结尾的右下方写上姓名，并署明日期（具体写法见任务示例2）。

四、任务示例

示例1:	
何小洁学员自2017年5月1日开始航班实际操作形式带飞训练,至2017年8月1日,先后进行了五次带飞航段训练。带飞训练过程中,何颖洁学员始终注意保持个人仪容仪表的得体,专业化形象好,服务用语规范,微笑服务好。工作勤恳积极,主动协助旅客取放行李,开关阅读灯、发放小毛毯、提示遮阳板等细微服务均执行到位。乐学好问,悟性强,能较快适应乘务岗位工作的需要。业务能力强,能根据工作需要及时调整工作方法和端正心态。注重个人成长,善于反思、分析、归纳,不断提高工作能力,改善工作方式和方法。思维敏捷,反应灵活,遇事沉着冷静,有较强的特殊情况处置能力。愿意服从领导,乐于奉献,团队协作能力良好。	开头 主体
带飞训练评价合格。	结尾
带飞辅导员(签名)×××	署名
××××年×月×日	日期

【解析】这是一则带飞辅导员点评。开头概述带飞时间,主体结合岗位要求,从学员形象、服务用语、专业技能、学习能力、合作能力等方面进行点评,结尾对总评。要素齐全,格式规范,表述到位。

示例2:	
2017年5月1日我开始正式进入航班带飞训练的操作与实践。至2017年8月1日,我先后进行了五次航段的实际带飞训练。在带飞辅导员林红老师的精心指导下,我的客舱服务意识和服务能力有了很大的进步,并切实体会到了"对不同旅客提供不同需求的服务,拉近距离,把服务想在前头,做在前头"的真实内涵。	开头 主体
一、强化业务知识,巩固生活常识。	
这是一份特殊的职业,现实和梦想还是有差距的。作为一名客舱乘务新雇员,我有很多的业务知识和生活常识需要巩固和学习,比如一旦出现紧急情况会应用到的特殊用语;飞机上如有乘客需要紧急医疗救助时,需要懂得的基本医疗常识;不论飞国内还是国际航班都需要掌握流利的中英文;不仅要熟悉机上服务用的各类饮料,还要知晓提供不同饮料时所用的饮具及其内涵……这些都需要平时慢慢积累,尤其是对于我们这样的初始新雇员乘务员来说,最重要的还是飞机处于紧急情况时的专业用语,不仅记得好,更要用得适当,说得熟练。	
二、把握顾客心理,服务态度热诚。	
在客舱服务方面,我认为客舱乘务员为旅客提供服务,实际上是一	

种人与人之间的沟通、交往的人际关系。做好服务工作的基础在于了解旅客心理,关心旅客,热爱旅客。要有针对性地对不同旅客提供不同需求的服务,拉近距离,把服务想在前头,做在前头。在处理各种突发情况或特殊问题时,乘务员自身要做到情绪稳定,沉着冷静,确保处理不失平衡,不失规范。要做到眼勤、嘴勤、手勤、腿勤,尽量满足旅客提出的要求,让旅客真正有宾至如归的感觉。 三、注意观察积累,广泛学习知识。 作为窗口单位的成员之一,民航乘务员代表的不仅仅是个人形象,也代表着一个公司、一个地区,乃至于一个国家。拥有广博的历史地理文化知识是一名合格的民航乘务员的必备素养。在现实工作中,经常有乘客想了解一些到达站的历史名胜、旅游景点、风土人情等,就需要我们对他们进行概括或详尽的介绍。飞国际航班时,就要对两国的国情、海关制度等有一些大体的了解。乘务员的工作不仅仅是在飞机上提供简单的餐食服务,更需要有细致到位的人文关怀,而这需要乘务员注重日常生活的积累与细心观察,并加强学习,只有这样,才能使乘务工作变得更加得心应手,细致入微。	
良好的客舱服务是确保航班得以顺利运行的保障。通过此段时间的航班实际带飞训练,我学到了很多,也收获了很多。在此,再次真诚的感谢带飞辅导员林红老师的悉心指导与教诲。在今后的乘务工作中,我将继续不断学习,把所学所知运用到实际工作中去,争取做一名合格的空乘人员。	结尾
学员 ×××	署名
××××年×月×日	日期

【解析】上述两篇例文为初始乘务员带飞记录表的两部分,即带飞辅导员点评和学员感想,带飞辅导员侧重点评初始乘务员在带飞训练过程中的表现,学员感想则重点对带飞学习中的收获和经验教训进行总结,两篇例文语言简洁,条理清晰,有理有据,符合带飞记录表的基本写作规范。

五、任务提示

(一)要避免混同个人感想和工作总结的界限

一般来说,工作总结是单位或个人在一项工作结束后对该工作所做的全面回顾、分析和研究,力求在一项工作结束后找出有关该工作的经验教训,引出规律性的认识,用以指导今后的工作。它注重认识的客观性、全面性、系统性和深刻性;而个人感想相对来说比较注重在工作、学习、生活以及其他方面的主观认识和感受,往往紧抓一两点,在叙述工作经历的同时,着重介绍自己在工作中的体会和感受。它追求感受的生动性和独特性,而不追求其是否全面和严谨,甚至在有些情况下,可以"只论一点,不计其余"。

(二)要内容真实,实事求是

个人感想是在实际工作和活动中真实感受的反映,不能扭捏作态,故作高深,更不能虚假浮夸,造成内容的失实。

(三)要发乎真情,来自实感

个人感想在运用简洁的语言进行叙述、议论的基础上,可以适当地采用描写、抒情及各种修辞手法,以增强文章感染力。

六、任务实训

1. 模拟写作题。

(1)任选一位班级里你熟悉的同学,根据其在乘务实训课上的表现,拟写一则乘务实训点评。

(2)结合个人在乘务实训课上的学习经历,拟写一则学员感想。

2. 请完成本章节的任务设计。

小贴士

空中乘务员的业务培训包括有初始训练、提高服务训练、升级训练、转换机型训练、定期复训、重获资格训练等类别。

1. 初始训练:新聘乘务员应参加初始训练,通过训练基本掌握专业基础技能和服务技能,掌握应急设备的使用方法和紧急处置程序,获得飞行乘务员的资格。

2. 提高服务训练:飞行半年以上人员应参加提高服务技能训练。

3. 升级训练:

(1)国内头等舱资格训练:飞行达1年以上的乘务员参加。

(2)国内乘务长训练:飞行达3年以上的乘务员参加。

(3)国内转国际乘务员训练:飞行达1年以上的乘务员参加。

(4)国际航线头等舱/公务舱训练:在国际航线飞行达3年以上的乘务员参加。

(5)国际航线乘务长资格训练:在国际航线飞行达5年以上的乘务员参加。

(6)主任乘务长资格训练:任职3年以上的乘务长参加。

(7)乘务教员资格训练:准备聘任的乘务教员参加。

(8)乘务检查员资格训练:准备聘任的乘务检查员参加 。

4. 转换机型训练:乘务员需要在另一新机型上取得岗位合格证资格之前的训练。

5. 定期复训:对所有的在职乘务员一年一次进行的紧急程序复归训练,提高乘务员特殊情况下的处置能力。

6. 重获资格训练:培训对象为6个月没有参加飞行者;一年内没有飞过某个机型者;没有参加定期复训者;升级训练不合格者。

第三节 特殊旅客空中生活记录

一、任务设计

在准备会上，乘务长布置给乘务员江小涵一个任务，让她专门负责机上一名无成人陪伴的儿童旅客，保证这名儿童在机上的安全，照顾儿童的机上生活。江小涵接到任务后，全程细心、耐心地照顾这名儿童，直至平安顺利地到达目的地。按规定，机组要填写特殊旅客空中生活记录。

请代为拟写这则表单。

二、任务解读

《特殊旅客空中生活记录》是用来记录特殊旅客（又称特殊服务旅客或特服旅客）在航班运输过程中的生活状态、情绪和生理变化、行为等情况的一种常用文书表单式文件（表格样张见本教材附录六、附录七）。

根据民航有关条例规定，特殊旅客通常指重要旅客、无成人陪伴儿童、孕妇旅客、病残旅客、婴儿旅客、犯罪嫌疑人及其押解人员、特殊餐饮旅客、酒醉旅客、额外占座旅客、机要交通员/外交信使和保密旅客等因行为、年龄、精神或者身体状况、特殊身份等需要给予特殊礼遇和照顾的旅客以及在一定条件下才能承运的旅客。

特殊旅客是客舱服务对象中必不可少的一部分，也是重要的一部分。由于其特殊的生理因素、心理因素或意外情况等原因，特殊旅客服务具有高于一般旅客服务的难度。客舱乘务员需要勤于观察，多注意他们的神态、情绪、行为，分析判断他们的心理，以人为本，对他们给予相应的特殊照顾，并做好空中生活记录。

三、任务向导

《特殊旅客空中生活记录》通常包括三个部分：

（一）特殊旅客的基本信息

包括日期、航班号、始发站、到达站、旅客姓名、座位号、旅客年龄、性别、护照号码、随身携带行李数、联系人姓名、电话、地址等基本要素。这一部分的内容填写应根据乘客登机时地面服务人员与主任乘务长交接时提供的《特殊旅客乘机申请书》以及《特殊旅客通知单》来逐一进行填写。

（二）特殊旅客空中生活记录

包括责任乘务员、旅客的用餐时间、餐食类别、用餐情况、休息娱乐情况、机上安全和个人生活情况以及其他特殊情况的说明等。如有特殊情况，则需将特殊情况发生的时间、具体过程、处理结果等予以具体陈述。某些特殊旅客未接受过特殊服务，如全程休息、睡觉，没有用餐或使用洗手间等,也可作为特殊情况予以简要说明。

(三)特殊旅客交接信息

包括地面接待人、主任乘务长、旅客家属(或监护人)等人的签名确认。

四、任务示例

无成人陪伴儿童空中生活记录 ……	
休息、娱乐情况(rest & entertainment): 带班乘务长刘××在和地面人员完成交接以后,无成人陪伴儿童便开始了自己的空中旅程。上机后,责任乘务员江小涵按资料袋内的登机牌将该儿童带至其座位,起飞后,乘务员向其提供了几款小食和玩具。午餐后,该儿童午睡,乘务员取来毛毯将他盖好,并关闭了通风口,防止他着凉感冒。	休息娱乐情况
机上安全和个人生活情况(in-flight safety & activities): 飞机进入平飞状态后,责任乘务员江小涵仔细教给无成人陪伴儿童座椅上各种服务组件的使用方法并告知了洗手间的位置和下机方式。餐饮服务过程中,责任乘务员向小旅客详细介绍了饮料和餐食品种,并询问了是否有过敏史,并细心地帮小旅客打开了热食的锡纸,提醒他要小心,不要烫伤等。在用餐服务结束后,乘务长刘××和无成人陪伴儿童进行了沟通。小旅客活泼开朗,气氛融洽。飞机下降前,责任乘务员特意嘱咐儿童在座位上坐好,只能等到乘务员阿姨来带他下飞机时才可以起身。飞行途中,无陪儿童有两次需要上厕所,乘务员亲自将其领入盥洗室,使用完毕后带回其原座位。落地后,责任乘务员按要求将无陪儿童亲自转交给地面服务人员。	机上安全和个人生活情况
特殊情况(special circumstance): 无陪儿童在航班上曾有过一次压耳而感到不舒服,经乘务员帮助和安抚后缓解。	特殊情况

【解析】这是一篇无成人陪伴儿童空中生活记录,属于特殊旅客生活记录表的一种。休息娱乐情况部分主要介绍无陪儿童的座位安排、服务设施介绍、所提供餐食及玩具说明、休息情况等;机上安全和个人生活情况部分主要介绍对无陪儿童的安置、关心、机上个人生活状态、落地后交接等情况;特殊情况部分主要说明特殊情况发生的时间、具体过程及处理结果等。无成人陪伴儿童空中生活记录表的填写要注意基本信息准确无误,机上安全和生活情况记录要详尽,如发生特殊情况,要将事情发生的经过、处置的办法、事情的结果等一一记录下来,措辞要准确,逻辑要清晰。在到达目的地时,及时将旅客和记录表签字、交接。

五、任务提示

（一）基本信息要准确

特殊旅客的基本信息一定要仔细核对，填写准确。

（二）机上生活记录要详尽

旅客机上的生活记录一定要详尽，包括机上安全记录和机上生活记录，如果发生特殊情况，更需要详细记录整个过程和结果。

（三）注意时效

特殊旅客生活记录表在到达目的地时要与地面交接，所以表格要在飞机到达目的地前记录完成，不然会影响签字和交接工作。

六、任务实训

1. 请结合客舱特殊旅客服务要求，根据下述材料，拟写一则特殊旅客空中安全和生活记录。

潘先生是一名轮椅旅客。接到潘先生的特殊旅客申请单后，乘务长王冰指定顾蓓蕾为其责任乘务员。上机后，顾蓓蕾按资料袋内的登机牌将潘先生扶至其座位，并将其随身物品等摆放至行李架内。因潘先生为回族旅客，乘务员特别为他提供了回民餐。飞行途中，潘先生上厕所1次，小睡了20分钟左右。

2. 请完成本章节的任务设计。

小 贴 士

无成人陪伴儿童

航空公司从接受无成人陪伴儿童起就负全部责任，直到抵达目的地有成人来接为止。登机前，由地面工作人员填写“无成人陪伴儿童”（UM）的记录等文件，然后将无成人陪伴儿童的机票、乘机申请书及旅行证件等各种运输凭证放入无人陪伴儿童胸前的文件袋里。登记时，地面服务人员将一份“无成人陪伴儿童乘机申请书”和两份“特殊旅客服务通知单”交给乘务长并向乘务长介绍情况。乘务长在空中填写无人陪伴儿童旅途记录单并保管其资料，直到着陆后移交给地面工作人员，并做好交接手续。过站或到达时，若没有地面工作人员或乘务员陪同，儿童不能离开飞机。若在途中乘务长需换机组而儿童未到目的地，下机的乘务长负责将该儿童和有关资料移交给下一套接机的乘务组或地面代理人员。

第四节 机上事件报告单

一、任务设计

2017年1月13日上午，在北京至西安的××航班上，乘客汪××上机后一直发短信。尽管客舱乘务员在飞机滑行前已通过广播告知旅客进入客舱后必须将移动电话及其他电子设备的电源开关置于关断状态，并在客舱巡视时两次提醒汪××关闭电源，不要使用手机，但汪××总是以"等一等，马上就关"为借口，置若罔闻，并对提醒他的乘务员出言不逊，引得周围旅客纷纷侧目指责。后汪××在空警的再三警告和周围旅客的纷纷抗议下，最终关掉了手机。此事直接导致飞机延误达20分钟之久。飞机落地后，机组将汪××移交西安机场警方处理。警方根据《治安管理处罚法》第三十四条有关规定，给予他200元人民币的治安行政处罚。按航空公司规定，机组需要填写机上事件报告单。

请代为拟写这则报告单。

二、任务解读

《机上事件报告单》是用来记录航班运输过程中所发生的机上事件的一种常用文书表单式文件（表格样张见本教材附录八）。

根据民航条例规定，航班运行过程中如遇到有旅客吸烟且不听劝阻、干扰或攻击他人、拒绝执行机组命令、损坏或盗窃机械设备、客舱中酗酒、非法携带武器或炸药、强行进入驾驶舱、暴力劫持飞机，或误放滑梯等机上事件时，（主任）乘务长除填写《乘务日志》外，还应填写《机上事件报告单》，并于航后第一时间将相关单据交生产协调分部调度室。

机上事件报告制度能有效预防以及正确、快速地处理航班运行过程中的各种突发事件，不断提高民用航空客舱服务工作中预防和控制突发事件的能力，最大限度地减少机上突发事件的影响和损失，保障航班的安全运行。机上事件报告的写作质量直接关系到上级主管部门对事件的准确判断以及对事件的处理效果。

三、任务向导

《机上事件报告单》是对机上事件全过程的文字记录。写作时应详细陈述事件的经过、导致事件的原因和采取的措施，尤其要特别注明事件发生的时间、地点、旅客姓名和地址、目击者姓名和地址、乘务员或旅客受伤情况，包括全体机组人员的姓名等。

一般来说，《机上事件报告单》应包括四个方面的内容：

（一）航班基本信息

包括航班号、日期、机号、始发站、到达站、事件类型。

（二）当事旅客的基本信息

包括姓名、座位号、身份证号码、电话号码、联系地址和邮编等。

（三）事情经过和处理措施

这一部分是报告的主体部分，也是最重要的部分。要求完整、准确、客观地将事件发生的时间、地点、原因、涉及人员、经过、采取了哪些处理措施、最终处理结果等一一表述清楚。既要时间节点明确，又要避免有损他人的评论。这一部分的内容应分别由（主任）乘务长和机长签名确认。

（四）证人和证词

证人证言在解决法律纠纷中具有重要的辅助证据作用。其大体内容包括：证人身份信息（如座位号、电话号码、身份证号码、与案件当事人的关系、联系地址、邮编）、所要证明的事情、所证明事情的事实经过、证人签名以及日期等。

四、任务示例

机上事件报告单

……

事件经过： 航班于19:30准时起飞。起飞30分钟后，28C肖先生向乘务员反映随身携带的一部黑色三星手机丢失，并且很肯定是在起飞爬升时丢失的，且怀疑是被后排旅客捡拾到了。我们马上调亮客舱灯光，并从乘务长包里取出手电筒帮助肖先生在前后排寻找，包括洗手间。同时进行广播，希望有旅客捡到后联系乘务员。但是直到下降时都未寻找到，此时，肖先生提出需要报警。飞机落地停稳后，我报告机长有旅客遗失手机需要报警，机长马上通知机场。在等机场公安到达之前，我们向旅客进行广播，和安全员维护客舱秩序，让旅客留在原位休息等候，并安排乘务员站在紧急出口监控并对旅客做好解释工作。大约10分钟后，机场公安到达，询问旅客是否有怀疑对象。旅客回答29排B座和C座旅客。在组织其他旅客下机后，机场公安针对28排B座和C座旅客进行了询问，并在征得旅客的允许下由肖先生对旅客衣物进行了搜查，但是并未发现肖先生丢失的手机。最后把机场行李查询处的电话留给了肖先生，并嘱咐清洁队工作人员在清扫卫生时如有捡拾到一部黑色三星手机务必联系我们。下机时旅客对乘务组给予的帮助表示感谢。 （主任）乘务长签名：××× 日期：××××年×月×日	事情经过
机组措施： 航班于20:00准时降落在高崎机场。飞机停稳后，机组接到乘务员报告，28C乘客肖先生因手机丢失寻求未果，请求报警。机组随即通知机场公安协查，并要求安全员和乘务员做好旅客解释工作。 机长签名：××× 日期：××××年×月×日	机组措施

……

证词:

××××年×月×日,我乘坐由上海开往厦门的××航班。飞机起飞约30分钟后,坐在我同排C座的旅客突然大喊着说他的手机不见了,并且肯定地说是在飞机爬升时掉落在地上的,并怀疑是坐在后排B座和C座的两位乘客捡到了。机上乘务员知道后,马上调亮客舱灯光,取出手电筒帮助他在前后排寻找。同时还进行广播,希望有旅客捡到后联系乘务员。但是直到下降时都未找到。于是,C座乘客要求报警。飞机落地停稳后,乘务员向旅客进行广播,要求旅客留在原位休息等候。大约10分钟后,机场公安进入客舱。在组织其他旅客下机后,机场公安针对28排B座和C座旅客进行了询问,并在征得旅客的允许下由肖先生对旅客衣物进行了搜查,结果并未发现肖先生丢失的手机。

见证人签名:×××

日期:××××年×月×日

证人证词

【简析】这是一则机上事件报告单。报告单首先完整、客观地反映事件的来龙去脉,包括事件发生的时间、地点、涉及人员、原因、处理方式、处理结果等;机组处理措施要阐述清楚,并且要符合公司和法律规定;证人证词要从旅客本人的角度,详细叙述事情发生的时间、地点、经过,要尽量客观公正,无个人情感偏向,要提醒证人将重要细节说清楚。

五、任务提示

(一)实事求是,注意报告的完整性

机上事件报告的写作必须忠实于客观事实,必须认真地观察已经发生的各种情况,真实、客观地将事件的发生、发现和处置过程等情况原原本本地交代清楚,以免因表述不清而影响上级主管部门对事件的准确判断和对事件的处理效果。

(二)简明通顺,注意报告的逻辑性

机上事件报告的基本目的是反映情况,还原事实,写作时应将事件名称、事件类别、发生时间、地点、涉及的地域范围、涉及人员、原因、经过、已经采取的措施、事件的发展趋势、最终结果等一一表述清楚。用语应简明顺畅,避免过多地铺陈描述。

(三)真实客观,注意报告的严肃性

机上事件报告是对机上事件全过程的文字表述。过程的表述应尊重客观事实,力避个人主观性评价以及有损他人的评论。避免为了某种目的而去改换客观材料或者编造数据、伪造事实。不要随意涂改。

(四)撰写及时,注意报告的时效性

发生客舱不安全事件和客舱紧急事件时,(主任)乘务长应填写《机上事件报告单》,并与航后第一时间将相关数据交生产协调分部调度室。

六、任务实训

1. 情境模写题。

一位学生扮演乘客，一名学生扮演客舱乘务员，模拟一段该乘客在机舱不听劝阻，执意吸烟的情节。

请根据上述表演情境，拟写一则机上事件经过报告。相关缺失要素自拟。

相关法规提示：民用航空法规定，禁止任何时间在机上吸烟及如烟等电子雾化烟，禁止在厕所内吸烟，禁止干扰、损坏、毁坏厕所内的烟雾探测器。客舱乘务员发现旅客吸烟必须以委婉和主动的方式及时制止，实施禁烟规则。如果在飞机上吸烟，根据《民用机场和民用航空器内禁止吸烟的规定》第十一条，检查员对违反禁止吸烟有关规定的个人，应进行教育，责令其停止吸烟，并可处以10元罚款；对经教育、劝阻后仍不执行规定的，可处以20元以上50元以下的罚款。

2. 请完成本章节的任务设计。

小贴士

机上事件报告单

发生客舱不安全事件和客舱紧急事件时，（主任）乘务长除填写《乘务日志》外还应填写“机上事件报告单”，并与航后第一时间将相关单据交生产协调分部调度室，调度室第一时间上报业务执行分部。业务处应在接报后第一时间将事件上报安全运行监察部和部门领导，同时协同当事人及其所属部门对该事件进行调查核实，在调查结束后将事件调查结果以书面形式报部门分管领导；经分管领导审批后方可上报安全运行监察部；如遇特殊情况，业务处须以口头方式将事件上报安全运行监察部，经安全运行监察部批准后，在约定的时限内完成书面上报工作；客舱服务部应对相关单据做纪律，并保存24个日历日。

第五节 紧急医疗事件报告单

一、任务设计

小燕为某航班乘务长，在一起执行飞行任务的过程中，航班中发生了紧急医疗事件，有一位女士身体抽搐，脸色发白，呼吸急促，她的女儿掐着她的人中大声呼救，小燕也帮忙拍打呼叫该女士，但仍旧没有回应，该女士已经进入昏迷状态。小燕立即前往前舱壁板中取来氧气瓶为其吸氧，随后到前舱广播找医生，并将情况报告机长。为了保证旅客安全，机长告知决定备降太原，25分钟后将在太原机场落地。后该女士状态趋于稳定，旅客家属要求继续飞往银川。经向机长请示，旅客签署免责书后，机长同意继续飞往银川。最终飞机在银川机场落地，该女士身体恢复正常，自行走下飞机，其家属向整个机组表达了谢意。按规定，乘务长小燕要填写紧急医疗事件报告单。

请代为拟写这则报告单。

二、任务解读

《紧急医疗事件报告单》是用来记录航班运行过程中所发生的机上紧急医学事件的一种常用文书表单式文件(表单样张见本教材附录九、附录十)。

根据民航条例规定，航班运行过程中，如发生造成飞机改航或备降等不正常运行的人员伤病或死亡、飞行不正常运行导致人员伤病或死亡、突发公共卫生事件、旅客或机组人员在航空器上突发伤病或死亡、在非紧急医学事件中使用了应急医疗设备、(主任)乘务长认为事后会有可能与航空公司发生纠纷的任何医疗事件等情况时，(主任)乘务长除填写《乘务日志》外，还应填写《紧急医疗事件报告单》，并于航后第一时间交机场相关部门。

《紧急医疗事件报告单》是客观、完整、连续地记录机上紧急医学事件中病人病情变化及医疗救助经过与结果的文书表单式文件，是关于机上紧急医学事件的原始情况记录，它真实反映了机上紧急医学事件的发现、发生、发展以及进行医疗救助的经过与结果，是正确、快速地处理航班运行过程中各种紧急医学事件，不断提高客舱服务中预防和处理紧急医学事件的能力，最大限度地减少机上紧急医疗事件的影响和损失，保障航空公司及当事人的合法权益，妥善解决相关法律纠纷的可靠依据。

三、任务向导

根据民航文件规定，遇到紧急医学事件时，客舱乘务员在采取基本急救措施进行急救的同时，应立即通知机长并给出以下信息：乘客的姓名、地址、性别和年龄；乘客的目的地；着陆后需要的医务帮助种类；症状，包括有无意识；记录病人附近2~3位旅客的姓名、地址和联络电话；采用乘务员记录和旅客签名方法完成相应的行政步骤和文件等。具体到《紧急医疗事件报告单》的写作中，主要表现为以下三个部分：

(一)航班和病人基本信息

航班信息包括航班号、机号、日期、备降地等；病人信息包括姓名、性别、国籍、年龄、证件号、座位号、目的地、联系电话和住址等。

(二)事件情况和处理过程

这一部分是紧急医学事件报告的主体部分，也是最重要的部分。这一部分的写作应本着客观、真实的原则，实事求是，完整地记录事件发生的时间、座位号、发病对象、发病人数、病人主要临床症状与体征、可能发生的病因、已经采取的措施、事件的发生经过、着陆后需要的医务帮助种类、事件结果等内容。

(三)其他辅助信息

包括证明人的地址、电话、座位号、证件号、国籍和签名；处理人员的姓名、地址、联系电话和签名；乘务长的签名等。

四、任务示例

正文	说明
××××年×月×日，××航班执行济南—银川航线。 乘务长：马小燕 兼职安全员：艾小杰	航班基本信息
航班约07:20从济南机场起飞，正常服务结束后，我刚回到前厨房，此刻时间大约为08:38，突然听见客舱后一声吼叫，我迅速赶到了后舱，10A一位女士身体抽搐，脸色发白，呼吸急促，她的女儿(10C)掐着她的人中大声呼喊她妈妈，没有回答，我拍打呼叫该女士，仍旧没有回答，该女士已经进入昏迷状态。我立即前往前舱壁板中取来氧气瓶为其吸氧，吸上氧的时间为08:43，我让兼职安全员在一旁监控，我便到前舱广播找医生，然后我进驾驶舱将情况报告机长。此时驾驶舱显示银川落地时间为09:30。我再次来到客舱询问是否有医生或护士，并同时嘱咐旅客不要围观，保持原位坐好，确保飞机平衡。但客舱中并没有医务人员与我联系。该女士在吸氧后状态有所缓解，但在08:50再次出现浑身抽搐、呼吸困难、身体僵硬的现象，随后人事不省。为了保证旅客安全，我立即向机长进行了报告，08:53机长告知我决定备降太原，25分钟后将在太原机场落地。得知备降信息后，我向旅客进行了广播，机上旅客都表示理解。09:00时，该女士状态趋于稳定，旅客家属要求继续飞往银川。经向机长请示，旅客签署免责书后，机长同意继续飞往银川。09:25时该女士恢复意识，身体状态基本稳定，09:30主动要求停止吸氧，经询问，该女士及家属认为银川落地后不需要医疗援助。整个过程中使用了一个氧气瓶，此时氧气瓶压力指针显示800PSI。随后我填写了机上医疗事件报告单，机长、病人家属、见证旅客均在报告单上签名确认。约10:00飞机在银川机场落地，该女士身体恢复正常，自行走下飞机，其家属向整个机组表达了谢意。	事情经过说明

【解析】这是一篇机上紧急医疗事件报告单。报告单完整记录了事件发生的时间、具体座位号、发病对象和人数、病人主要临床症状与体征、事件发生经过和医疗救助经过及事件结果等内容。表述明确具体，逻辑清楚，尤其是在对时间的表述上，精确到节点，对进行医疗救助时所使用的医疗设备表述精准，数据明晰。

五、任务提示

（一）实事求是，确保报告的真实性

紧急医学事件报告的写作应忠实于客观事实，真实、客观地将事件发生、发现、进展、处置过程及结果等情况原原本本地交代清楚，力争真实地还原整个事件发生的每一个细节与过程。

（二）表述明畅，确保报告的逻辑性

紧急医学事件报告的基本目的是反映情况，还原事实，写作时应将事件发生的时间、座位号、发病对象、发病人数、病人主要临床症状与体征、可能发生的病因、已经采取的措施、事件的发生经过、着陆后需要的医务帮助种类、事件结果等内容一一表述清楚。用语应简明顺畅，避免过多不必要的铺陈描述。

（三）数据准确，确保报告的严谨性

紧急医学事件报告中对时间的表述，力求精准到具体的时间节点，比如“×时×分×秒”；对病人临床症状与体征的说明，力求精确到具体的数据，比如不能用“心跳很快”“血压偏低”等概约性词语，而应用“脉搏120次/min”“血压85/56mmHg”等。避免为了某种目的而去改换客观材料或者编造数据、伪造事实。

（四）撰写及时，确保报告的时效性

发生客舱紧急医学事件时，（主任）乘务长应填写“紧急医学事件报告单”，并于航后第一时间交机场相关部门。

（五）谨慎修改，确保报告的有效性

紧急医学事件报告单必须用蓝黑墨水、碳素墨水书写，出现错字时应用双线划去错字。实施保护性医疗措施时，应当由患者本人签字，若不具备完全民事行为能力时，由其法定代理人签字；患者因病无法签字时，应由其同行亲属或同伴签字；若无同行，则乘务长请见证旅客签字。

六、任务实训

1. 下面这段机上紧急医学事件的经过及处理结果的表述不够完整。请指出其不足指出，并根据机上紧急医学事件的相关处理规定，进行改写。

> 飞机落地前，机上有一名旅客突然全身抽搐，口吐白沫，翻白眼，意识丧失。我立即拿了毛巾过来，塞到该旅客嘴里以防她咬住舌头。随后，我回到前舱报告机长并广播找医生。过了一会儿，该旅客停止抽搐，但处于昏迷状态，脉搏微细，心律不齐。飞机着陆后，地面医护人员上飞机对其进行了简单救护。该旅客最终恢复意识，生命体征恢复正常，并在其同事的陪伴下自行走下了飞机。

2. 请根据下述报道，结合相关写作知识和机上紧急医疗事件处理规定，拟写一则机上紧急医疗事件经过和处理情况的报告。相关缺失要素自拟。

> 中新网报道　近日，一名菲律宾籍女子搭乘阿联酋航空公司航班时，在机上厕所内产下一名男婴。为了纪念这次特殊的经历，她和丈夫决定用阿联酋航空公司的代码“EK”为孩子命名。
>
> 据该航班一名乘务员回忆称，当时孕妇正走向厕所，样子看起来很痛苦。她的丈夫在旁边焦急地走来走去，都快哭出来了。见此情景，乘务长赶紧把情况报告给了机长，并通过广播在旅客中寻找医务人员和有经验的女性旅客，请求协助。当时飞机上正巧有两名菲律宾籍护士。得知消息，她们二话没说，加入了救助队伍。此时，孕妇已进入厕所约5分钟。当两名护士赶到厕所时，发现该孕妇已经把孩子生在了马桶里。由于缺氧，婴儿的皮肤变成了紫色。两名护士为婴儿清理了羊水。乘务组把这

对母子安排到了与客舱隔离的适当位置，并给这对母子戴上氧气面罩。机长及时联系了到达站机场，通知救护援助。

由于是早产儿，目前男婴“EK”仍在医院接受护理，其母亲已经出院。

在她们和机组人员的帮助下，女子完成了这次“空中分娩”。

3. 情境模写题。

指派4名同学，根据所学医疗急救知识，模拟一次机上紧急医疗事件。1名同学扮演病人，一名同学扮演随行的家属，一名同学扮演参与救助的乘务员，一名同学扮演乘务长。

请根据上述情境表演，拟写一则紧急医疗事件的经过及处理情况报告。

4. 请完成本章节的任务设计。

小 贴 士

紧急医疗事件报告单

民航条例规定，航班运行中突发医学急救事件需使用所配备急救箱、急救药箱（除体温计、血压计外）或药品时，客舱机组成员应寻求旅客中医疗专业人员的帮助，由其或在其指导下向需要紧急医疗处置的旅客提供帮助，并在“知情同意书”上予以记录或由医疗专业人员（或其他证明人）签字。

第六节 机上遗留物品交接单

一、任务设计

2017年4月12日，在×航××航班到达目的地后，乘务员在清舱时发现一位乘客遗落了一个黑色背包，内有钱包一个，内含身份证、银行卡、人民币等，以及iPad、水杯等物品，乘务员将背包移交机场。按规定，机组要填写机上遗留物品交接单。

请代为拟写这则交接单。

二、任务解读

《机上遗留物品交接单》是客舱乘务员与地面相关部门进行旅客机上遗留物品交接时使用的一种文字凭证（表单样张见本教材附录十一）。

根据民航条例规定，乘务员或客舱清洁人员在清舱过程中，如发现旅客遗留物品，应及时交还本人或地面相关部门，并填写《机上遗留物品交接单》作为交接时的必备文字手续。

《机上遗留物品交接单》真实记录了机上遗留物品处理流程中不同环节交接时实际发生

的相关内容,是遗留物品处理过程的重要证明材料,是客舱服务机组与地面相关部门之间进行遗留物品交接的重要依据,是明确遗留物品处理流程中不同环节之间物品交接的责任界限,是促成相关监督制度有效执行的重要措施。

三、任务向导

一般来说,《机上遗留物品交接单》主要包括以下三个方面的内容:

(一)航班基本信息

包括日期、航班号、飞机号等。

(二)旅客遗留物品信息

包括旅客遗留物品发现的时间、地点、数量、特征以及处理结果等方面的详细记录。为了让交接的各个环节不出现遗漏,也为了所有物品能顺利地归还到旅客手中。这一部分的写作要求分类清晰,具体详细,数据准确。如果涉及钱款,其数目应用汉字大写。

(三)旅客遗留物品交接信息

包括送交单位、送交人、交接地点、交接时间、接受单位、接受者等。

四、任务示例

日期:2017年4月6日 捡拾物品位置:34排B座 航班号:CA××××	航班基本信息
捡拾物品详细描述:男士黑色单肩背包一个,皮质,内有钱包一个,钱包内含姓名为××的身份证一张,身份证号×××××××××××、农业银行卡一张,卡号××××××××××,工行银行卡一张,卡号××××××××××,现金人民币共计684元整(陆佰捌拾肆圆整);包内另有iPad一部,黑色保温杯一个,钥匙一串。 ……	遗留物品信息

【解析】这是该航班乘务长与地面相关部门的进行物品交接时使用的一张《机上遗失物品交接单》。文中对捡拾物品进行了详细描述,分类细致,数据明确,表述清晰,符合交接单的写作规范。

五、任务提示

(1)内容要完整。交接单的内容应填写完整,无漏项,章戳签名要规范正确。必须在交接单上注明交接时间,且应写全年月日。

(2)表述要详尽。交接物品特征的描述应详细具体,数据准确,以便别人寻找和核对。

(3)填写要及时。

六、任务实训

1. 仔细阅读下面这则机上遗留物品描述，指出其在语言表达上的不足之处，并进行修改。

女式拉链小手包，内有粉饼、口红、化妆镜、围巾，另有钱包一个，钱包内有人民币若干，信用卡多张。

2. 请根据下述材料，参照《机上遗留物品交接单》表单样例，拟写一则交接单。相关缺失要素自拟。

2018年3月1日，×航××航班在呼和浩特白塔国际机场着陆后，乘务组热情地送走了每一位旅客，并对客舱进行了仔细的清舱。正在这时，4号乘务员发现一个棕色的手包被遗留在了22排A座的座位上，于是立即向乘务长报告。得到旅客遗留物品的情况，乘务长立即想到：在第一时间找到失主！于是立即跑下飞机，准备在廊桥上把失主找到，可是当乘务长来到廊桥时，廊桥上已空无一人。返回客舱，乘务长按照旅客遗失物品处置程序，和安全员一起对包内的物品进行一一清点，并希望在包中找到旅客的联系方式，能够尽快地与旅客取得联系，让遗留物品尽快回到旅客手中。钱包内除了身份证、钱、银行卡、一张名片以外，没有可以判明失主身份的证件。而此时，飞机马上要飞往北京，这就意味着钱包必须要跟着飞机飞往北京，而它的失主还有可能在呼和浩特白塔机场寻找自己的钱包。正在这时，地面清洁部门上飞机进行航后清洁，按照正常程序，旅客在机上遗失的物品应该交由清洁部相关人员带回遗失物品中心存放，等待旅客查找。想到这里，乘务长取出了《机上遗失物品交接单》，在这个平时经常填写的单子上，她非常详细地记录下了旅客遗失物品的每一个细节：身份证号、卡号、账号，并请清洁队的负责人在交接单上签字，并当场再次确认包内财物之后将包交给了清洁队负责人，并再三嘱咐一定要好好保管，将手包交还旅客手中。在与客舱清洁队做好交接后，马上致电地面服务部商调，继续寻找失主。

小贴士

“寻物启事”与“招领启事”的区别

“寻物启事”是失主在丢失物品后拟写的；“招领启事”是拾到者是到物品后拟写的。

“寻物启事”要写明丢失物的名称、外观、规格、数量、品牌等，同时要写明丢失的原因、时间和具体地点，并且要交代清楚拾物者送还的具体方式，或注明发文者的详细地址、联络方式等；“招领启事”一般只写拾到东西的名称，以及失主到何地、找何人认领。对所拾东西的时间、地点、数量、特征等具体情况，留待失主认领时核实，以防止他人冒领。

第五章

民航客舱宣传事务文书

民航客舱宣传事务文书大致可以分成两大类：其一是新闻宣传类的消息、通讯、新闻特写等新闻宣传文书；其二是活动策划类的客舱专题活动策划书。两者在格式、体例、要求上虽然各有不同，但都是围绕某个人物、某个事件或某项活动展开，为更好地呈现客舱服务的整体工作风貌，展现乘务团队形象，树立企业品牌服务。

第一节　消息

一、任务设计

9月29日，中国××航空首架波音777-300ER飞机飞抵北京首都国际机场。

机上大量采用了客户化新概念的设计：

1. 采用头等舱、公务舱、经济舱布局，含6个头等舱、52个全平躺公务舱、258个经济舱。其中头等舱、公务舱座位数占比从以往的13%增加到19%。

2. 包厢式头等舱私密性好。头等舱安装丘比特品牌座椅，两张独立的座椅在平放后成为一张双人床，机上提供夜间铺床服务。

3. 公务舱采用1-2-1排列布局，方便走动。座椅采用反鱼骨式，可以180°全平躺，还可以让乘客的脚部向内，适合女性乘客的私密性要求。

4. 经济舱使用可折叠的餐桌、超薄屏幕和超薄座椅椅背，提供个人专享专控的娱乐系统。

5. 配备23种LED情景灯光，可模拟日出、日落等各个时区的不同变化。

6. 空中厨房配备研磨式咖啡机、微波炉、电饭煲、烤面包机，均属业界首创。

7. 具备空中上网功能，空中互联系统可以方便每一名乘客在飞行中使用机上Wifi上网，完成机上转机、娱乐购物、预订目的地酒店等各种各样的应用。

根据以上材料，撰写一篇消息。

二、任务解读

消息，又称“新闻”，是对新近发生、正在发生或早已发生但却是最新发现的有价值的事实的及时报道。

消息是使用最广泛、最经常的新闻体裁。其特点可以用真、新、快、短四个字来概括。

所谓“真”，是指消息的内容必须是真实的，是客观存在的。用事实说话，是消息的最大特点。

所谓“新”，是指消息所报道的事实必须是新鲜的，是新近发生、正在发生或早已发生但却是最新发现的事。

所谓“快”，是指消息的时效性强。在各类新闻题材中，消息是最及时、最迅速的。尤其是在信息时代，消息的报道有时快到能以秒来计算。

所谓“短”，是指消息的篇幅一般比较简短，常用概述的方式将最主要的、最为公众关注的内容报道出来即可，多则数百字，短则几字。

三、任务向导

消息是报纸、广播、电视、网络新闻文体的主体，其写作结构通常包括标题、导语、主体、结尾、新闻背景五个部分。

（一）标题

消息的标题，可以分成主题、引题、副题、分题、提要题、大标题六种，根据自身的特点和性能发挥不同的作用，常用的有三种，即主题、引题和副题。

1. 主题。主题是标题组内字体最大、最突出、最醒目的题目，常用来概括最主要的新闻内容。主题通常只有一行，但遇到新闻中有两项并列的重要内容或一行文字太长时也会排成两行，前者从内容上分叫作“双主题”，后者从形式上分叫作“双行主题”。在写法上，主题的字数要尽可能少些，一般在十个字左右，使读者一目了然。

2. 引题。引题是主题的辅助题，位于主题之上，是主题的先导，也叫肩题或者眉题。引题或为主题补充说明时间、空间等方面的背景情况，或对主题进行形象生动的衬托和渲染，或揭示主题所包含的作用和意义，或为主题解释原因或者目的，或对主题进行简化以突出最主要的内容。

引题位于标题组的最前列，同样要发挥像主题那样尽快抓住读者眼球的作用，它的字号一般都是小于主题但大于副题。字数不宜过多，一般和主题相当，也可以比主题略长一些，但要短于副题。

3. 副题。副题也是主题的辅助题，位于主题之后，为主题提供“后勤服务”，也叫子题或辅题。副题常常用来补充说明次重要事实，以此补充主题的不足。

在写法上，副题因为要做好主题的后勤服务工作，文字一般可以长些，根据实际需要，从十几个字、几十个字甚至到一百来字都可以；在表现形式上，可以是一行题，也可以是两三行题甚至五六行的副题组。

在引题、主题、副题三者皆备的多行标题中，引题和副题一般都有任务分工，通常情况下引题主虚、副题主实。

（二）导语

导语是消息特有的组成部分，位于新闻稿的开头部分，是用来揭示新闻要点与精华的段落，发挥导读的作用。根据选取事实、反映事实的主要特点，导语大体上可以分成四大类：

1. 概述型导语。以概括的、直接叙述的方式写作的导语，这是最常见的一种导语，事实、信息的传递简洁明了，容易被读者理解。

2. 描述型导语。描写和叙述兼而有之的导语，消息的开头就有画面感，具有可以感知的效果，新奇有趣，让读者不能不读；以情境感染读者，增强新闻的报道效果。

3. 评述型导语。夹叙夹议、有评有述的导语，通过导语中的评论，不仅可以揭示新闻事件中的深层含义，还可以直截了当地发表意见，直接影响舆论。

4. 橱窗式导语。如同橱窗展示样品一般，由典型事例构成的导语，多用于综合性新闻，以讲故事的方式吸引读者，让读者通过典型事例获得具体印象，并进而由感性认识转化为理性认识。

要写出合格的、好的导语，要注意以下几点：

1. 导语必须具有实质性内容，不能空泛无物。实质性内容指的是新闻事实或者新闻事实中的要点，又或者某个新闻人物特定场合讲话中特别值得关注的部分等。例如在2014年4月8日深圳飞往无锡的ZH9566航班上发生了惊险的一幕，一名女性旅客突发宫外孕出血，机组人员随即展开了生命营救行动。《中国民航报》2014年4月11日对此事进行了报道，在这条题为《与时间赛跑营救孕妇生命》的消息中，导语部分以短短的五六十字直截了当地写清楚了何时、何地、何人、何事：

本报讯　通讯员肖克报道：4月8日，在深圳—无锡的ZH9566航班上，因一名女性旅客宫外孕出血，机组人员在万米高空上展开了一场与时间赛跑的生命营救行动。

2. 要将最具有新闻价值、最有吸引力的新闻事实写进导语。在写作导语时，写作者必须像沙里淘金一样，一点点过滤材料，将新闻事实中的精华挑选出来写入导语。大体而言，有三类材料位于首选之列：其一是最新鲜的材料，它们在时间上刚刚发生、新近出现，或者虽然不是新近发生的、但迄今为止不为人所知晓；其二是最重要、最具影响力的材料；其三是最有趣、最富有戏剧性和人情味的材料。例如对于东方航空公司2016年在上海进行的招聘，民航资源网2016年7月17日发布了一篇《东航放宽乘务员招聘年龄 近万人参加面试》的消息，导语部分如下：

昨日，东航在上海启动了2017年度最大规模的乘务员、航空安全员招聘会，近万名俊男靓女期待从这里“圆梦蓝天”。

3. 锤炼字句，力求简短。消息本身就是一种短小精悍的新闻体裁，导语部分的字数自然也不能过多，不然会湮没重点和亮点，冲淡趣味性。美国新闻学者麦尔文·曼切尔指出：“为了保证导语的鲜明性和可读性，要尽可能把字数限制在30~ 50个单词以内。长导语占的报纸栏目太多，往往行不通。只要记者下功夫，导语可以写得言简意赅。”导语简短的关键在于明确报道主旨，抓住新闻事实的要害。文字贵精不在多，有时候导语一句话即可。历史上有不少著名的一句话导语。例如：

【路透社达拉斯(1963年)11月22日电】急电：肯尼迪总统今天在这里遇到刺客枪击身亡。(《肯尼迪遇刺丧命》)

4. 文字表达力求优美生动。尽管我们在日常生活中接触到的新闻导语大多文字朴实，但不可否认的是，导语写得优美生动可以给人以美感，这也是导语吸引读者的一种手段，是导语写作的更高要求。例如：

【中新社(2017年)5月5日电】5月5日，我国首架具有完全自主知识产权的大型喷气式客机C919在上海浦东机场冲上云霄，成功完成首飞任务，圆了国人期盼半个世纪的“飞机梦”。它的首飞之所激动人心，不仅因为这是中国民航最大、最显著的里程

碑,而且意味着中国将跻身美国、英国等少数国家能够自主制造大型客机的行列中!(《中国国产大飞机C919成功首飞》)

(三)主体

导语之后的部分称为主体,也可以称为主干或者正文。如果将导语比作头,那么主体就是躯干。按照"虎头豹尾猪肚"的说法,一则消息不仅需要一个精彩的导语开头,还需要一个内容丰满的主体紧随其后。

主体有以下任务:一是展开导语,使之具体化。一般是在导语中提示"何事"或者新闻事实要点,然后在主体中依次报告"何人""何时""何地""为何"或"怎么样"。二是补充导语,使主体更丰满。在导语概括的新闻事实之外,增加新的内容,扩充新闻的信息量,以此扩大读者视野、提升新闻主题的高度。三是体察需求,回答读者提出的问题。一篇好的新闻作品,应该能够为读者答疑解惑,回答读者渴望了解的问题。这项任务也只能由主体承担。四是添加亮点,保持读者阅读兴趣。精彩的导语可以引发读者的阅读兴趣,但要让读者耐心地甚至兴致盎然地读完全文,还需要主体不断添加亮点,如运用"色彩",在简单的新闻事实之外,补充台前幕后鲜为人知、富有故事性和人情味的事实和细节,或者打开"包袱",对消息中提及的内容进行附带的介绍说明,让读者了解更多,充分满足读者的求知欲。

主体结构的常见方式有如下几种:

1. 倒金字塔结构。如前所述,这是消息特有的结构方式。这种结构方式,不仅有利于读者掌握新闻事件重点,也有利于版面编辑。

2. 纵向结构。主体按照事件发生发展的先后顺序安排行文结构称为纵向结构。这种结构方式可以直观地反映新闻事件的大致过程,便于读者了解前因后果;写作者也可以通过"过程"说话,表达某种观点和意见。动态新闻、事件新闻多采用此结构。

3. 横向结构。不受事物发展时间顺序的限制,围绕一个主题,将同一时空范围内的不同"点"的情况有序组织起来,以此反映"面"的变化,这种结构方式称为横向结构。综合性新闻,会议新闻,经验性新闻,反映成就、问题或未来规划的新闻多采用此结构。

4. 点面结构。点是个别的、典型的事例,面指一般的、总体的情况,以点带面,点面结合,这也是主体结构的一种常见方式,这样的结构安排可以为读者提供更大的认知空间,不仅符合读者的认知规律,也可以增加消息的说服力。

除以上四种常见结构外,还可以按照因果、递进等新闻事件内部的逻辑关系来安排主体结构,在此不一一列举。在实际的运用中,许多消息并不局限于采用某种单一结构,而是多种结构方式交叉使用,例如以时间先后纵向安排结构的消息,也会在纵向叙述的过程中插入横向的材料。

(四)结尾

一般情况下,消息都以事实自然结尾,语言质朴,但根据具体消息内容的不同,有时候也可以采取一些巧妙的方式写作别致的消息结尾,比如挑选具有典型代表意义的材料结尾,给消息带来隽永的意味;依照题材本身的特点,对一些趣味性的事实或非事件性事实在导语中设置悬念,在结尾部分揭开谜底,首尾关照,巧妙呼应;采用议论收尾,在结尾部分依据新闻事实进行少而精的评论,画龙点睛,提升新闻主题;依照题材本身特点,对体验性新闻或者其他参与性强的新闻，写作者有感而发，水到渠成地自然抒情，有时候会产生出乎意料的良好效果。

（五）新闻背景

消息写作中的新闻背景，是指在新闻事实之外，对新闻事实或者新闻事实的某一个部分进行补充说明、解释因果或者烘托气氛的材料。

新闻背景在阐明新闻事实、传递相关信息、揭示新闻主题等方面发挥着重要的作用。交代新闻背景，是消息写作中的一个不容忽视的环节。一篇新闻作品能否成功，一半取决于是否有一个精彩的导语，还有一半取决于是否巧妙穿插运用新闻背景。

背景写作没有固定的格式，背景材料出现的位置依据实际需要而定，写作者的技巧主要体现在对背景材料的巧妙穿插上。常见的穿插方式大致有以下几种：

1. 插入导语。导语虽然要求文字简练，但在有需要的时候加入背景材料也能取得良好的效果。背景材料本身是典型案例的，插入导语可以吸引读者；背景材料极富吸引力的，将其用作定语用来修饰导语中的事实或者人物，可以为新闻事实的出场预热；背景材料是可以与新闻事实形成对比的具有历史性背景的，可以在导语中造成新旧反差，引起读者的注意。

2. 导语之后接背景材料段。一般用于两种情况中：一种是导语中出现的关键性的人物或者事物、关键性的词语需要解释，否则会影响读者对新闻事实的理解，影响主体进一步展开的，可以在导语之后立即插入背景段；一种是出于思维逻辑和文章过渡的需要，可以在导语之后立即插入背景段。

3. 分散插入主体之中，你中有我，我中有你，模糊背景材料与新闻事实的界限。

四、任务示例

2018年春运民航运送旅客6541万人次	标题
《中国民航报》、中国民航网 记者吴丹 报道：截至3月12日，2018年民航春运工作结束。记者日前从民航局获悉，在春运40天（2月1日—3月12日）中，民航共运送旅客6541万人次，执行航班607317余班，同比分别增长11.7%、9.5%，平均客座率达79.8%，全国客运航空公司航班正常率80.06%，主要机场放行正常率83.89%，同比分别提高5.92个百分点和7.08个百分点，确保了航空运输安全、顺畅、有序，充分满足了旅客出行需求。	导语
从时间上来看，春运前期，旅客运输量呈逐日缓慢增长态势，2月10日（腊月二十五）达到节前最高峰，单日运输旅客169.5万人次；由于中国传统在家过大年的习俗，除夕旅客运输量仅131.7万人次，为春运期间旅客运输量的最低点；正月初二开始，旅客运输量迅速回升，旅客出行较去年有明显增长，春节假期最后一天（2月21日，正月初六）旅客运输量达到183.4万人次，为春运运输最高峰；春节7天假期旅客运输量同比增长达16%。节后旅客出行热度不减，2月19日—2月26日（正月初四至正月十一）形成了长达8天的节后运输高峰，每日运输旅客量均超过170万人次；3月2日元宵节后，旅客运输量逐日稳步减少，回归日常运输状态。	主体

从今年民航各机场出港航班客座率情况来看,出港航班客座率相对较高的机场主要集中在海口、三亚、西双版纳、黄山、井冈山、张家界、丽江、成都、洛阳、哈尔滨、长春、南宁、郑州、沈阳、武夷山、济南、乌鲁木齐、宁波等旅游热点城市和外出务工旅客集中的城市。	结尾
据了解,为做好春运期间的保障工作,中国民航局提前多次对春运工作做出了具体安排和部署。在具体工作中,民航各单位严格落实国家和民航局关于春运工作的总体部署和一系列具体要求,有针对性地制定春运工作方案,坚持"安全隐患零容忍"理念,认真落实各个生产环节的安全责任,灵活应对市场变化,合理安排和调整运力,积极唱响"真情服务"主旋律,确保了航班运行的安全顺畅和广大旅客的出行顺利。	新闻背景

【解析】这是中国民航网2018年3月13日刊登的一条消息。采用单行标题形式。导语部分为概述型导语,概括叙述了2018年民航春运基本情况。主体采用倒金字塔结构,将最重要的信息放在第一段,开门见山,一目了然。整篇文章简约概括,明白晓畅。

五、任务提示

消息的写作应注意以下几点:

(一)表达方式的简括性

简要而概括地反映新闻事实,是消息区别于其他新闻体裁的本质特点。消息总是用尽可能少的文字来对新闻事实进行简明扼要的反映,这既是新闻媒体受时空限制的结果,也是新闻快速传播、解受众信息之渴的使命使然。

(二)事实报道的客观性

消息是对新闻事实的客观报道,比其他新闻体裁更加注重用事实说话。"事实胜于雄辩",消息不提倡记者在文中直接抒情或者议论,要求尽量发挥事实的效力,尽可能地减少个人的主观色彩。

(三)结构方式的特殊性

消息常采用倒叙结构,也就是一般所说的倒金字塔结构,最重要的事实放在最前面,紧接着是次重要事实,再次重要事实。消息通过标题用一句话报道事实,起到索引的作用;导语将新闻事件的结果、新闻事实的精要呈现在读者面前,叙述事实,补充标题,起到吸引读者的作用;主体是新闻事实的展开部分,补充导语,完全打开包袱,展现新闻事实的更多细节和信息。

(四)外在标志的鲜明性

消息的外在标志是"电头"或者"本报讯",也可以总称为"消息头"。"电头"用以表明电讯稿发出的单位、地点和时间,一般加括号或者用显著的字体标出,置于稿件开头位置。新闻通讯社主要以电报、电传、电话等方式发稿,所以通讯社总是以"××社×地×月×日电"作为消息头。"本报讯"是报社自己的记者或通讯员采写的稿件的标志。如果是外埠采访、外地发稿,也需要标注发稿的时间、地点,写成"本报×地×月×日专讯"。

六、任务实训

1. 请将下列这条新闻改写成简明消息。

昨日，东航在上海启动了2017年度最大规模的乘务员、航空安全员招聘会，近万名俊男靓女期待从这里“圆梦蓝天”。

东航招聘工作人员告诉记者，由于今年东航的乘务员、航空安全员招聘会的招聘对象不限性别、不限地域、不限户籍，并且首次将年龄上限由原来的25周岁调整至32周岁，这次上海站的报名应聘人数达到9498人，超过预期。报名应聘者有在校学生、职场精英、退伍军人等人士，其中不乏已经婚育的女士和之前当过空中乘务员者。

东航招聘负责人说：“这次报名的26周岁至32周岁的应聘者就有1874人，如果按以前的招聘政策，他们是超龄的，但现在情况就不一样了，这既是企业发展、行业发展的趋势，也是航空公司优化服务人员年龄结构、提高服务人员素质的一种体现。从航空公司的角度来说，相比刚刚毕业的学生，职场人士有一定的社会阅历，职业稳定性较强，待人接物、为人处世方面更加成熟，服务意识较好。从应聘者角度来说，此次年龄的放宽不仅为他们增加了择业的机会，同时他们对乘务职业也将会有新的认知，乘务并不仅仅局限于年轻、漂亮，还需要的是成熟、稳重和具有服务意识。”

不仅是年龄放宽吸收多元化的人才，东航此次招聘会还给退伍军人提供了就业机会。东航作为负责任的国有大型企业，一直致力于履行更多的社会责任，积极回馈社会、服务社会。东航十分重视军企共建合作，曾于2015年年底与中国人民解放军三军仪仗队、上海警备团签署《军企共建协议》，分别招收三军仪仗队、好八连的退伍军人24名，此次对退伍军人的学历放宽就是对广大退伍军人的欢迎和认同。

据介绍，此次东航上海站招聘会共分两个阶段，其中16、17号两天是初试阶段，18、19、20日是复试阶段。初试阶段主要是考察应聘者的形象、气质等方面，复试阶段包括初检验证、综合面谈、英语能力、综合能力、试装、体能测试（仅男生）6个部分，全部过关才能拿到“录取通知书”，后续将进行正式的专业培训学习。

（资料节选自民航资源网2016年7月17日刊登的《东航放宽乘务员招聘年龄 近万人参加面试》）

2. 请根据以下提供的素材，撰写一则消息，标题自拟。

时间：美国西雅图时间2014年9月24日

地点：西雅图波音公司

事件：中国东方航空公司从波音公司接收了一架波音777-300ER客机，这是东航的第一架波音777-300ER客机，配备了全球新一代的旅客服务系统。

关于波音777-300ER客机：机舱布局采用头等舱、公务舱、经济舱布局，共有6个包厢式头等舱、52个全平躺公务舱、258个具备独立影音娱乐功能的经济舱；飞机装载了全球民用飞机中最强有力的GE90-115B发动机，航程可以达到14680公里。

引进原因：东航十分看重波音777-300ER飞机在业载和航程能力的出色结合，该飞机还具备777系列飞机一贯卓越的高效性、舒适性；东航引进波音777-300ER符合东航“打造世界一流”发展定位，契合中国航空企业“向高飞、向远飞、向外飞”的战略构想,成为彰显东航品牌魅力的旗舰机型和主导力量;波音777-300ER飞机加盟东航之后,将全面替代原有的"四发"远程机型,有效减小燃油消耗和碳排放量,实现"更绿色"的飞行;波音777-300ER飞机将大为提升东航国际航线的运力,为东航开辟更多的国际航线创造条件。

东航规模:东航目前共运营着206架波音飞机,机队总规模超过500架,位列全球第九位;东航年旅客运输量超过8000万人次,进入全球前五强;通过国际合作,特别是加入世界三大航空联盟之一的天合联盟,东航实现了国际航线网络的优化与互补,航线可顺畅抵达全球177个国家和地区的1052个目的地。

发展规划:从2014年9月24日开始到2018年年底,将有20架波音777-300ER陆续交付东航。东航将凭借20架波音777-300ER机队规模,正式成为全球第五、中国最大的777-300ER运营商。

3. 请完成本章节的任务设计。

小贴士

"消息"的由来

"消息"一词最早见于《易经》:"日中则昃,月盈则食,天地盈虚,与时消息。"意思是说,太阳到了中午就要逐渐西斜,月亮圆了就要逐渐亏缺,天地间的事物,或丰盈或虚弱,都随着时间的推移,或消减或滋长。可见中国古代就把客观世界的枯荣、聚散、沉浮、升降、兴衰、动静、得失等变化中的事实称之为"消息"。到了近现代,随着新闻事业的日渐发展成熟,"消息"逐渐成为一种固定的新闻体裁,所以"消息"又叫"新闻"。

第二节 通讯

一、任务设计

关注并采访校园中最近发生的一个热点事件,写一篇事件通讯。

二、任务解读

通讯是运用叙述、议论、描写、抒情等多种表达方式,具体、生动、形象地报道客观事物或典型人物的新闻体裁。

和消息一样,通讯所报道的内容必须是客观真实的,一般也要求事实新鲜、报道及时迅速。

通讯在描写事实的过程中,可以根据需要就事实发议论,也可以用夹叙夹议的表达方式,揭示客观事实的思想意义,表明写作者的观感、评价、倾向。

通讯有别于消息的重要特点是生动性。消息用事实说话，要求简明扼要地将主要事实报道出来；通讯则不仅要用事实说话，还要有活灵活现的人物活动，生动形象的环境和场景描写。

通讯常见种类有小故事、人物通讯、事件通讯、风貌通讯、社会观察通讯等。它们以详尽的阐述、细腻的描述、深刻的刻画、生动的表述补充了消息的不足，极大地丰富了新闻文体品种，赢得了广大的受众。

三、任务向导

通讯的写作通常要从以下四个方面来考虑：

（一）通讯的主题

通讯的主题是评价一篇通讯的首要标准，一篇通讯的成功与否主要看它的主题是否正确、含义是否深刻、是否具有一定的思想性和指导作用。

写作者在提炼主题的时候，首先要把握主题的真实性问题，提炼的主题要符合客观事物的本质特征；其次，通讯的主题要深刻，表现在它能揭示事物的本质，反映客观事物的内在规律性上，从全局意识、历史观感出发，关注人心更能够深化主题；再次，通讯的主题要强调社会人文意义上的针对性，既给人新鲜感，又能展现时代色彩。

（二）通讯的选材

通讯的素材一般分骨干事例、细节材料和一般性叙述材料三种类型。

1. 骨干事例。即那些事实过程完整、事实意义突出，又具有代表性、能够说明主题的事例。一篇通讯必须要有能够支撑主题的骨干事例，否则通讯主题就无法成立。

2. 细节材料。指骨干事例或者典型事例中细致的情节、现场画面或者具有个性色彩的对话。细节材料是通讯中最具灵性和感染力的部分，又可以分为详细的情节事实和特写镜头两种。情节事实比较完整地再现了某一事态的前因后果及其发展变化；特写镜头选取了最富有表现力和个性色彩的细致画面和瞬间进行文字再现，可以使人产生特别的关注，并能激发读者的想象力以体会其中的意义。

3. 一般性叙述材料。通讯中不可缺少的组成部分，它可以对人物、事件、风貌的背景和现在状态作概括性的介绍和解释，使人了解大致的事实框架，让骨干事例和细节材料有赖以展现的舞台。

骨干事例和细节材料可以表现一个点上的情况，而一般性叙述材料可以表现面上的情况。点面结合才能相得益彰，让通讯中的事实变得丰满而完整。

（三）通讯的结构

通讯的结构大体上可以归纳为以下三种：

1. 纵式结构。即按照新闻事实发生、发展的时间顺序组合、编排事实材料。这是一种常见的结构方式，使用简单，将新闻事实发生、发展的时间顺序直接作为通讯结构的主要线索，适用于报道有中心事件、中心故事、中心人物的事实，如小故事、事件通讯等。纵式结构一般用来叙述单线条的事件或故事。

2. 横式结构。即按照新闻事实的内在性质的区别和联系，以多侧面拼接的形式来安排新闻素材。这种结构方式以主题为圆心，串联不同空间的事实，适用于那些场面宏大、但没有中心事件的新闻事实，如工作通讯、社会观察通讯等。

3. 递进式结构。即从表面现象着手，层层挖掘现象的原因及更深层次原因。这种结构方式多用于工作通讯、事件通讯或社会观察通讯的结构，从事实到原因，从现象到本质，步步深入层层递进，清晰展示主题脉络，增强文章的说服力。

在通讯写作的实际运用中，并不限于使用单一的结构方式来谋篇布局，可以根据写作的需要将纵式、横式、递进这三种基本结构或部分或全部进行不同的叠加组合，形成组合式的结构。这些组合式的结构以时空交错、拼接的方法，将复杂的层次和线索、多场景多条线的故事，以受众阅读理解的特征为依据，将各类素材有机结合在一起，使通讯的架构形式丰富，复杂的事实秩序井然、集中凝练又跌宕起伏，读起来引人入胜。

（四）通讯的开头和结尾

通讯的开头完全不同于消息的导语，往往是用作开启读者思路、找寻叙述起点、预述通讯主题、展示全文风格的一个标志。从一些通讯的成功经验看，通讯的开头主要有以下几种方式：一是开门见山，用几句话概括叙述通讯的主旨，给人一种概貌式的印象，吸引读者的阅读；二是突出中心思想，激发人们的阅读欲望；三是直接以写作者截取的现场事态开头，有场景有对话有动作，引人入胜，欲罢不能；四是以寓意的诗歌故事等开头，然后迅速转入本题。

与开头一样，通讯的结尾同样有丰富多样的表现手法，或议论，或抒情，或叙述事实，或再现场景，以灵活多样的方式来实现通讯结尾强调主题、引发思考、抒发情怀的功能。

四、任务示例

示例	说明
一样的春节　不一样的春运 ——记2018年春运我国航空市场的三大亮点	标题
年年春运很相似。每年的春运保障，都是对民航发展、服务质量和行业精神面貌的一次集中检阅。从2月1日起，各航空公司纷纷整装出发，以最好的状态迎接春运“大考”。仅在春节黄金周7天内（2月15日—2月21日），我国民航就运送旅客1140万人次，同比增长16.1%。 春运年年有不同。与铁路、公路等交通运输方式相比，近年来民航旅客运输量持续增长。而且今年春运时间相对晚，具有春节后“学生流”和“务工流”叠加、高峰压力加大等特点，同时在冬春交替之际，天气不确定因素也明显增多。因此，今年春运“大考”的难度明显增加。目前，春运仍处于现在进行时。显而易见的是，运力“足”、服务“暖”、科技“潮”已成今年民航春运工作的三大亮点。	导语
运力很足 伴随着中国民航的发展、壮大，在春运这场被称为“人类大迁徙”的运输过程中，民航业承担了越来越重的角色。今年的春运亦是如此。 “大考”面前不打无准备之仗。春运期间，民航局在每天14000多个定期航班的基础上，批复各航空公司春运加班包机近3万班，其中，	主体

国内加班26394班，国际加班、包机2716班，每天可提供的座位数超过210万个，完全能够满足广大旅客的出行需求。

各航空公司通过科学预判，合理安排运力，采用增加航班、优化机型等方式，加大了运力投放力度，同比增幅均超过10%。

服务很暖

时代在进步，旅客出行需求也随之改变。在今年春运期间，除了回家、探亲之外，旅客外出旅行的需求也日益旺盛。同时，出行旅客的年龄分布范围广，个性化的需求越发凸显。因此，"暖"成了春运期间航空公司服务的主基调。

民航局早在2017年年底就对春运工作进行了动员和部署，要求全行业坚持"发展为了人民"的理念，努力满足人民群众在安全性、便捷性、舒适性等方面的更高期待和需求。

重任在肩，聚力前行。各航空公司积极践行真情服务理念，不断强化服务意识、创新服务载体、提升服务品质，用实实在在的行动温暖广大旅客的回家路。无论是刚出生的婴儿还是耄耋的老人，都在春运中感受到了民航人温暖、周到的服务。

主体

不仅要扮演好"摆渡人"的角色，还要给旅客以亲人般的温暖。春运期间，各航空公司针对特殊旅客提供了全方位服务。国航通过加开值机柜台、增加外围引导人员、安排专人协助旅客使用自助值机设备、加开并延长爱心特殊服务柜台开放时间等方式，为保障旅客顺利出行提供帮助。南航针对老人、儿童、携带婴儿者、行动不便者等特殊旅客，推出了机上婴儿摇篮、地面及机上轮椅等服务。东航在各主要机场开设了"爱心柜台"，为老人、轮椅旅客、无陪儿童等提供更加贴心的服务。另外，旅客还可以通过东方航空APP提前在线申请担架、吸氧、轮椅等10类爱心服务。为方便无陪儿童安全出行，深航为他们准备了多种颜色的马甲，在候机楼内设立了无陪儿童休息室，供候机的小朋友临时休息。河北航空还为乘坐航班的旅客准备了"福包"，里面有福字、窗花等新春装饰物品，让大家感受到了浓浓的暖意。

科技很潮

日新月异的科技进步成果正在迅速渗透到民航服务各个环节，与往年民航春运相比，今年有更多的新潮技术在民航领域得到了广泛应用。

今年春运期间，最令人期待和关注的莫过于机上Wifi的使用。在万米高空打开手机发朋友圈、刷微博、看电影、听音乐……这些曾被严格禁止的行为，成为今年春运的"新享受"，这让原本漫漫的返乡之旅变得不再寂寞。"感觉棒极了！"许多旅客在经历了"不关机"的春运之旅之后这样兴奋地表示。

春运期间，旅客多是负“重”而行。为了减轻旅客的“负担”，春运前夕，国航推出的国内首个一站式全自助行李托运服务区正式面向旅客开放。该区域配备有8台全自助托运行李设备，支持多种证件的自动识别、两件行李同时托运、软/硬类行李的智能判断和处理等功能，满足了旅客个性化的服务需求。 值得一提的是“刷脸登机”在今年春运期间也得到了旅客的广泛好评。人脸识别系统实现了值机、安检、登机的全流程无纸化，为广大旅客的出行提供了高效、便捷的科技体验。 此外，东航、南航等多家航空公司纷纷推出了旅客多重值机渠道，网站值机、短信值机、手机APP值机和自助值机等多重选择满足了不同类型旅客的出行需求。微信二维码登机、RFID（电子芯片）识别技术的应用等也成为今年民航春运期间新技术应用的亮点。	结尾

【解析】上述案例节选自《中国民航报》2018年2月28日第5版上刊登的一篇事件通讯，作者魏巍。标题采用双行标题，主题“一样的春节　不一样的春运”，点明了新闻最主要的内容。副题位于主题之后，用以补充主题表述的不足。通讯开头两段，开门见山，各以一句话概括通讯的主旨，给人一个整体印象，使人产生进一步阅读的兴趣。正文部分采用多侧面拼接的横式结构谋篇布局，以三个小标题统领三个方面的春运特点，从不同方面展现了2018年春运情况。最后以叙述事实的方式结尾，事情讲完，自然结束。

五、任务提示

通讯作品材料细腻，文字优美，但它与文学作品具有本质区别，是立足于真人真事、真实存在的一种新闻文体。作为一种新闻体裁，通讯必须符合新闻作品的内在规定，写作时应注意以下几个方面：

（一）内容要真实

通讯所报道的事实，无论大小，都必须是客观事实，是真实存在的。通讯中报道的人和事，每一个细节材料，包括描写心理活动的素材，都必须是来自实地的采访，不可以有丝毫的虚构或者“合理想象”。

（二）要注意时效性

时效性是对所有新闻作品共同的基本要求，通讯也不例外，必须具有时效性。尽管通讯篇幅长、内容要求详细完整，前期采访和后期写作的周期都比较长，但因为通讯报道的是新近发生的事实和当下处于“现在时”的新闻人物，所有必须要求时效性，有时甚至还相当严格，如报道体育赛事的通讯往往与相关消息同时发布。

（三）要具有新闻价值

通讯所报道的内容必须具有新闻价值。检验一篇通讯的价值，最简单、最基本的方法就是看它是否传播了对受众有用的信息，写人物要能够打动人心，写事件要能够予人启迪。

六、任务实训

1. 写作题。

采访一位有飞行经验的空中乘务专业教师，写一篇人物通讯。

2. 请完成本章节的任务设计。

小贴士

“通讯”与“消息”的区别

1. 通讯报道的事实比消息更加详细、完整，富于情节变化，可满足读者了解详情的需要。

2. 消息有“导语+主体”这样较为固定的结构方式，通讯则没有固定的结构，文体自由，在表现形式上可以灵活多变，能容纳各种笔法、各种结构、各种风格。

3. 消息多用概括性的手法叙述事实，通讯则多采用详细叙述和描写的手法来表现事实，强调事实的生动性和可感知性。

4. 与消息相比，通讯的时效性略逊一筹。对于重大事件或者突发事件，一般在最短时间内以消息的形式抢先报道。

第三节 新闻特写

一、任务设计

用新闻特写的方式，写一个校园中你熟悉的人。

二、任务解读

新闻特写是通过截取新闻事实中富有典型意义的一个片段、一个场面或一个镜头，对事件、人物或景物进行形象化报道的一种新闻文体。

新闻特写是介于消息和通讯之间的一种报道形式，是在新闻传播实践中逐渐形成的一种独立的新闻文体。

与消息和通讯相比，新闻特写不仅具有较强的新闻性，还具有鲜明的片段性和文学色彩。新闻特写不求时空的延续，不求过程的完整，只需截取一个富有表现力的片段，借助比喻、比拟、象征、排比、对比等文学表现手法，进行形象化地扩大、再现，以达到以点带面、窥斑见豹的效果。

根据所表达内容的不同，新闻特写可分为以下两类：

(一)人物特写

人物是新闻报道中的灵魂,人物特写在特写中占有重要的地位。人物特写要求绘声绘色地再现人物的某种行动、某种行为或者某种性格,它比人物通讯更为集中和凝练,画面感和动感更强。人物特写的取材范围很广,但这种体裁对所报道的人物有一个要求:这个新闻人物身上最好在某一个方面有鲜明、立体的特点,这样才好截取出画面来对其进行细致的勾勒和放大。

(二)场景特写

除人物特写之外的其他特写,统称为场景特写。我们常常看到,在重大新闻事件或者突发性事件的报道中配以场景特写,再现与放大这个事件中典型的、关键的或者感人的场景、场面或细节,以加强传播效果,给读者更强的冲击力和感染力。

三、任务向导

要写出一篇好的特写,需要注意以下几个方面:

(一)抓准镜头

一般的消息和通讯可以写中景、全景和远景,特写则要求作者通过仔细地观察,选取一个有特色的近景切入,取得以小见大、出奇制胜的效果。抓准镜头是写好特写的先决条件。

(二)抓住细节

抓准"镜头"之后,下一步就是局部放大,通过精彩的细节描写来放大局部,通过精彩的细节描写来支撑全篇。细节描写要精彩,要注意到两个方面。其一,细节要有特点。无论写人还是写事写场景,只有抓住了特点,才是你要描写的这一个,才能给读者留下鲜明的印象,而且能起到以小见大的作用。其二,细节要有动感。无论写人写事,只有捕捉到动态、描写出动势,才能做到形象生动。写作者要善于捕捉那些重要的细节、转折的关键,可以用一系列的动词或者一系列的动作来准确、详细、生动地表现动态和动势,表现那些一纵即逝的精彩画面和微妙的变化,通过这些细节让读者产生身临其境的感觉。

(三)抓住高潮

特写的文体特点决定它不可能面面俱到,而必须将笔墨集中于对人物或者事件的单个有特别意义或情趣的细节或片段,浓墨重彩地进行形象化的突出处理。因此,在行文上,特写强调结构紧凑,不容松散;要求写作者抓住新闻事实,一个高潮接一个高潮地铺陈,推动读者的视觉、感觉、联想和共鸣不断往前走;最后还要有一个引人回味的结尾。

(四)情景交融

特写是一种描述性新闻,是写作者现场采访的产物,在写作时要把所见、所感结合起来写。好的特写中都渗透着写作者的情感。这种情感不是浮华空洞的感叹,而是将描写和抒情结合起来,借景抒情有感而发,寓情于景、情景交融地描写。写作者将写景和抒情融为一体来表情达意,可以引发读者的共鸣。

(五)背景烘托

精彩的细节描写不仅自身需要背景材料的烘托和凸现,细节描写的段落与段落之间或者文字与文字之间也需要背景材料来做有机连接。与其他新闻文体相比,特写在运用背景材料的过程中还有一些细节需要特别注意:其一,特写的背景材料,特别是当它独立成立一个背景段落时，要挑选那些本身就具有镜头感的背景材料，而且要尽量用有镜头感的语言表达出来；其二，背景材料尤其是大段背景材料的运用要花心思，位置要灵活，最好是把背景与当下的事实描写巧妙地融为一体，成为一个新的镜头和画面，以此强化特写的立体感和纵深感。

四、任务示例

救生时速

（标题）

“乌鲁木齐进近，09号，航向120，高度1800，飞机载有重要病患，请求优先降落，听你指挥。”

“09，可以落地……”空管继续发出指令。

“地勤、救护车、医疗小组准备到位，迎接病患！”军地联合抢救指挥小组发出指令。

（导语）

2017年11月21日，下午7时05分，这架由阿克苏飞抵乌鲁木齐的中国南方航空公司CZ6870航班上承运一名生命垂危的解放军战士。他叫陈石，是新疆生产建设兵团第一师人武部独立营战士。

（主体）

机场上空雪花飞舞，风雪拍打着一张张焦急等待的脸。飞机平安着陆，陈石被抬下飞机，迅速送往新疆军区总医院进行抢救。

“感染性心内膜炎，主动脉瓣赘生物、主动脉瓣关闭不全、二尖瓣关闭不全……”22时15分，新疆军区总医院胸外科副主任医师李悟说，“主动脉瓣有细菌赘生物，如赘生物脱落，随时都有可能引起脑梗、心梗，如果再来晚一点，就没有抢救的机会了。”

从决定民航空运到安全抵达乌鲁木齐，不到7个小时，军地携手搭建了快速生命救援通道，使重病战士得到及时救治，所有人都以自己的方式向生命致敬。

救生时速全过程

“报告副营长，炊事班战士陈石胸口疼痛，躺在床上直打滚，您快去看看吧！”熄灯号刚刚落音，副连长张孝成气喘吁吁地冲进张赟彪的办公室。

“陈石，具体哪里不舒服？”张赟彪看到躺在床上的陈石脸色煞白。

“头疼、胸闷，胸口特别疼。”陈石的声音有些颤抖。

“赶紧通知驾驶员，发动巡逻车，送县医院。”张赟彪跑回宿舍，拉开抽屉，翻出工资卡揣在衣兜里，冲了出去。

坐上车，张赟彪拨出了一个电话，此时已经是11月20日零时20分。“陶部长，独立营战士陈石突发急病，情况比较严重，我们正送往乌什县医院治疗！”

“全力治疗，及时报告病情！”兵团第一师人武部部长陶涛语气十分坚定。

闪烁着警示灯的迷彩巡逻车奔驰在这个祖国最西部的边远县城，边关冬夜的宁静似乎被急速的车轮声叫醒，放慢了时间的脚步。

深夜两点，一阵急促的电话铃声把睡梦中的乌什县医院医生梁国敏惊醒。

"梁医生，急诊送来一名解放军战士，情况比较严重，需要做胸部彩超！"

"好的，我马上赶到……"梁医生二话没说，立刻起床，把熟睡中的孩子交给家人照看，自己迅速赶往医院。

凌晨4时06分，检查结果基本确定了大致病情。

"从检查结果初步判断为两肺感染性病变，亚急性感染性心肌内膜炎，这个情况很不好。"医生对副营长张赟彪和指导员尹恺智说。

"咱们医院能治疗吗？"张赟彪急切地问。

"这个病县里医院没有条件和能力治疗，必须转院。"医生回答。

医生的话让张赟彪和尹恺智心急如焚，第一时间把情况报告了陶部长。

听到这一消息，陶涛也着急了。天空刚刚褪去最后一丝夜色，陶涛就赶往兵团第一师医院（当地唯一的三甲医院），与领导协商转院事宜。

11月20日下午5时30分，张赟彪和尹恺智跟随救护车一起来到兵团第一师医院，远远地就看到人武部陶涛部长和曹登峰政委站在医院大门口。

晚上7时40分，一师医院通过专家会诊及浙江大学第二附属医院专家远程会诊，诊断结果与县医院基本一样。

"这个病，师医院只能药物治疗，不具备手术条件，必须转到乌鲁木齐大医院才有治疗可能……一千公里的路程用救护车运送，时间太长，随时都有生命危险……"李平副院长对陶部长说。

听着李副院长的话，看着躺在监护室里的战士，陶涛忧心忡忡。陈石从小在单亲家庭长大，一直没有安全感，在他心中部队就是他的家，战友都是他的亲人。想到这里，陶涛感到肩上的责任更重。

陶涛把陈石的病情及考虑乘民航转运的想法向上级报告后，立刻得到支持，新疆生产建设兵团军事部、民航新疆管理局、驻乌鲁木齐民航军代处、新疆军区总医院4个单位有关部门领导立即会合，拟定运送具体计划，启动紧急情况预案。

时间就是生命。驻乌鲁木齐民航军代处收到民航转运请求后，于21日12时10分立即启动应急伤病员航空运输预案，民航新疆管理局紧急办理医疗氧气、药械航空运输手续。南航新疆分公司第一时间确定具体航班，制定运输方案。

"CZ6870航班的乘客请注意，本次航班因承运一名病重战士，需要占用9个座位安装担架，哪位旅客有自愿改签下一个航班的请到值班经理处登记……"这一消息播出后，这次航班的多名乘客自愿赶往登记处改签。

"军人为我们守边关，我们为军人送平安，改签我的，我会感到十分光荣。"

"我自愿改签，一分钱补偿都不要！"

主体

最后，9名改签的旅客没有一人接受航空公司每人650元的延误补偿，所有人都表示爱心不能用金钱衡量。

原定于17:30起飞的航班，推迟到18:05起飞。飞机延误半小时，只为一个兵。

"今天你们这个航班上将有一名重点旅客需要照顾，是一名病重的解放军战士，尽最快的速度做好相关准备工作。"21日13:00左右，吴吉保接到运行指挥部的电话。

吴吉保和副手陈歆是两位经验非常丰富的老飞行员了，而挂断电话的那一刻吴机长心里还是"咯噔"了一下，因近年来，很少接到紧急情况。"为人的生命担忧，担忧机组稍有闪失，将影响一个年轻的生命。"

"今天的航班优先保障战士的生命，把战士的生命放在第一位……"吴机长反复强调这句话。

为了缩短登机时间，机组人员反复推演从救护车到舷梯、再到固定担架等上机的程序，最后决定让客梯车直接对准后舱门，这样上下飞机就可以节省14分钟的时间。

承载着生命的希望，肩负着重要的使命。飞机缓缓滑向跑道，对正跑道。空管给出"200号起飞"，机长吴吉保考虑按200号起飞，飞机要盘旋起飞，绕行180°，可能有颠簸。于是向空管申请"飞机有重要照顾人员，建议改'09'号起飞"。

主体

飞机起飞后，乌鲁木齐空管给出高度7500、8100巡航，此时，吴机长发现8100米高度，飞机稍有颠簸，再向空管申请3次，飞行高度从8300米、8600米，一直到8900米。

即将达到乌鲁木齐地窝堡机场，吴机长向空管发出请示："乌鲁木齐空管，我们有特殊旅客，需要优先落地，不能延误、不能等待。"

乌鲁木齐空管告知："你们没有任何限制，准许优先落地。"

7个小时航空转运，60分钟的空中飞行，飞机平稳着陆。

救护车驶进新疆军区总医院，陈石被安排在重症医学科ICU病房。院长柳建军连夜召集全院专家进行会诊，柳院长说："不惜一切代价抢救，把抢救战士的生命当作一场战役来打！"然而，一天时间过去了，陈石心脏衰竭严重，病情依然没有稳定。"我建议报告陆军卫生局请求国内知名专家来乌鲁木齐现场指导治疗。"柳院长说。

陆军领导了解情况后，第二天指派陆军军医大学重症医学科3名专家飞往乌鲁木齐，观察完陈石各项检查指标后，专家说："今天是陈石进行心脏手术的最佳时机，马上准备手术。"手术持续将近7个小时，顺利成功。

苏醒后的陈石虽然不能说话，但他使出全身力量对着医护人员竖起大拇指，用肢体语言表达自己的感激之情。经过术后几天时间的恢复，陈石的状态逐渐好转，心率平稳，各项生命体征良好。

就在大家为之振奋的时候,陈石病情突然出现反转。心律失常,心脏室颤,心脏骤停…… "快上呼吸机……所有人员参加抢救……"周新主任现场指挥,一场生死攸关的"战斗"又一次打响。 连续按压56分钟,总计电击触46次……医生再次把陈石从死亡线上拉了回来。抢救结束后,参与抢救的医生都累瘫在地上。医学规定按压抢救30分钟不能救活即可宣布临床死亡,但是他们没有放弃,他们宁愿用尽自己的全部力量,都不放弃最后一丝希望。 从陈石发病至今一个月时间过去了,他的主治医生韩红伟在医院守护了他整整一个月,一次也没有回过家。 "陈石能抢救过来本身就是一个奇迹,他是我从医以来见过的病情最复杂、危险期最长的病人。"韩红伟看着正吹气球进行心肺功能恢复的陈石欣慰地说。 "谢谢所有关心我的人……你们给了我第二次、第三次生命,我会用剩余的生命感恩……"这是陈石的声音,虽然很小,但低沉中蓄发了他所有的力量。 在广袤新疆的千里边关,延绵不绝的不仅仅是巍巍高山,还有军对民的爱,民对军的情。在这里,军民一家亲的团结琴弦弹奏出和谐动人的旋律,绽放出军民合力营救的生命之花。	结尾

【解析】这是《解放军报》2017年12月25日刊登的一篇场景特写。全文聚焦从决定民航空运到安全抵达乌鲁木齐、军地携手搭建快速生命救援通道的全过程时,对解放军战士病发和民航、军队、地方全力以赴携手救助的各个细节进行了细腻的描述,情景交融,如历历在目,给读者带来了从视觉到情感的强烈冲击和感应。

五、任务提示

(一)内容表达要立体化,有镜头感

特写在一定程度上借鉴了电影中特写镜头的表现手法,它在文体结构与形态上具有一种文字镜头的美感。特写更注重新闻切入的角度,截取新闻事实中的一个片段、一个切面、一个瞬间甚至是一个细节再现,对局部进行适当的细化和放大,把这个事实所包含的内容立体化地表现出来,以加强视觉和艺术效果。

(二)材料选取要有典型性,有特征感

特写比其他新闻问题更强调"以小见大"的传播效果。它聚焦的虽然只是新闻事实的一个片段、一个剖面,但这个片段或剖面应该具备透视全局性或本质性内容的功能。从这个意义上看,特写对选材要求很高,只有找到典型的、有特征的、新闻价值高的剖面,有较强内在张力的新闻事实,才能写作特写、写好特写。

（三）写作方式要情景交融，有现场感

特写的现场感体现在两个方面：其一，特写一定是来自现场的报道，作者一定要在现场采访，他必须是新闻事实或被采访人的现场目击者。其二，特写的写作要情景交融，历历如绘。在很多情况下，作者是将所见、所感结合在一起写，以便给读者带来从视觉到情感的强烈冲击和感应。

六、任务实训

1. 写作题。

采访一名表现优异的空姐或者空中乘务专业学姐，写一篇人物特写。

2. 请完成本章节的任务设计。

小贴士

“特写”“消息”“通讯”的异同

“特写”与“消息”的共同点是：简要和迅速地报道新闻事实。“特写”与“消息”的区别在于：“消息”一般是择期要者报道新闻事件的全过程，“特写”主要抓住新闻事件中具有特征的片段浓墨铺陈；“消息”是以简洁和让事实说话取胜，而“特写”则以描绘新闻事件中有形象感的镜头取胜。

“特写”与“通讯”的共同点是：都重视运用形象思维，运用更多的文学手法，生动形象地报道新闻事实。“特写”与“通讯”的区别在于：“特写”比“通讯”更强调时效性和新闻性；在报道同一件新闻事件时，“通讯”一般侧重展示纵断面，来龙去脉比较完整，而“特写”则集中笔力，着重展示新闻事件的某一个横断面，不一定需要完整的情节。

第四节 客舱专题活动策划书

一、任务设计

英国小伙Make决定在由伦敦飞往北京的××8522航班上向相恋三年的女友Jenny求婚，为此，向×航西南分公司客舱部提出申请，希望客舱部能帮他策划一场别具一格的空中求婚仪式。接到该旅客的委托策划申请后，客舱部经过反复商议，策划了一套颇有创意的求婚仪式，并就求婚仪式中广播词的编写、精美贺卡和小礼物的选购、求婚用的鲜花准备、中国特色的大红喜字和庆祝用的蛋糕酒水等食物的准备、摄像工作的落实等，做好了周密的安排。

请以×航西南分公司客舱部名义拟写一份客舱专题活动策划文案。

二、任务解读

客舱专题活动策划书也叫客舱专题活动策划文案，是客舱服务过程中为开展某一特定活动而预先做出策划与安排的应用文书。

客舱专题活动有时是以航空公司的品牌宣传普及为目的，这类活动要注重航空公司LOGO、企业文化、业界形象等的传播，一般是大型的专题活动，持续时间也较长；有时是以娱乐或政治色彩为目的，一般是响应国家、航空公司的各类文件号召，或者是利用节日等特定日期增强人们之间的感情联络，活动虽小但形式可以多样；有时客舱专题活动兼备以上两种类型的特点，既做航空公司的市场营销，又做企业文化的传播。因此，在进行客舱专题活动策划时，要充分考虑不同的活动目的，因时、因地、因需制订文案。

三、任务向导

客舱专题活动策划书，一般包括标题（策划书名称）、正文和落款三个部分。

（一）标题

一般由单位名称、事项和文种构成，如《××航××分公司客舱部"母亲节"客舱专题活动策划书》等。

（二）正文

客舱专题策划书包括背景概述、宣传目标、所针对的目标群、沟通的媒介、宣传活动的方式、宣传活动的预算、形象宣传的成效评估等方面的内容。一般由以下三个部分构成：

1. 策划背景介绍。这部分内容应根据策划方案的特点在以下项目中选取内容重点阐述，一般包括：基本情况简介，主要执行对象、状况、组织部门，活动开展原因，社会影响和相关目的动机等。活动的目的、意义要用简洁明了的语言表述清楚。如有必要，该活动的核心构成或策划的独到之处以及由此产生的意义（经济效益、社会利益、媒体效应等）都应该明确写出。活动目标要具体化，并需要满足重要性、可行性、时效性的要求。

2. 具体方案构想。包括活动事项、时间地点、人员安排、经费开支和要求等。作为客舱专题活动策划书的主体部分，这部分文字的表达要简洁明了，使人容易理解。表述要力求详尽，写出每一点能设想到的东西，没有遗漏。此部分的表述不拘形式，如有需要，也可适当加入统计图表等形式。对策划的各项内容或活动的各个环节，如有时间先后关系的，应按时间先后顺序排列，并绘制实施时间表以便核查。人员的组织配置、活动对象、相应权责及时间地点应表述清晰。

3. 注意事项和应急方案等。

（三）落款

在策划书的标题下方或者结尾下一行的右侧写上作者名称，同时写上策划书的完成日期。

四、任务示例

标题

×航××分公司客舱服务部中秋节客舱专题活动策划书

正文

活动背景

9月15日，正值中国传统节日中秋节。为了弘扬中华传统文化，营造温馨祥和的节日氛围，×东航××分公司客舱服务部计划于中秋节当天在公司各航班上开展一次以“情浓中秋”为主题的客舱专题活动，通过各项机上活动和旅客互动，全力突出中秋节“团圆、情意、礼品”三大节日特征，和旅客们共同度过一个令人难忘的中秋节。具体方案如下：

具体方案

一、登机阶段

乘务组成员在登机口迎宾，在向旅客微笑问候的同时送上节日祝福：您好！祝您中秋节快乐！

资源需要：登机口，1~2名乘务员。

二、平飞阶段

飞机进入平飞阶段后，在客舱内开展下述部分或者全部活动，并根据客舱内的现场气氛和旅客的现场反应，灵活机动控制各项活动的开展时间。

（一）中秋祝福知多少

乘务组为每名旅客准备一个中秋福袋，里面装有一张中秋贺函、一块真空独立包装的小月饼或者其他小礼品。贺函正面带有公司LOGO和充满真挚情意的中秋祝福语，背面印有一首中秋著名古诗词，并留有空白供旅客书写。

资源需要：

1. 中秋福袋和中秋贺函的制作由×××、×××负责，在8月31日前完成制作，预算金额为×××元；

2. 向公司方面申请独立包装小月饼或小礼品××份，价值更高的头等舱礼品××份，于9月8日前到位；

3. 向各乘务组下发中秋福袋材料，乘务组在9月15日前完成包装，并在飞行准备阶段放入机舱。

（二）中秋习俗知多少

乘务长或乘务员为旅客介绍中华民族传统的中秋习俗和飞行目的地当地的中秋习俗，引导旅客共同参与讨论自己家乡的中秋习俗，让大家一起感受中秋的节日氛围。

资源需要：

1. 收集整理中秋习俗文字材料，由×××负责，9月8日前下发到各乘务组；

2. 9月15日活动当天，机舱内，乘务人员1~2名。

（三）中秋诗词知多少

明月几时有，把酒问青天。不知天上宫阙，今夕是何年。我欲乘风归去，又恐琼楼玉宇，高处不胜寒。起舞弄清影，何似在人间。

转朱阁,低绮户,照无眠。不应有恨,何事长向别时圆。人有悲欢离合,月有阴晴圆缺,此事古难全。但愿人长久,千里共婵娟。

乘务组成员为旅客吟诵宋朝大诗人苏轼最为传诵的中秋节诗词《水调歌头 丙辰中秋》,并与旅客开展现场互动,吟诵与中秋节或者月亮相关的中国古诗词。向积极参与互动的旅客赠送飞行纪念品等小礼物。

若旅客参与度不高,可增加乘务组成员朗诵时间,多为旅客介绍几首中秋诗词。如:李白的《静夜思》(床前明月光,疑是地上霜。举头望明月,低头思故乡),张九龄的《望月怀远》(海上生明月,天涯共此时。情人怨遥夜,竟夕起相思!灭烛怜光满,披衣觉露滋。不堪盈手赠,还寝梦佳期),李白的《月下独酌》(花间一壶酒,独酌无相亲。举杯邀明月,对影成三人。月既不解饮,影徒随我身。暂伴月将影,行乐须及春。我歌月徘徊,我舞影零乱。醒时同交欢,醉后各分散。永结无情游,相期邈云汉),李商隐的《嫦娥》(云母屏风烛影深,长河渐落晓星沉。嫦娥应悔偷灵药,碧海青天夜夜心)等。

具体方案

资源需要:

1.机舱内,乘务人员1~2名;

2.机上小礼品若干,一般在10份左右。

(四)中秋故事知多少

如果旅客中有低龄旅客的话,乘务员通过机上广播系统为小朋友讲述中秋节的神话故事:嫦娥奔月、吴刚伐桂、玉兔捣药等。

资源需要:

1.收集整理中秋节神话故事,由×××负责,9月8日前下发到各乘务组;

2.9月15日活动当天,机舱内,乘务人员1名。

(五)中秋好歌大家唱

由有一定演唱功力的乘务组成员为大家演唱和中秋节、和月亮相关的歌曲(如无人擅长唱歌,则通过机上广播系统播放相应歌曲),通过歌声向旅客表达中秋节的美好祝愿。鼓励旅客参与进来为大家演唱中秋歌曲,或组织大家一起唱中秋好歌,并向积极参加活动的旅客赠送航空公司小礼品。

资源需要:

1.现场播放的中秋歌曲3~5首,由各乘务组自行准备,在9月8日前完成并向客舱服务部上报歌曲名单;

2.机上小礼品若干份,一般在10份左右;

3.9月15日活动当天,机舱内,乘务人员1~2名。

(六)中秋明月大家赏

若天气晴好,在夜间航班活动中开展"共赏中秋月 共书中秋情"活动。机上广播系统循环播放轻柔的古筝名曲《春江花月夜》作为背景音乐

（飞往珠三角、港澳台地区的航班可播放广东民间音乐《彩云追月》），乘务组逐渐调暗客舱灯然后关闭，引导旅客共赏天空圆月。3~5分钟后，客舱灯逐渐变亮，乘务组为旅客提供餐饮服务，旅客一边品尝月饼一边欣赏窗外明月。餐饮服务结束后，乘务长通过机上广播向旅客传达中秋节的节日问候。乘务组向旅客发送精美贺卡，并提供若干支水笔，让大家用手中笔写下自己的中秋思念和祝福。 资源需要： 1. 背景音乐《春江花月夜》《彩云追月》，贺卡××张，水笔××支，预算金额×××元，9月8日前下发到各乘务组； 2. 9月15日活动当天，机舱内，乘务人员1～2名。 三、降落阶段 飞机降落后，广播欢送词，播放应景的《春江花月夜》或者《彩云追月》乐曲，调整客舱灯光。确认廊桥、客梯接好后，乘务员站在规定的位置送客，再次用热情的微笑和亲切的语言对旅客表达对节日的良好祝愿。 资源需要：登机口，1～2名乘务员。	
×航××分公司客舱服务部	署名
××××年×月×日	日期

【解析】本客舱专题活动策划首先介绍了活动的基本情况，主要执行对象、状况、组织部门，活动开展原因，社会影响和目的动机等，简明扼要。随后按时间节点，对参与活动的人员组织配置、活动对象、相应权责及时间地点进行了一一说明，明确具体，可操作性强。

五、任务提示

客舱专题活动有着特定的活动空间和活动对象。在进行客舱专题活动策划时，要注意以下几点：

（一）要有吸引力

对机上旅客的吸引力大小决定了活动策划的成功与否。要充分吸引旅客重视和参加，就要对旅客动之以情或者晓之以利，引起旅客的注意，激起旅客的热情，促使旅客踊跃参加。提高活动的吸引力，需要有新意的构思，要能满足旅客的好奇心、价值表现、荣誉感、责任感、利益等各方面的需求，当然，恰当的精神鼓励和物质奖励将会大大地提高旅客的重视度和参与度。

（二）要有关联度

活动策划内容要与活动本身目的紧密衔接，要擅长整合关联性较强的事情以及关联资源。如果将缺乏关联性的活动组合在一起，会导致内容分散，活动主题不突出，难以实现预定的活动目的。

（三）要有执行力

精心策划的活动能不能最大限度地执行是非常关键的。执行力表现在具体的任务描绘、任务流程步调、执行人员、执行时间、突发事情的处置计划等方面。活动执行中若出现问题，会引起旅客的不满情绪，活动的作用就会打折扣，甚至起到反作用。

（四）要有传达力

航空公司在开展活动推广时，是希望把它的品牌文化传达给旅客和更多的潜在旅客，完成最大化的品牌宣扬效益。活动推广的传达力表现在活动前、中、后的各个时期。活动前，要勾起用户的爱好和重视；活动中，要通过旅客的参与，传扬企业文化；活动后，要进一步分散和延伸宣扬效应，为公司发展获取更大的社会效益和经济效益。

六、任务实训

1. 写作题。

每年5月的第二个星期天是母亲节，每年6月的第三个星期天是父亲节。请策划一次母亲节或父亲节客舱专题活动，并撰写一份完整的客舱专题活动策划文案，包括策划目的、具体方案构想、注意事项和应急方案等内容。

2. 请完成本章节的任务设计。

小贴士

专题活动策划文书是一种应用文书，是对某一特定活动的开展做出计划与安排，并对这一思维过程进行整理之后形成的文本。专题活动策划文书在写作上较为灵活，但要注意专题活动主题的单一性、突出活动目标的针对性、确保具体活动事项的可操作性。

第六章

空中乘务职场应用文书

空中乘务职场应用文书常用的有求职信、简历、申请书、竞聘书、述职报告和劳动合同等。它们是民航各级各类企事业单位在招聘、任用、考核有关人员时常用到的应用文种。了解这些应用文书的适用范围，掌握这些应用文书的基本写法和写作要求，有助于乘务员更好地开展工作，规划自己的职业生涯。

第一节 求职信

一、任务设计

××航空公司拟面向××学院空中乘务专业2017届毕业生招聘一批女性空中乘务员。

要求如下：

1. 身体条件符合民航局颁布的民航乘务员体检标准（略）；
2. 五官端正，身材匀称，举止端庄，微笑甜美，语言流畅，气质较好，有较强的亲和力；
3. 英语四级及以上；
4. 其他（略）。

对比上述招聘启事，201502班空中乘务专业应届生沈丹妮自觉各方面条件符合，决定参加该次招聘活动。请代沈丹妮拟写一份求职信。

二、任务解读

求职信，也称自荐信或应聘书，是求职者以自我推荐的方式向用人单位表达求职意愿，提出求职请求，并要求用人单位考虑答复的专用书信。

求职信是以求职为目的，其内容具有较强的针对性。求职者必须根据用人单位的特点、应聘岗位的要求以及自身的条件等有的放矢地进行写作。

求职信具有自荐性的特点。无论是根据自身条件主动写信向用人单位求职，还是根据用人单位的招聘信息写信应聘求职，求职者首要做的就是通过自我介绍，自我推荐，把自身适合该岗位要求的长处和优势充分展现出来，以便让用人单位认识自己、了解自己、信任自己，并最终决定录用自己。

择业与择人的双向选择机制决定了求职行为的竞争性。一份好的求职信有助于赢得面试机会，提高就业成功率。

三、任务向导

求职信的写作遵守书信体的格式，主要有标题、称谓、正文、结语、署名和日期等组成部分。

（一）标题

一般直接写“自荐信”或“求职信”即可。

（二）称呼

求职信一般应设法知道谁将收到你的信。如果有必要，可打电话询问公司。如果还是不知道读信人姓名，一般可以用“尊敬的××人事经理”“尊敬的××公司经理”等称呼。

（三）正文

一般应该包括以下内容：

1. 引语。说明求职的缘由，可以说明消息来源，最重要的是，必须对应聘的岗位有明确而具体的交代。比如“近日在《××报》上看到贵公司招聘广告，获悉贵公司正在拓展业务，招聘新人，我有意角逐经理助理一职……”。

2. 介绍个人背景，包括与应聘职位有关的学历、经历、成绩等，关键在于打动对方，引起对方的兴趣。当然这不能代替简历，较详细的个人简历可以作为附件附在求职信之后。

3. 展示自己能胜任竞聘职位的各种能力。这是求职信的核心内容，应该表明自己具有的专业知识与社会实践经验，具有与工作要求相关的特长、兴趣、性格与能力。主要是让对方感到你能胜任这个工作，主要是针对招聘条件突出自己的优势，与招聘条件无关的不谈。在写工作经验时，一般是由近及远，先写近期的，然后是按照年代的顺序依次写出。

（四）结语

结语主要是致谢及进一步的要求。除对招聘者花时间读你的信表示感谢外，还要告诉招聘者怎样才能联络到你，要留下电话、E-mail等，同时可以表明如果几天内等不到他们的电话或E-mail，你会自己打电话确认招聘者是否已收到简历和自荐信，以及面试安排，注意语气一定要肯定但同时要有礼貌。

（五）署名和日期

署上自己的姓名、成文日期，并留下联系地址和电话等信息。

一般求职信还需要在信后附上有关材料，包括简历以及能够证明自己身份和能力的证明材料如身份证、学历证书、职业资格证书、各种获奖证书等复印件。

四、任务示例

求　职　信	标题
尊敬的××航空公司人力资源部负责人：	称呼
您好！	问候语
我叫詹丽华，来自美丽的四川阿坝州。从贵公司官方网站上得知贵公司正在招收空中乘务员，对照相关要求，自觉各方面条件符合，故此来信应聘，希望有机会能成为贵公司的一员，与大家一起携手并肩，共创×航事业的辉煌。	正文 开头
成为一名空乘，是我从小的愿望。多年来，我一直在朝着这个方向努力，并于2015年顺利考上了××航空职业技术学院空中乘务专业。	主体

三年来,我不断努力学习,不论是基础课,还是航空服务专业课以及客舱实训课,都取得了较好的成绩。大学期间,我先后获得2016年度、2017年度学院单项奖学金,英语达到国家四级水平,计算机通过国家一级考试,并获得了全国普通话测试二级甲等证书。	
学习固然重要,但能力培养也必不可少。在校期间,我始终积极向上、奋发进取,在各方面都取得良好的发展。在2016年全省高职院校技能大赛空中服务项目比赛中,我荣获个人全能亚军;在2015年成都市第三届城市形象展示比赛上,我也有幸成为优秀选手;2016年暑假,我有幸得到去海南航空公司实习的机会,三个月的实习经历让我学到了很多宝贵的岗位工作经验。	
通过三年的学习和实践,我已从心理和能力等方面做好了走上空乘岗位的充分准备。我诚挚地希望能成为贵公司的一员,如蒙垂青,我将以靓丽的形象、热情的服务,倾我所能,不断学我所不能,为××航空的事业发展贡献自己的光和热。	
给我一个希望,我会还您一个惊喜! 再次感谢您拨冗审阅我的来信,期待您的回复,并祝贵公司事业兴旺发达!	结尾 祝颂词
随信附上我的手机号:138××××××, E-mail:××××@126.com。 此致 敬礼	
附件:1.本人简历1份 2.2016年度学院单项奖学金等证书复印件5份 3.英语国家四级、计算机国家一级等证书复印件4份	附件
求职人 詹丽华 2017年10月6日	署名 日期

【解析】这是一份应聘空中乘务员的求职信,正文包括求职缘由、个人背景、自我能力展示三部分。在求职缘由部分讲清楚求职者身份以及应聘具体岗位,交代清楚写这份求职信的根本目的十分重要;在个人背景情况中谈到了自己的籍贯,重点介绍了自己在校期间的教育背景、理论知识与相关技能的储备;在个人实践能力方面展示了三个与空中乘务员岗位相关的实绩,写作目的十分明确。结尾部分语言坦诚谦逊、彬彬有礼,体现出良好的个人综合素质。附件部分将正文提及的各项证书资料一一提供,符合写作要求。最后附上个人联系方式,极其重要,不可或缺。

五、任务提示

(一)重点要突出

求职者注意突出技术专长,根据用人单位的选聘条件,抓住重点,有的放矢。在职人员的求职信(自荐信)的个人工作资质应放在在校学习情况之前,在校毕业生则应把在校学习情况放在实践经历之前。无论哪一种应聘者，都应重视个人相关实际工作能力的展示，因为这是用人单位真正看重的部分。

（二）内容要真实

写求职信必须实事求是，不能夸大其词，更不可虚构材料，编造业绩。

（三）语言表述要谦和诚恳

求职者充满自信地推销自己是必要的，但要注意态度谦和、言辞恳切、不卑不亢、情真意切。实践证明，只有那些既有真才实学，又言词得体的求职者才受人欢迎，易被录用。

（四）文面整洁，杜绝错别字

求职信中若出现错别字、文面涂改等情况，会严重影响求职效果，因为它反映求职者工作态度不严谨，给招聘方留下不好印象。

六、任务实训

1. 改正以下求职信中称呼表述不当之处。

（1）“尊敬的东方航空公司：您好！”不当之处：________

（2）“敬爱的东方航空公司总经理：”不当之处：________

（3）“尊敬的贵公司人事部领导：”不当之处：________

2. 以下是一位应聘空中乘务员岗位的大学毕业生求职信中展示个人实践经历的内容部分，请指出其中至少5个错误：

自入校以来，我充分利用自己所学的经济与管理理论在业余时间广泛的参加社会实践活动。大一暑假，在信阳宏源太阳能有限公司做实习出纳，体验了高科技企业工作的艰辛，同时确立了自己敬业守信的奋斗目标，极大地增强了职场交际与临场应变能力。大二暑假，在华尚服饰车间担任实习裁剪工，使自己的动手操作能力得到很大提升。我希望加入贵公司后，自己的实践能力得到更大地提升。

（1）________；

（2）________；

（3）________；

（4）________；

（5）________。

3. 以下为××航空公司招聘启事的主体部分，请结合自身情况拟写一则求职信。

××航空有限公司2018年度招聘民航乘务员启事

××航空有限公司2018年度民航乘务员招聘计划已经全面启动。海阔天空，一“鹭”高飞，热忱欢迎同学们加盟国内唯一实现连续26年盈利的航空公司，用激情燃烧青春、用梦想成就未来！

一、招聘人数

面向全国招聘500人。

二、工作地点

××、××等地×航运行基地,并服从×航统一安排,学员培训合格后由××航根据各运行基地人员需求计划按其生源地所属省份统一分配至各基地。

三、招聘条件

(一)基本要求

1. 中国籍未婚人员,男女不限。

2. 国家教育部承认的大专及以上学历;自学考试必须在参加招聘考核之前取得毕业证书;境外学历需通过教育部留学服务中心国外学历学位认证。

3. 2014届应届毕业生(2015届毕业生也可以前来了解情况)。

4. 专业不限,外语类、医学类、护理类、艺术类优先。

5. 不接受现役军人、武警报名。

(二)年龄要求

1. 女生,1990年1月1日以后出生。

2. 男生,1989年1月1日以后出生。

(三)身体条件

1. 视力:女生矫正视力《C字表》不低于0.5,男生裸眼视力《C字表》不低于0.7,无斜视、无色盲、无色弱。

2. 身高:女生在163 ~ 175cm之间,男生在172 ~ 184cm之间。

体重:女生为[身高(cm)-110(cm)](1±10%)(kg),男生为[身高(cm)-105(cm)](1±10%)(kg)。

3. 符合民航局颁布的民航乘务员体检标准。

(四)其他条件

1. 五官端正,身材匀称,举止端庄,微笑甜美,语言流畅,气质较好,有较强的亲和力。

2. 具有良好的外语(英语、日语、韩语)听、说、读、写能力。

3. 符合中国民航空勤人员体检、背景调查条件。

四、报名方式(略)

五、招聘考核流程(略)

六、实习培训安排(略)

七、其他(略)

4. 完成本章节的任务设计。

小贴士

求职信的受重视程度

中华英才网曾就人事经理对求职信的关注程度进行了一次网上调查。调查结果表明,34%人事经理非常重视求职信,54%的人事经理将求职信作为重要参考,只有11%的人事经理表示根本不看求职信。看来,求职信在求职过程中的作用不可小觑。

第二节 简历

一、任务设计

××航空公司拟面向2018届空中乘务专业毕业生招聘一批女性民航乘务员。要求如下：身体条件符合民航局颁布的民航乘务员体检标准（略）；五官端正，身材匀称，举止端庄，微笑甜美，语言流畅，气质较好，有较强的亲和力；英语四级及以上。其他略。

对比上述招聘启事，201502班空中乘务专业应届生沈丹妮同学自觉各方面条件符合，决定参加该此招聘活动。请代其拟写一份个人简历。

二、任务解读

简历是求职者向招聘单位表明其拥有能够满足特定工作要求的技能、态度和资质的专用文书。

简历旨在证明自己具备招聘方所需要的资历、能力和实力，是自我推荐的必备资料。对应聘者来说，简历就是一件营销武器，是求职的"敲门砖"，能促使你成功地得到面试的机会。

简历要求提供比较完整的个人履历以及应聘岗位所要求的某类特定要求的资历和技能，以供招聘单位全面了解自己、认识自己。

简历通常用表格形式来表达，要求把个人的履历、爱好、特长、技能、资历等分门别类进行清晰准确的表述，以使招聘单位能一目了然地了解自己的经历、实力、优点、特长等，从而顺利获得录用。

三、任务向导

简历在写作上没有固定的格式。事实上，一份个性化的简历更能吸引招聘者的眼球。但无论简历格式如何变化，其主要内容一般应包括个人信息、求职意向、教育背景和工作经历、获奖情况、职业技能、个人兴趣爱好等几个部分。

（一）个人信息

个人信息应该简洁、直观和清晰。姓名、地址、电话和E-mail是必不可少的内容，尤其是电话和E-mail应当写在醒目的位置，让看你简历的人能非常方便地与你联系。

（二）求职意向

求职意向应精简为一句话，同时放在简历的开头，便于招聘人员一下子明白你的求职方向，也便于招聘者将你的简历分类。求职意向的写作，应注意把握好"度"，既要考虑自己的能力所能及，也不要过于谦虚。

（三）教育背景和工作经历

应届毕业生应将教育背景写在醒目的地方，而有工作经验的求职者应该把工作经历放在教育背景之前。要按照逆序来写教育背景，即把最近的学历放在最前面，其中需包含的内容有学校、学校所在地、毕业时间、专业、证明人等。

（四）奖励情况

写奖励情况时，要强调奖励的级别，并描述这个奖励的实质，最好用相对的数字来说明获得该奖的难度。

（五）职业技能

交代职业技能要注意相关性，只写与应聘岗位最直接相关的技能即可。

（六）个人兴趣爱好

个人兴趣爱好应写那些自己擅长、对应聘岗位有帮助的、具体的兴趣和爱好。

四、任务示例

××

××省××市××路××号××室（××××）

86-50-3××××××××　86-50-137××××××××

××××××××@163.com

（个人信息）

求职意向：（求职意向）

××航空公司民航乘务员

个人信息：（个人履历）

- 性别：女　　生日：1987年7月5日
- 籍贯：××　　民族：汉
- 身高：172cm　　体重：60kg

工作经历：（工作经历）

2008年9月—2009年06月 ××航空实习

2009年06月至今 ××航××分公司民航乘务

教育背景：（教育背景）

2005年9月—2008年7月	大专	××市××大学航空服务专业
2002年9月—2005年7月	中专	××市××中专航空运输专业
1999年9月—2002年7月	初中	××镇初级中学
1994年9月—1999年7月	小学	××镇中心小学

获奖情况：（获奖情况）

2010年	××航空××分公司年度“十佳乘务”
2008年12月	××航空优秀实习生
2004年9月	××市××中专市三好学生
2001年1月	2001年××镇初级中学优秀班干部
2000年5月	××市初中演讲大赛二等奖

职业技能：	职业技能
具有熟练的客舱服务和机上应急能力。 在学习和工作的过程中培养了良好的服务意识和良好的管理能力。 对BSP民航销售系统的熟练操作。 良好的仪表和语言表达能力。	
个人兴趣爱好：	兴趣爱好
演讲、乒乓球、唱歌、烹饪。	

【解析】这是一份求职者应聘空中乘务员岗位的简历，正文包括了标题、求职意向、个人信息、教育背景和工作经历、奖励情况、职业技能、个人兴趣爱好等几个部分。其中标题部分直接使用应聘者姓名，同时设计了联系方式，有利于加深用人单位对自己的印象，而且便于联系。求职意向紧跟标题出现，便于用人单位整理信息。这份简历的工作经历与获奖情况部分，将用人单位急需了解的信息加以展示，这些是所有个人材料中重要的部分，重点突出，处理很妥当。

五、任务提示

（一）要有目的性

不同功用的简历应该突出的重点不同，如果是求职，重点应放在学历、专业特长、能力业绩上；如果是晋升职称，重点应放在任现职以来所取得的科研水平、工作实绩能力上，突出个人贡献，展示取得的成果。

（二）要有针对性

在制作简历时，求职者必须针对不同的公司和职位制作不同的简历。在简历中要重点列举与所应聘公司及职位相关的信息，弱化甚至删去对方可能并不重视的内容。

（三）要有简洁性

目标岗位务必确定，要让招聘者一眼就能看到你的求职定位和目标。围绕定位，梳理工作经验，从中提炼出与应聘岗位直接相关的工作经验和业绩。只写重点信息，不要事无巨细。总之，简历要简，关联不大的信息要删减掉。

（四）要有关键词

现在一些大公司采用计算机删选简历的方法极大地提高了工作效率，但也给求职投递简历者提出了新的要求，因为计算机通过搜索关键词来删选合适人选，只有过这一关才有可能获得面试机会。因此，关键词在整份简历中至关重要，特定的关键词一定要出现在简历中。

六、任务实训

1. 判断正误（对的打“√”，错的打“×”）。

（1）制作简历的目的是为了获取一个工作岗位。（　　）

（2）简历的制作没有统一格式，为了引起招聘人员的好感可以别具一格。（　　）

（3）简历通常在求职信之前让招聘人员过目，故一定要先声夺人，吸引眼球。（　　）

（4）求职信中无法具体展开或深入的内容可以通过简历加以补充。（　　）

（5）简历应当较为完整、全面地将个人的各种信息加以展现，使用人单位对你有更真实准确的了解。（　　）

2. 模写题。

请结合本章第一节“任务实训”第三题中所给材料“××航空有限公司2018年度招聘民航乘务员启事”，根据自身情况，拟写一份个人求职简历。

3. 请完成本章节的任务设计。

小贴士

简历中的“政治面貌”问题

简历中经常会出现“出身、成分、政治面貌”等概念。“出身、成分”的填写，一般来说，不论出身工人、农民还是出身军人、干部家庭，凡是随父母生活长大的，其家庭出身应按其父母职业来定；凡是靠祖辈或亲戚朋友的经济收入抚养长大的，其家庭出身则应按祖辈或亲戚朋友的家庭成分来定。“政治面貌”是指一个人所参加的政党或政治团体，间接表明其政治立场和政治观点。如某人加入了中国国民党革命委员会——民革，则他的政治面貌就是民革党员；如果是加入了中国共产党，他的政治面貌就是中共党员；如果是加入了中国共产主义青年团，其政治面貌就是共青团员；未加入任何政党或政治团体的，则填“群众”即可。

第三节 竞聘书

一、任务设计

根据《××航空股份有限公司关于客舱生产序列岗位聘用标准的通知》（×航〔2016〕161号）要求，经×航客舱部研究，拟面向全体客舱乘务员，招聘乘务长5名。竞聘条件如下：

1. 从事两舱乘务工作2年以上或从事普通舱乘务工作5年以上；
2. 具备三级（含）以上民航乘务员国家职业资格；
3. 上一年度绩效考核成绩90分（含）以上；
4. 在资质评审前2年无责任原因有效投诉和差错；
5. 年度考核期内飞行小时不低于现级别平均小时的80%（按1000小时计）；
6. 具有民航英语中级或同等水平以上。

对比相关要求，乘务员王玲娜自觉条件相符，打算参加此次竞聘。

请代王玲娜拟写一份竞聘书。

二、任务解读

竞聘书是竞聘者参与某一岗位或职位竞争应聘的书面材料。它是竞聘者在特定的场合，面对特定的听众所发表的用以阐述竞聘优势及被聘后的工作设想、打算的演讲报告，故往往又称为“竞聘报告”。

竞聘书是针对某一岗位或职位而写，具有较强的目的性和竞争性。写作时应针对所竞聘岗位或职位的特点和要求，具体明确表明自己所拥有的相关资历、实力以及工作设想，尤其是要凸显出人无我有、人有我优、人优我特的竞争优势，以争取脱颖而出。

竞聘书是竞聘演说的书面形式，涉及个人政治思想、道德品质、业务知识与技能水平、工作经历资质以及被聘后的工作设想等多方面的内容。文本撰写，要条理清晰；评价自己，要客观公正；语言表达，要简练生动。

三、任务向导

竞聘书一般包括标题、称呼、正文、署名和日期。

（一）标题

竞聘书的标题有三种写法：

1. 文种标题法。即只标“竞聘书”“竞聘报告”。

2. 公文标题法。即由竞聘人和文种构成或由竞聘职务和文种构成，如《关于××公司经理的竞聘报告》《乘务长竞聘书》等。

3. 文章标题法。可用单行标题拟制，也可采用正副标题形式，如《让凌燕腾飞起来——关于竞聘凌燕乘务组乘务长的演讲》。

（二）称呼

即对评委或听众的称呼。一般用“各位评委”“各位领导”“各位听众”或“各位同事”等。

（三）正文

1. 开头。为营造友善、和谐的气氛，开篇应以“感谢给我这样的机会让我参加答辩”“恳请评委及与会同志指教”等礼节性致谢词导入正题。随后再阐明自己发表竞聘演讲的理由。开头应写得自然真切，干净利落。

2. 主体。这是全文的重点和核心。通常围绕以下几个方面展开：

(1)介绍个人简历。可分两个层次：先简明介绍竞聘者的基本情况，使评委明了竞聘者的基本条件；紧接着对自己与竞聘岗位有联系的工作经历、资历作出系统、翔实的说明，便于评审者比较与选择。

(2)摆出竞聘条件。竞聘条件包括政治素质、政策水平、管理能力、业务能力以及才、学、胆、识各方面的条件。竞聘条件是决定竞聘者能否被聘任的重要因素之一，应该重点强调，但切忌夸夸其谈，应多用事实说话。“事实胜于雄辩”。可以结合自己前一时期的工作来写，如曾做过什么相关的工作，效果如何，从中展露出自己哪些水平、能力、知识和才华等。宜引而不发，通过具体事实让评委及听众自然而然得出肯定的结论。

(3)提出施政目标、施政构想、施政方案。这部分是竞聘者假设已被聘任后，对应聘岗位所提出的目标及实现该目标的具体措施。选招或选聘单位除了看竞聘人基本素质条件之外,往往还要考虑竞聘者的施政目标和施政措施。竞聘者应鲜明提出自己的施政目标和施政措施。这些目标和措施既要适应总体形势,又要体现部门特点。基本目标要具有客观性、明确性和先进性;要定性定量相结合,能量化的尽量量化,以便评委进行比较、评估;还应围绕人们对竞聘岗位较为关注的焦点、难点重点提出。基本目标必须有切实可行的措施作保证。措施必须针对目标来制定,要明确具体,有可操作性,且密切联系岗位实际,从岗位工作出发。

3. 结尾。一要写出自己竞聘的决心和信心,请求有关部门和代表能充分考虑自己的愿望和请求;二要表明自己能官能民的态度。好的结尾应写得恳切有力,意近旨远。

(四)署名和日期

署上竞聘者姓名和写作日期。

四、任务示例

竞　聘　书	标题
尊敬的各位领导、评委,亲爱的同事们:	称呼
大家好!	问候语
今天,能够登上公开竞争乘务长的讲台,我感到十分的荣幸。在此,感谢公司给我们提供的宝贵的竞争机会!感谢一直以来关心、支持、帮助我成长的各位领导、各位同事和朋友们! “鸿雁”乘务组乘务长竞聘的消息一出,就如一颗石子,激起我心中的阵阵涟漪。要不要参加这次竞聘?我反复思考。回答是肯定、有力的。因为,我是如此深深地爱着这个职业,我是如此深深地眷恋着这一片美丽的蓝天。 我叫王琳娜,今年26岁,中共党员,大专学历,现在是“鸿雁”乘务组的乘务员。机遇总是垂青有准备的人,经过综合权衡,我决定参加乘务长的竞聘,理由如下:	正文 开头
首先,我一直在乘务部门工作,基本上都是在业务第一线,多年来为旅客的竭诚服务和与同事的精诚合作,使我积累了工作经验,锻炼了工作能力,丰富了人生阅历,扎实了知识。在2015年与2016年连续被评为公司“优秀乘务员”光荣称号,此外,我还在2014年民航技能大赛乘务项目中取得综合类二等奖。这些阅历为我今后的工作储备了能量,也给了我胜任乘务长一职的信心和力量。 其次,我能够做到脚踏实地、办事稳重,能够在我的能力范围之内做到安全保障最大化和服务最优化。在工作中,我磨炼出了过硬的心理素质,能做到遇到突发事故处变不惊、沉着处理。 此外,我从小养成了真诚、宽容、积极、乐观的性格。我喜欢与人交流,对他人以诚相待,在工作中能够和各种性格的人相处。这使我能够做到统筹兼顾,张弛有序,保证工作有序开展。	主体 竞聘条件

记得有人说过,服务工作就是像是竹桶打水,有哪一片竹板不齐,水都不会装满。只有所有竹板都一样高才能把水装满。我们的服务也是一样,优质的服务是需要各部门相互配合才能做到。我想,我有能力让我所在的客舱成为一个团结高效的团队,有能力让乘客在我们优质的服务中感到满足。

下面,我就竞争乘务长这一岗位,谈谈我的工作设想。

工作设想

第一,强化乘务组每位成员的安全意识,要求大家必须始终把安全摆在第一位,永远不松懈。航空安全是永恒主题。为了进一步保障航班安全,乘务组首先需要严格遵守制度,认真地执行规章,负责地对待工作,仔细地为旅客服务。细节决定成败。客舱工作是由一道道细微烦琐的工作程序组成。作为一名乘务员,对安全,我们不能有丝毫马虎;对生命,我们更不能心存侥幸。

第二,管理要进一步提升。把乘务组分成不同年龄梯队、技能梯队来区分对待,提高乘务组工作效率,改善工作效果。而对于组员的管理,既要有效地执行公司规章,又要很好地体现以人为本的管理精髓。工作中严格要求自己和组员,做到率先垂范和全面监控整个服务过程。对发现的问题要及时指出。本着公平、公正、公开的原则指导工作,善于挖掘和发现组员的优点与进步,多鼓励、多引导、多帮助。做好与机组、安全员及其他相关保障部门的协调配合,扎扎实实地做好服务工作,完成好每一个航班。

第三,狠抓服务质量,提升服务水平。坚持"以诚为本,以客为尊"的服务理念,全力打造"精、尊、细、美"的服务品牌,传承"六勤、五心、四美、三不怕"的服务文化,进一步提升服务水平。

第四,坚持安全管理服务一体化推进,深入贯彻"开阔视野,推陈出新,特色鲜明,活力客舱"的指导精神,以加强品牌建设为准绳,养成良好的团队协作氛围,规范"标准统一,信息畅通,机制灵活,流程规范,运行高雄,特色突出"。以"五美特色"为目标,不断提高自己的修养,在实践中锻炼自己的能力,增长自己的知识,为更好地工作储蓄能量。把×航的服务向着"中国最好,亚洲一流,世界先进"的更高层次推进。

第五,在授权职责范围内开展工作,严格遵守国家法律、法规和公司的各项规章制度。认真按照公司的总体要求及客舱服务部年度工作部署,制定工作年度计划及工作开展的具体措施、程序和办法,确保各项乘务工作高效、有序开展。

第六,明确各岗位的职责与分工,及时布置各岗位人员的工作任务,协调和指导并检查所属人员的业务工作。协助相关部门做好乘务员的资格认证及考评工作,客观公正地评价其工作作风、工作业绩和业务工作技能。

漫漫人生路，每个人都有自己的工作岗位，岗位是一个人一生所有理想和汗水浇灌的土地，是一个人热情与青春年华的坐标。作为一个普通的乘务员，我很爱自己的岗位，并期待更大的超越。 各位领导、评委，各位同事，恰青年才俊，意气风发，齐聚一堂，共话理想，这是何等的荣耀，何等的幸运。或许，我还不被在座的所有人熟知和了解，但正如我呈现在大家面前崭新的面孔一样，我将带给×航一种新思维，一派新气象。请相信你的直觉和判断，给我一个舞台，我将同大家共创×航工作的新诗篇。 谢谢评委！谢谢大家！	结尾
××航空公司“鸿雁”乘务组乘务员　王琳娜	署名
2017年4月15日	日期

【解析】这是一份竞聘乘务长的竞聘书，正文包括开头、主体和结尾三部分。开头部分措辞谦逊委婉，又饱含真情实感。竞聘条件部分展示自己的优势所在，主要从自己的工作经历、成绩方面，个性特点等方面展开，其中个人所取得的荣誉是很能打动人的。工作设想部分从施政目标、施政构想、施政方案方面逐一展开说明，思路清晰，条理清楚，充分显示出自己丰富的第一线工作经验、理论政策知识储备和不凡的见识。结尾部分意气昂扬又不乏沉稳坚定，体现出勇于担当的决心与自信。

五、任务提示

竞聘书的写作质量不仅取决于竞聘者的文字水平，也取决于其政治素养、理论水平、业务能力等诸多方面的综合反映。因此，除了观点鲜明、内容充实、语言通顺外，写作时还要注意以下问题：

（一）目标要明确

竞聘者向评审人员一要讲清自己的应聘条件，突出自己的优势，并且这种优势足以完成应承担的岗位职责和要求；二要回答“若在其位，如何谋其政”。总体内容应始终围绕一个目标——岗位职务进行，做到目标明确、语不离宗，切不可开口千言、离题万里。

（二）内容要富有竞争力

竞聘岗位的全过程，其实是候选人之间就未来推行的施政目标、施政构想、施政方案进行比较与选择的过程。竞聘除了基本素质条件之外，实际上更重要的是施政目标与施政措施的竞争。因此，写作前应充分了解竞聘岗位的职责与要求，以及所竞聘岗位职责范围内目前存在的焦点、难点问题，并力争找到解决问题的最佳途径与方法，以便在竞聘演说时击中要害，战胜对手。

（三）表述要明确具体

竞聘者应实事求是，言行一致。每介绍一段经历、一项业绩都必须言而有据。给国家做出过什么贡献，给单位创造过什么效益，给职工提供过什么福利等，要一一讲清楚、说明白，切不可吞吞吐吐、模棱两可。要言而有信，不说过头话。能够办到的就说，办不到的就不要开"空头支票"。

（四）态度要谦和诚恳

竞聘者是通过演说的方式实现被聘用单位认同和接受的。评审人员及与会者是不会接受狂妄傲慢、目中无人的竞聘者并委以重任的。因此，竞聘书的写作要讲究语言的分寸，表述既要生动、有文采、能打动人心，又要谦虚可信、平和礼貌、情感真挚。

六、任务实训

1. 判断正误（对的打"√"，错的打"×"）。

（1）竞聘书的首要目的是要集中展现个人的长处与优势，其余可以次要。（　　）

（2）竞聘者为了增强竞争的优势，应当着力美化个人形象，文辞的强大是可以给自己竞聘结果加分的。（　　）

（3）竞聘书中的竞聘目标、实施方案因为只是展望，故不必细化。（　　）

（4）竞聘书中的各项写作材料要齐全，要真实可靠，语言应充满竞争性和战斗性，能给领导与评委以充满自信的印象。（　　）

2. 以下是一位客舱服务部总经理办公室主任竞聘客舱部副总经理时所写的竞聘书中关于施政方案的内容部分，请指出其中的至少5个错误：

当前，东航正处于重振阶段，科学发展观的学习也已进入整改落实阶段。对当前客舱服务部的工作，我有几点设想：

一、以乘务长和年轻乘务员为抓手做好服务工作。

作为客舱服务部副总经理，抓服务要抓"两头"，一头抓乘务长的现场管理，这是我们服务工作的"头"，服务工作好不好，关键看乘务长的现场管理水平。通过每季度召开的乘务长例会，加强管理层与乘务长的对话和沟通，不断研究乘务长现场管理中的薄弱环节，将现场存在的各类问题集中进行研究改进，通过加强乘务长现场管理，不断提高客舱安全服务整体水平。服务的另一头则是抓"年轻乘务员"，因为年轻乘务员工作经验少，业务也没有老乘务员熟练，这是我们的短板，短板决定着我们服务的水平，因此，我们必须将这个短板在最短的时间内补齐，才能提升整体的服务水平。

二、以培训和风险管理为抓手做好安全管理工作。

作为客舱服务部副总经理，要谨记安全工作来不得半点马虎，一定要抓住安全管理的重点，一方面要积极组织大家进行安全培训，提高安全意识，明确客舱安全严重差错的范围，熟练掌握应急处置方法，熟练操作安全设备，这项工作要横向到边、纵向到底。此外，要抓住安全管理的关键点，实施风险管理，加大对风险源的识别力度，对舱门手柄操作、应急设备检查、出口座位评估等关键点实施风险源识别，及时消除风险，真正做到"安全第一，预防为主"。

三、以我以往的经验，抓住总部服务一体化的重要契机，必定能实现客舱服务部管理工作的飞跃。一方面我们要借鉴总部先进的绩效考核体系，使我们的乘务长、头等舱乘务员、普舱乘务员实现能上能下，从而建立有效的激励机制，降低管理成本，提高工作效率，满足生产需要。另一方面，我们要大胆改革目前的组织机构，合并业务科和检查科，使安全服务工作的管理形成闭环，对乘务四个部要按照业务等级重新划分，成立乘务长部、头等舱部、普通舱一部和普通舱二部，从而能够使管理工作更有针对性，针对不同人群实施不同管理，进一步使管理专业化、精细化。三是要借此机会，进一步统一基础服务标准，建立一种能被旅客明显识别的东航标准，进而展示地方特色的服务系统。

（1）____。

（2）____。

（3）____。

（4）____。

（5）____。

3. 请完成本章节的任务设计。

小贴士

竞聘书很多情况下是需要口头讲述的，写作时除要求在材料中充分展示自己胜任该岗位的各种条件外，还应考虑到所准备的书面材料是否便于口头表述，受众能否听懂、是否有耐性听下去等因素，语体上应突出口语化和通俗化。

第四节 申请书

一、任务设计

李雪勤在××航空公司从事乘务员工作已经五年多了。她很热爱这份工作，并曾多次获得公司“优秀乘务员”的光荣称号。但因家中父母近两年来身体一直不好，而乘务员的工作特殊性又使得李雪勤无暇照顾双亲。经再三考虑，李雪勤决定向公司提出调岗申请。

请代为拟写这则调岗申请书。

二、任务解读

申请书是个人或集体向组织、机关、企事业单位或社会团体表述愿望、提出请求时使用的一种文书。

申请书的收、受方是个人与集体、个人与组织、下级与上级的关系，其目的是为了使上级或组织及时了解申请者的愿望和要求，以进一步解决好问题。

申请书的种类很多，从用途上划分，有以下几类：

1. 思想政治生活方面的申请。这种政治申请一般是指加入某些进步的党派团体，如申请加入中国共产主义青年团、中国共产党、少先队、工会、参军等。

2. 工作学习方面的申请。求学或在实际工作中所写的申请，如入学申请书、带职进修申请书、工作调动申请书等。

3. 日常生活方面的申请。日常生活中，柴米油盐、吃穿住行，我们常常会遇到一些问题，需要个人申请才可以被组织、集体、单位考虑、照顾或着手给予解决，诸如申请结婚、个人申请开业或困难补助申请等。

三、任务向导

申请书一般都有固定的格式，其内容包括以下几个方面：

（一）标题

在首行正中写上申请书的具体名称。

申请书的标题有两种形式：

1. 性质+文种。如“入党申请书”“关于参加××培训班的申请书”。

2. 直接以文种“申请书”作标题，或简写为“申请”两个字。

标题的字体可比正文略大。

（二）称呼

称呼也叫“抬头”，即在标题下空一两行顶格处写出接收申请书的组织、机关、团体、单位的名称或有关负责同志的姓名，如“团支部”“市工商联”“××同志”“尊敬的先生/女士”等。

名称后面加冒号，表示下面有话要说。

（三）正文

正文是申请书的主体，一般应该包含三个方面的内容：

1. 申请的事项，即申请什么。要开门见山，直截了当，不含糊其词。

2. 申请的理由，即为什么申请。如果理由比较多，可以归类分段来写。这一部分应写得具体、详细、诚恳有分寸，语言要朴实准确、简洁明了。

3. 决心或要求。表明自己的决心、态度和要求，以便组织了解申请人对所申请事项的认识和状况。

如果是入团（党）申请书，则写作内容有特殊的要求，具体如下：

1. 要表明申请入团（党）的愿望。

2. 要阐明申请入团（党）的原因。一般可以结合自己的成长过程或思想进步过程，写清对团（党）的认识，说明入团（党）的动机。

3. 向团（党）组织汇报自己的思想、工作、学习等情况。第一次写入团（党）申请书，一般还需要介绍自己的简历及家庭状况，以便组织全面了解和考察。

4. 对照团（党）员的标准，具体分析自己的优点和缺点，说明成绩，找出差距，明确今后的努力方向。

5. 表明自己的决心和态度，表达出希望得到组织帮助、教育、争取早日加入组织的迫切愿望。

需要说明的是，写入团（党）申请书，一定要严肃认真，不得有意隐瞒，甚至弄虚作假，欺骗组织。

(四)结尾

申请书可以有结尾,也可以没有结尾。结尾一般写表达愿望和请求的话,如"恳请批准""请领导审核批准""敬祈核准""请求组织批准""请求组织考验"等。也可以写表示感谢、祝颂的话,比如"此致 敬礼"等。

(五)署名和日期

在正文右下方签署申请人姓名,并另起一行在相应位置注明申请时间。

四、任务示例

示例1:	
入党申请书	标题
敬爱的党组织:	称谓
经过慎重考虑,我郑重向党组织提出:申请加入中国共产党。请党组织对我进行考察。	正文 申请事项
我是一名在党的光辉照耀下成长起来的年轻人,我向往成为一名中国共产党党员,并愿意为共产主义事业奋斗终生。	
中国共产党是中国工人阶级的先锋队,是中国人民和中华民族的先锋队,是中国特色社会主义事业的领导核心,代表中国先进生产力的发展,代表中国先进文化的方向,代表中国最广大人民的根本利益。中国共产党的最高理想和最终目标是实现共产主义。	申请缘由
自我懂事以来,我便深深体会到,中国共产党以马克思列宁主义、毛泽东思想、邓小平理论、"三个代表"重要思想、科学发展观和习近平新时代中国特色社会主义思想作为党的行动指南,为中国的发展做出了重大贡献,其成就是有目共睹的。	
没有共产党,就没有新中国。我们的国家,是中国共产党带领着无数中华儿女,用他们的血汗甚至生命,经过几十年艰苦卓绝的抗争和奋斗建立起来的。历史证明,中国共产党是一个伟大的党、正确的党、光荣的党,中华民族只有在中国共产党的领导下,才能站起来、富起来、强起来。	
我的成长过程中的每一步都离不开党的培养和教育。在×航担任空中乘务工作四年来,在组织和身边党员同志们的关怀、教育和引导下,我学会了乐观地面对困难和挫折,学到了许多提升真情服务的方式和方法,懂得了大公无私、乐于奉献的深刻道理和内含。	
我希望成为这个先进组织中的一员,希望能在这个先进组织的教育引导下,更好地为社会主义建设、为实现共产主义的伟大理想奉献我的光和热。	
我深知,以我目前的理论知识水平,离合格党员的标准还有一定距离。我将认真学习《党章》以及党和国家的方针政策,坚持以《党章》中规定的党员权利和义务来规范自己的一行一动,以身边的党员为榜样,	

勤奋学习，努力工作，不断提高自我修养。拥护党的领导，听党的话，按党的要求办事，立足岗位，努力创造条件，积极改正缺点，克服不足。认真贯彻民航“12334”总体战略部署，坚持民航发展“三条底线”，努力为党为人民做好每一件事，为实现共产主义贡献自己的一份力量，争取尽快向党组织靠拢。	
请党组织考虑我的申请，考察我的行动。	结尾
此致	
敬礼	祝颂词
申请人：×××	署名
××××年×月×日	日期

【解析】这是一篇空中乘务员写的入党申请书。文章开门见山表明申请入党的愿望，紧接着结合自身成长经历，阐明了对党的基本认识以及申请入党的原因、动机，并对照党员标准，分析了自己的优点和缺点，说明成绩，找出差距，明确今后的努力方向。最后表明自己的决心和态度，以及希望得到组织帮助、教育，争取早日加入组织的迫切愿望。文章主旨明确，结构清晰，态度谦恭，表述得体，可供借鉴。

示例2：	
转岗申请书	标题
尊敬的××航空公司人力资源部领导：	称呼
您好！	问候语
首先感谢您在百忙之中审阅我的申请材料！	正文
我叫程小慧，1997年毕业于天津民航大学，1999年5月进入×航担任民航乘务员工作至今。现想申请由目前的空中乘务员岗位转到×航乘务培训中心从事培训教员工作。	申请事项
在公司工作的这段时间里，我一直在空中乘务员岗位工作，不但学到了丰富的专业知识，更培养了我吃苦耐劳、勇于接受挑战的精神，还使我学到了更多做人的道理。2003年和2005年被评为公司年度“优秀乘务员”。2006年起担任乘务长职务，至今已有8年。在此，感谢公司领导对我的培养、感谢同事对我的帮助！	申请缘由
由于在2012年9月的一次班车事故中大腿骨折，经手术植入三根钢钉，现虽不影响行走，但长时间站立还是会隐隐作痛。为了将十几年的工作经验与技能传授给新人，为了未来能够更好地为公司服务，同时考虑到本人对新乘务员培训工作有极大的兴趣，现特向领导提出申请，调到培训中心培训岗位工作。	
我很喜欢我们公司，也很喜欢培训这份工作，或许没有教师经验是我最大的不足之处，但这也是我最大的前进动力。我是个比较坚强的人，	

无论是对生活还是工作,都充满了热忱。积极乐观向上的态度使我能承受更大压力,同时也让我充满了动力。我将努力学习,争取在新的工作岗位上做得更加出色。恳请领导能给予批准。	结尾
再次对您在百忙之中拨冗阅读本人的申请书表示感谢!	
此致	
敬礼	祝颂词
申请人:程小慧	署名
2017年5月1日	日期

【解析】这是一份乘务员转岗申请书。正文内容包括申请的事项、理由、决心和要求三部分。申请事项部分清楚表明了自己的意图,直接而不含糊。申请理由部分先回顾自己以往的工作经历、表现与所取得的成绩,便于领导对员工情况的真实完整掌握,有利于获得批准,实用而巧妙。随后较为详细地描述了自己病情与困难,实事求是,不过多渲染。最后再次提出申请意向,并交代了自己面对新岗位的一些打算,以打消领导的担心。文章言辞恳切,谦恭有礼,可供借鉴。

示例3:	
家庭困难补助申请书	标题
尊敬的×航工会:	称呼
我叫×××,是×航客服部三部客舱乘务员。目前和父母同住。父亲3年前遭遇车祸,导致脊椎骨裂,至今未愈。母亲患有严重的糖尿病,不能操劳。家庭生活开支仅靠本人工资以及父母的微薄退休金维持。今年8月月底,母亲被确诊为尿毒症,需每月进行血液透析才能维持生命,费用高昂,家庭生活更加举步维艰。	正文 申请缘由
“屋漏偏遭连夜雨,船迟又遇打头风”,万般无奈之下,特提出困难补助申请,望予批准为感!	申请事项
此致	
敬礼	祝颂词
附件:×××、×××病历卡复印件	附件
申请人:×××	署名
××××年×月×日	日期

【解析】这是一份家庭困难补助申请书。在简要介绍了家庭经济困难的基本情况后,提出了困难补助的申请要求,并提供了相关人员的病历卡复印件作为佐证。文章格式规范,语言简洁流畅,态度恳切得体,表述清晰明确,有利于获得上级的认同和批准。

五、任务提示

(一)要实事求是

写申请书应该要真实客观地表达愿望、反映情况,叙述事实要准确,提出要求要明确具体。不应为了达到某种目的而故弄玄虚、言过其实，更不能不择手段、弄虚作假、歪曲事实，提出非分无礼的要求。

（二）要简明扼要

申请的内容应该简明单一，说明申请事项应该开宗明义，一目了然。阐明申请理由要条理清晰，充分透彻，使人信服。表达愿望和要求应该明确具体，便于上级单位和领导能迅速了解情况，及时研究批准。

（三）要朴实诚恳

申请书的读者是特定的上级单位或领导同志，写作者态度应该诚恳坦率，语气应该谦虚，语言应该朴实无华。

（四）要规范工整

书写要工整，标点符号要正确，格式要规范，这样才能使人读起来有严肃、认真、恭敬、礼貌的印象，有利于获得认同和批准。

六、任务实训

1. 选择题。

（1）申请书是个人向组织、下级单位向上级单位或有关部门表达愿望、提出请求时所使用的一种专用文书，因此应具有的特点是（　　）

A. 真实性　　B. 主观性　　C. 目的性　　D. 主动性

（2）以下一般不宜使用申请书的情况是（　　）

A. 入团　　B. 家庭需使用天然气

C. 残疾补助　　D. 要求上级拨款翻修宿舍

2. 判断正误（对的打"√"，错的打"×"）。

（1）住宿困难女职工产假申请可同时提出家庭困难要求经济补助申请。（　　）

（2）公司对员工提出的申请只要符合实际情况，一般都予以批准。（　　）

（3）为使申请得以批准，申请者必须将自身情况交代清楚准确，不弄虚作假。（　　）

（4）申请书最重要的是申请理由，只要充足有理，语言措辞不会影响结果。（　　）

3. 请找出下列申请书中的5个不当之处，填写在文后横线上并改正。

转正申请书

尊敬的公司领导：

我于2011年9月1日进入海南航空公司广州分部担任民航乘务员，由于当时是属于劳务派遣制性质的，所以在很多待遇上和其他正式工相差太大，现在提出申请，要求公司能够将我转为正式员工，本人不甚感激之情！

谢谢！

您的优秀员工：张大林敬上

2013年1月5日

错误1. ______________________；改正 ______________________

错误2. ______________________；改正 ______________________

错误3.______________________________；改正______________________________

错误4.______________________________；改正______________________________

错误5.______________________________；改正______________________________

4. 情境模写题。

张海民系山川航空公司民航乘务员，任职7年，工作勤奋，多次受到乘客表扬。2017年10月11日，张海民老家不幸遭受火宅，住宅烧毁，母亲重度烧伤，家庭财物损失惨重。为此，张海民特向公司提出家庭困难补助申请。

请以张海民名义撰写一份申请书，相关条件可合理补充。

5. 请完成本章节的任务设计。

小贴士

“请示”与“申请”的区别

1. “申请”是因业务或事务需要，按规定完成法律程序向上级或职能部门、管理机构、组织、社团说明理由，提出请求，希望得到批准的一种事务文书，也叫“申请”书或“申请”表。“请示”和“申请”都有请求缘由、请求事项，但“请示”是法定公文，“申请”为专用书信，属于不同文种。

2. “请示”用于下级机关向上级提出请求，下级只能在上级机关的职权范围内报请需要批准的事项。“申请”不仅用于下级向上级请求，不属于请求范围之内的事项，而且可用于不相隶属的但按规定、法律程序必须向其请求的机关、单位、部门等。如专门办理有关业务的机构部门（银行、保险、公安、海关、土地管理、工商管理等）。

3. “请示”的行文对象固定，而“申请”的行文对象不定，“请示”的内容限于本系统、本部门的行政公务或政策问题，写法规范。“申请”的内容不以系统、部门为限，写法不强求一律，且常以填写有关部门印制的各种表格代替。

4. “请示”的作者是法定的机关、团体，而“申请”的作者可以是机关、团体，也可以是个人。机关、团体或个人向有关方面递交申请，有时必须按有关规定出具或提交有关证明、证件、文件等，而请示则没有这方面的规定。

5. “请示”可以带附件，附件是请示的重要组成部分，作为对正文的补充说明或参考。

第五节 述职报告

一、任务设计

××航空股份有限公司人事部门下发通知，要求各部门务必在2017年12月25日之前完成公司各级领导年度述职考核工作。××航空股份有限公司客舱服务部积极落实该项工作，要求本部门带班乘务长、乘务长、乘务教员、检查员必须在2017年12月10日前提交个人年度述职报告。

请代该公司乘务长周晓萍拟写一份述职报告。

二、任务解读

述职报告是指担任某项职务或担负一定职责的人员，主要是领导干部，向上级领导、主管部门和下属群众陈述任职情况，包括履行岗位职责、完成工作任务情况、取得的成绩、现存的缺点与问题，进行自我回顾、评估、鉴定的书面报告。

述职报告是以第一人称来回顾自己在任职期间履行岗位职责的情况。报告人必须依据岗位规范和职责目标，对自己在任期内的德、能、勤、绩、廉等方面的情况，作出实事求是的自我评价和自我鉴定。

按照时限的不同，述职报告可分为三个类型：

1. 任期述职报告。即对任现职以来的总体工作情况进行报告。一般来说，时间较长，涉及面较广，要写出一届任期的情况。

2. 年度述职报告。即一年一度的履职情况报告。

3. 临时性述职报告。即担任某一临时性职务期间的履职情况报告。

三、任务向导

述职报告的写作结构一般由标题、称谓、正文、具名和日期四个部分组成。

（一）标题

述职报告的标题一般有三种形式：

1. 时间+工作内容+文种。如《关于2017—2018年工会扶困救灾工作的述职报告》。

2. 时间段+文种。如《2017年度个人述职报告》。

3. 工作内容+文种。如《关于开展保密自查工作的述职报告》作用。

4. 直接以文种“述职报告”为题。

（二）称谓

述职报告一般要当众宣读，所以应选择好恰当的称呼。一般写“领导、同志们”，具体要根据会议性质及听众对象而定。

（三）正文

述职报告的正文一般要有开头、主体、结尾三个部分。

1. 开头。述职报告的开头要以简洁的文字，说明所担负的具体职责，表明自己对本职责的认识，并阐明任职的指导思想和工作目标，还要概述所取得的成绩。

2. 主体。主要包括以下三个部分的内容：

(1)履行职责的基本情况。要回答称职与否的问题，可以从“德、才、能、绩”等方面加以汇报。可以分别对思想道德素质、政治理论素质，开拓进取精神，廉洁模范作用，上下左右关系，工作作风和工作方法，政策法律水平，处事决断能力，分析综合能力，文字和口头表达能力，主要工作内容，工作中取得的重要成绩、经验等方面，加以展开。

(2)工作中出现的问题,应该吸取的教训。这部分内容要实实在在,不避重就轻,也不过分自责。

(3)今后的工作计划与建议。主要包括目标、措施、要求三个方面。不同的述职报告要求不同,有的述职报告不要求这部分内容。即使有要求,这部分内容也应该从略处理,点到为止。

3. 结尾。在述职报告的结尾可简述一下自己对自己的评价,并表明自己的态度,一般习惯用语为"以上述职报告妥否,请予审议",最后以"谢谢大家"结束。

(四)具名和日期

述职报告的落款要写明述职者姓名及单位名称,并注明述职时的年、月、日。

四、任务示例

述 职 报 告	标题
尊敬的各位领导、同事:	称呼
大家好!	问候语
一年来,我自觉服从和服务于公司整体工作部署,在客舱部领导的关心和同事的支持下,扎实工作,不断进取,认真履行工作职责,较好地完成了领导和上级交给的各项工作任务。现对今年的工作作如下述职:	正文 履行职责情况
一、不断加强学习,综合素质进一步提升。	
1. 不断加强政治理论学习。认真学习十九大会议精神,深入学习领会习近平新时代中国特色社会主义思想以及马克思列宁主义、毛泽东思想、邓小平理论、"三个代表"重要思想、科学发展观共同所确立的党的行动指南,注重理论联系实际,理论素养进一步增强,认识问题和解决问题的能力进一步提高。	
2. 不断加强业务知识的学习。认真学习乘务工作的相关资料和公司的各种飞行手册,主动查看一些服务行业的相关书籍,努力提高自身业务水平。	
3. 认真践行求真务实精神,虚心向周围同志请教学习,通过借鉴他人的经验和总结自身的感受来提高服务技能。通过不断学习,我对客舱服务工作有了更为全面的了解,各方面能力得到了较大提升。	
二、爱岗敬业,工作能力和业务水平不断提高。	
今年以来,我主要飞行的是一些支线飞机,航线以天津、烟台、杭州、呼和浩特和通辽为主,因为机型较小,航班上的乘务人员只有我一人,对于旅客的服务工作都需要独立完成,工作强度较大。工作中,我严格要求自己,高标准、高质量完成各项工作任务,对旅客真诚相待,把旅客视为自己的亲人,想旅客之所想,急旅客之所急,切实为旅客提供各种周到的服务。	

比如在工作中，我发现乘务员面对旅客服务时虽然所做的一切都符合规定，但有时仍然不能使客人完全满意，而旅客的需求已经由单纯的吃好喝好而转变成对客舱个人空间的享受上了。针对这种情况，我便更着眼于从细微处入手，用心去体会不同旅客的心理，全力做好每一件看似简单的服务工作。例如，年轻的旅客登机后一般都自备了旅行书刊，对于他们我只需在光线弱时及时为他们打开阅读灯并送上一杯水，却不去打扰他们读书的雅兴；中年旅客在机上爱打个小盹，然后饱餐一顿，于是在他们闭眼前我会询问客舱温度是否合适，需不需要毛毯；老年旅客很少把行李打成大包，都是左一个包右一个袋子地拎着登机，因为出门谨慎的心理促使他们不愿把行李放在行李架上，我则尽可能为他们调换宽敞的位置让他们把行李放在脚下。

存在问题不足

另外，在飞行中，有时难免会遇到航班延误情况，我牢记“航班延误，服务不延误，旅客最需要的是乘务员能够及时传递信息和倾听抱怨”这一准则，设身处地地为旅客着想，拉近与乘客之间的距离，并将轻松飞行、快乐飞行这种愉悦的情绪带到乘客中间，及时消除旅客的不满情绪。

未来工作方向

三、积极响应公司号召，全面做好全运会等重大活动的服务保障工作。

作为公司一分子，我积极响应公司的号召，参与“服务全运、奉献天航；用心承诺，工作看我”行动，全身心地投入到各项服务保障工作。天津作为中华人民共和国第十三届运动会举办城市，比赛期间，有大量的旅客到天津观光游览，我始终以饱满的热情、优质的服务，详细地向旅客介绍了天津的历史概况、旅游景点、风土人情，使初到天津的旅客们对天津有了一个直观的印象，在全国各地的旅客面前树立了天航人良好的形象，为宣传天津全运做出了应有的贡献。

总结过去的一年，做了较大的努力，取得了一定的成绩，但离公司的要求和领导的期望还有一定差距，工作中还存在一些问题与不足。在今后的工作中，将加倍努力，奋力进取，力争各项工作再上新的台阶。在今后的乘务工作中，我将努力提高自身的素质，克服不足，朝着以下几个方向努力：

1. 在以后的工作中不断学习业务知识，通过多看、多学、多练来不断地提高自己的各项业务技能，在服务工作中真正做到“耳听八方，眼观六路”。

2. 不断地向老乘务员学习，细心听取他们的教导，从而使自己的业务水平和工作技能都得到提高。

3. 不断锻炼自己的胆识和毅力，提高自己解决实际问题的能力，并在工作过程中慢慢克服急躁情绪，积极、热情、细致地对待每一项工作。

结尾

以上就是我今年的述职报告，如有不妥，恳请大家提出宝贵的意见，谢谢大家！

署名

××航空公司客舱部乘务员 周晓萍

日期

2017年12月8日

【解析】这是一份航空公司乘务员年终述职报告。正文包括开头、主体和结尾三部分。开头部分对自己这一年所担负的工作以及所取得的成绩作了比较概括的表述。主体部分从“德”方面入手,强调自己一年来在思想建设与业务知识学习方面的收获,接着表明自己对本职责的认识,并阐明任职的指导思想和工作目标,尤其是对自己一年中在履行工作职责所取得的特殊收获作了重点汇报,令人印象深刻。最后对自己今后的努力方向也作了适当补充,显示出对工作岗位的尽职与热情。

五、任务提示

(一)实事求是

述职报告要讲真话、讲实话、讲心里话,以诚感人。无论称职与否都要与事实相符。要正确处理个人与集体、主观与客观的关系,要分清功过是非。承担责任要恰如其分,既不争功,也不必揽过。

(二)重点突出

在全面汇报任职期间所做各项工作的基础上,要突出任职期间的重大成绩和创造性业绩,以表明自己的胜任和事业心。应当明确,述职报告必须围绕“职责”二字做文章。它的写作目的,不是评功摆好,而是为了说明是否称职。

(三)表述合理

述职报告在表述上要处理好叙和议的关系,以叙为主,把自己做过的工作实绩写出来,要用事实和数据说话,不要大发议论。

六、任务实训

1. 判断正误(对的打“√”,错的打“×”)。

(1) 工作总结,可以是单位的、集体的,也可以是个人的,述职报告却要求写个人的有关情况。( )

(2)述职报告必须使用第一人称,采用自述的方式,向有关方面报告自己的工作实绩。( )

(3)为了使听述职报告的人便于接受,述职报告的语言应轻松通俗,忌过于庄重严肃。( )

(4)在述职报告中对于个人的工作事迹应作详细交代,便于领导考核。( )

(5)述职报告与工作总结的区别主要在于内容的侧重点方面,而表达方式方面基本一致。( )

2. 根据下面要求,代拟一份述职报告。

> 请结合在校期间的班团或社团工作实际,拟写一份个人述职报告。要求内容合乎身份,表述合理,写法规范,相关具体材料可自拟。

3. 请完成本章节的任务设计。

小贴士

"述职报告"与"总结"的不同

1. 适用范围不同。"总结"可以是单位的、集体的，也可以是个人的；"述职报告"是个人的。

2. 要回答的问题不同。"总结"要回答的是做了什么工作，取得了哪些成绩，有什么不足；"述职报告"要回答的是什么职责，履行职责的能力如何，是怎样履行职责的，称职与否等，通常从"德、才、能、绩、廉"几方面展开自评。

3. 表述方式不同。"总结"主要运用叙述和议论的方式；"述职报告"主要以叙述和说明为主。

第六节 劳动合同

一、任务设计

经过层层选拔，民航乘务专业164701班的程蓉佳同学以出类拔萃的表现，过关斩将，被××航空公司录用为空中乘务员，并将于近日与公司签订相关用人协议。

请根据你的理解，罗列出签订该劳动合同时应该关注的条款。

二、任务解读

劳动合同，也称劳动契约、劳动协议，它是指劳动者与用工单位之间确立劳动关系，明确双方责任、权利和义务的协议。

根据协议，劳动者加入某一用人单位，承担某一工作和任务，遵守单位内部的劳动规则和其他规章制度。企业、事业、机关、团体等用人单位有义务按照劳动者的劳动数量和质量支付劳动报酬，并根据劳动法律、法规和双方的协议，提供各种劳动条件，保证劳动者享受本单位成员的各种权利和福利待遇。订立劳动合同，应当遵循合法、公平、平等自愿、协商一致、诚实信用的原则。依法订立的劳动合同具有约束力，用人单位与劳动者应当履行劳动合同规定的义务。

劳动合同是劳动者实现劳动权的重要保障，是用人单位合理使用劳动力、巩固劳动纪律、提高劳动生产率的重要手段，是减少和防止发生劳动争议的重要措施，是建立规范有效劳动关系的重要载体。

根据《中华人民共和国劳动法》规定，按用人单位与劳动者签订的劳动合同期限，劳动合同可以分为三类：

（一）固定期限劳动合同

即在合同中明确约定效力期间，期限可长可短，长到几年、十几年，短到一年或者几个月。

（二）无固定期限劳动合同

即劳动合同中只约定了起始日期，没有约定具体终止日期。无固定期限劳动合同可以依法约定终止劳动合同条件，在履行中只要不出现约定的终止条件或法律规定的解除条件，一般不能解除或终止，劳动关系可以一直存续到劳动者退休为止。

（三）单项劳动合同

即以完成某项工作或者某项工程为有效期限，该项工作或工程已经完成，劳动合同即终止。

三、任务向导

劳动合同一般由四个部分组成：

（一）标题

即劳动合同的名称。位于劳动合同首页上方正中。一般直接写劳动合同、用人协议等即可。

（二）约首

位于标题之下，主要包括以下几个部分：

1. 劳动合同编号。

2. 用人单位的名称、住所和法定代表人或者主要负责人。用人单位的名称是代表用人单位的符号，即注册登记时所登记的名称，相当于自然人的姓名。住所，是指用人单位发生法律关系的中心区域。有两个以上办事机构的，以用人单位的主要办事机构所在地为住所。劳动合同中要记载的用人单位的住所必须标明具体地址。

3. 劳动者的姓名、住址和居民身份证或者其他有效身份证件号码。劳动者的住所，以其户籍所在的居住地为住所，其经常居住地与住所不一致的，经常居住地视为住所。

劳动合同当事人的名称要求写明单位法定全称，不能用简称，更不能用代称、代号。为了正文说明方便，合同当事人名称可简称为“甲方”“乙方”。当事人双方名称可上下排列，也可前后排列。

（三）正文

包括前言和主体两个部分。

1. 前言，也叫引言，一般只用几句话简明写出劳动合同产生的依据、过程和目的。常用“为了……”“根据……”“本着……”等语句将文意引入主体，如“根据《中华人民共和国劳动法》《中华人民共和国劳动合同法》及有关法律、法规，甲乙双方经平等协商同意，自愿签订本合同，共同遵守本合同所列条款”等。

2. 主体，是劳动合同的具体内容部分。要写明合同当事人所签订的具体条款，也即双方所承担的义务和应享受的权利。

《劳动合同法》第十七条规定，劳动合同应当具备以下必备条款：

（1）用人单位的名称、住所和法定代表人或者主要负责人。

（2）劳动者的姓名、住址和居民身份证或者其他有效身份证件号码。

(3)劳动合同期限。

(4)工作内容和工作地点。工作内容,包括劳动者从事劳动的工种、岗位和劳动定额、产品质量标准的要求等。这是劳动者可能提供劳动的具体内容,是劳动者判断自己是否胜任该工作、是否愿意从事该工作的关键信息。

(5)工作时间和休息休假。工作时间,是指劳动者为履行劳动义务,在法律规定的标准下,根据劳动合同和集体合同的规定提供劳动的时间。目前,我国实行三种类型的工时制度,分别是标准工时制度、不定时工作制和综合计算工时工作制。根据有关劳动法规定,我国目前实行劳动者每日工作8小时,每周工作40小时这一标准工时制度。休假,是指劳动者无需履行劳动义务且一般有工资保障的法定休息时间。如《中华人民共和国劳动法》第四十条规定:用人单位在以下节日期间应当依法安排劳动者休假:

①元旦;

②春节;

③国际劳动节;

④国庆节;

⑤法律、法规规定的其他休假节日。

(6)劳动报酬。劳动报酬,是指用人单位根据劳动者劳动的数量和质量,以货币形式支付给劳动者的工资。

(7)社会保险。社会保险包括养老保险、失业保险、医疗保险、工伤保险、生育保险五项。参加社会保险,缴纳社会保险费是用人单位与劳动者的法定义务。

(8)劳动保护、劳动条件和职业危害防护。劳动保护,是指保护劳动者在工作过程中不受伤害。劳动条件,是指用人单位为劳动者提供的正常工作所必需的条件,包括劳动场所和工具。职业危害防护,即对工作可能产生的危害的防护措施。

(9)法律、法规规定应当纳入劳动合同的其他事项。法律、法规规定应当纳入劳动合同的其他事项,是指按照《中华人民共和国劳动合同法》以外的其他法律和行政法规的规定,应当在劳动合同中载明的内容,包括劳动合同的变更、终止、解除和续订;违约责任;劳动争议处理等。

按照法律规定,用人单位与劳动者订立的劳动合同除上述必备条款内容外,还可以协商约定其他的内容,一般简称为协商条款或约定条款。这类约定条款的内容,是当国家法律规定不明确,或者国家尚无法律规定的情况下,用人单位与劳动者根据双方的实际情况协商约定的一些随机性的条款。劳动行政部门印制的劳动合同样本,一般都将必备条款写得很具体,同时留出一定的空白地由双方随机约定一些内容,例如可以约定试用期、保守用人单位商业秘密的事项、用人单位内部的一些福利待遇、房屋分配或购置等内容。

(四)约尾。一般包括以下内容:

1. 合同的份数及保存方法。
2. 合同的有效期限。
3. 附件。
4. 署名和日期。包括劳动合同双方当事人的签章、签订合同的时间等。

四、任务示例

标题

××航空有限公司劳动合同书

合同编号__________

甲方（单位全称）：__________

法人代表或委托代理人：__________ 职位：__________

约首

甲方地址：__________

邮政编码：__________

乙方（姓名）：__________

身份证号码：__________

其他证件号码：__________

性别：_____ 出生年月：_____年_____月_____日

民族：__________ 文化程度：__________

户口所在地：__________

通信地址：__________

联系方式（固定电话）：__________（移动电话）：__________

正文

前言

根据《中华人民共和国劳动法》《中华人民共和国劳动合同法》及有关法律、法规，甲乙双方经平等协商同意，自愿签订本合同，共同遵守本合同所列条款。

一、劳动合同期限

第一条　本合同采取以下第__________种形式。

主体

1. 有固定期限合同，合同期限为_____年。

本合同生效日期为_____年_____月_____日，其中试用期自生效日期起计算为_____个月，本合同于_____年_____月_____日终止。

2. 无固定期限劳动合同。

本合同生效日期为_____年_____月_____日，其中试用期自生效日期起计算为_____个月，劳动合同的终止条件出现本合同即行终止。

3. 以完成_____工作为期限的合同。

本合同生效日期为_____年_____月_____日，在约定完成的工作任务经甲方验证确认完成后，双方确认完成的日期即为合同终止日期。

二、工作内容及工作地点

第二条　乙方同意根据甲方工作需要在__________部门（单位），担任__________岗位（工种职务）工作，乙方表示同意。

第三条　乙方在与甲方建立劳动关系，签订劳动合同时，具有以下义务：

（略）

第四条 乙方应按照甲方的要求，按时完成规定的生产（工作数量、质量标准或工作任务）。未经甲方允许，乙方不得在其他单位兼职。

第五条 因乙方要求或甲方根据机构、岗位等生产经营需要以及依据乙方的专业、特长、工作能力和表现，甲方可以调整乙方的工种或工作岗位或委派乙方到外单位工作。

第六条 乙方的工作地点为＿＿＿＿＿＿＿＿。主要工作内容为＿＿＿＿＿＿＿＿。

第七条 乙方为空勤人员（指飞行员、乘务员）的，因行业特点，工作地点具有不固定性，特约定：其工作地点为甲方航线网络所覆盖的所有地区。

第八条 乙方因工作需要，离开工作地到甲方驻外机构进行6个月以内短期交流和工作支援的，不属于工作地点的变更。

三、工作时间和休息休假

第九条 乙方所在岗位实行以下第＿＿＿＿＿＿种工时制度：

1. 标准工时制；

2. 综合计算工时制；

3. 不定时工时制；

第十条 甲方确因工作需要安排乙方延长工作时间或节假日加班的，乙方应服从甲方统一安排；甲方应按规定安排同等时间补休或支付加班的报酬，以保证乙方的合法权益。

第十一条 乙方加班须征得甲方确认同意，否则不视为加班。

第十二条 乙方在合同期限内享受国家规定及甲方相关制度规定的各项休息、休假权利，包括不限于法定节假日、年休假、探亲假、婚假、丧假、病假、产假、计划生育等；休息、休假期间，乙方的工资报酬按国家及甲方相关规定执行。

四、劳动保护、劳动条件和职业危害防护

第十三条 甲方按国家有关劳动保护规定提供符合劳动卫生标准的劳动作业场所，切实保护乙方在生产工作中的安全和健康。

第十四条 甲方根据乙方从事的工作岗位，按国家有关规定，为乙方发放必要的劳动保护用品，并采取必要的安全保护措施。

第十五条 甲方根据国家有关法律、法规，建立安全生产制度；并对乙方进行职业技术、安全卫生、规章制度等必要的教育与培训，严禁违章作业，防止劳动过程中的事故，减少职业危害。

五、劳动报酬

第十六条 甲方根据乙方工作岗位及工作绩效，按照甲方薪酬制度确定乙方工资水平，并每月＿＿＿＿＿日前以货币形式足额支付乙方工资。

主体

如遇节假日或休息日,发放日顺延。甲方支付乙方的工资为税前收入,个人所得税由乙方承担,甲方负责代扣代缴。甲方付给乙方的工资不得低于当地政府规定的最低工资标准。

第十七条 乙方的薪酬结构为:基本工资和绩效工资以及根据公司福利制度所发放的相关福利及津贴,其中:基本工资数额为________元人民币/月。试用期满工资按甲方薪酬管理等有关规定执行。

第十八条 实行岗位动态管理使乙方下岗待工的,甲方保证乙方月生活费不低于当地政府规定的月生活费。

六、保险福利待遇

第十九条 甲方应按照国家和当地政府现行社会保险的有关规定为乙方办理社会保险,乙方个人负担的部分由甲方代乙方在其工资代扣代缴。

第二十条 乙方在合同期限内患病或非因公负伤,其病假工资、疾病救济费和医疗待遇按国家和当地政府的现行有关规定执行。

第二十一条 乙方在合同期内患职业病、因公负伤及生育,其工资和医疗保险待遇按国家和当地政府的现行有关规定执行。乙方在合同期内及退休退职后的死亡待遇按国家和当地政府的现行有关规定制定。

第二十二条 乙方在合同期间的各种休假待遇及福利待遇,按国家和甲方的现行有关规定执行。

七、劳动纪律

第二十三条 乙方须遵守以下劳动纪律:(略)

第二十四条 乙方违反劳动纪律,甲方可依据有关规章制度,给予一定的处分或处罚,直至解除本合同。

主体

八、劳动合同的变更、终止、解除和续订(略)

九、劳动争议处理

第三十九条 因履行本合同发生的劳动争议,当事人可以向甲方劳动争议调解委员会申请调解,调解不成,当事人一方要求仲裁的,应当自劳动争议发生之日起六十日内向××市劳动争议仲裁委员会申请仲裁。当事人一方也可以直接向劳动争议仲裁委员会申请仲裁,对裁决不服的,可以在收到裁决书之日起15日内向人民法院提起诉讼。

十、其他

第四十条 甲乙双方确认,本合同所列住所为双方文件及仲裁、司法机关法律文书的送达地。

第四十一条 以下规章制度作为本合同有效附件,与本合同具有同等法律效力,乙方应在甲方组织下认真学习、熟知并自觉遵守:《飞行部管理手册》《安全质量管理部管理手册》《客舱与地面服务部管理手册》《综合管理手册》等作为公司级管理手册及公司现行的规章制度作为本合同的附件。

第四十二条　以下协议作为本合同的有效附件，与本合同具有同等法律效力： 1.《培训协议》及《培训确认书》。 2.《保密协议》。 3.《竞业禁止协议》。 4.《诚信承诺书》。 第四十三条　本合同未尽事宜或与国家、民航局、当地政府现行有关规定相悖的，按现行有关规定执行。 第四十四条　本合同一式两份，甲乙双方各执一份。经甲、乙双方签章生效，涂改或冒签无效。 甲方(签章)　　　　　　　　　　乙方(签字) 法定代表人： 或委托代理人(签章) 签订日期：___年___月___日　签订日期：___年___月___日	约尾

【解析】这是一份空勤人员与航空公司签订的劳动合同。约首部分包括劳动合同编号，用人单位的名称、住所和法定代表人或者主要负责人，以及劳动者的姓名、住址和居民身份证或者其他有效身份证件号码。正文主要条款包括合同期限，工作岗位，双方的责任和义务，劳动报酬，福利待遇和劳动保险，劳动纪律，合同的变更，终止和解除、违约责任，双方约定的有关条款，劳动争议的调解及仲裁方式等方面。整份合同格式规范，内容完整，语气平和，完全符合一般劳动合同的写法。

五、任务提示

劳动合同一经签订，对双方都有法律效力。所以，签订劳动合同必须以严肃、认真、负责的态度，深刻思考，对合同的内容条款要字字斟酌，反复推敲，避免因合同内容不全、表述不规范、语义不明确等造成的不必要的合同纠纷。为此，在签订劳动合同时，必须注意下列几个问题：

（一）签订合同双方必须遵守国家法律、法令和各项制度

在拟订和签订合同时，一定要学习和掌握国家有关法律、法规、各项政策、方针，以减少由于双方法律意识淡薄而造成的合同纠纷。根据《中华人民共和国劳动法》第十八条规定，违反法律、行政法规的劳动合同和采取欺诈、威胁等手段订立的劳动合同都是无效劳动合同。

（二）当事人必须本着平等互利、协商一致的原则

订立劳动合同时必须坚持平等协商、等价有偿的原则。合同当事人在法律上一律平等。当事人应当本着自愿互利、平等协商、等价有偿的原则，严肃认真地订立合同，任何一方不得把自己的意见强加给对方，任何一方都不得损害对方或第三方的利益。

（三）合同的内容必须具体、明确、全面合同一经签订，对双方都具有法律效力

这就要求合同当事人在订立劳动合同时，必须做到具体、明确、周密，不能有丝毫的马虎和纰漏。不仅要一条一条地写明合同期限、工作岗位、双方的责任和义务、劳动报酬等必备条款，尤其要关注诸如福利待遇、劳动保险、劳动纪律、合同的变更、终止和解除、违约责任、劳动争议的调解及仲裁方式等条款的相关法律依据。

六、任务实训

1. 判断正误（对的打“ √ ”，错的打“ × ”）。

（1）根据《中华人民共和国劳动法》第十八条的规定，违反法律、行政法规的劳动合同和采取欺诈、威胁等手段订立的劳动合同都是无效劳动合同。　（　　）

（2）劳动者加入某一用人单位，承担某一工作和任务，除遵守劳动协议上的约定外，还需遵守单位内部的劳动规则和其他规章制度。　（　　）

（3）无固定期限劳动合同不能解除或终止，劳动关系可以一直存续到劳动者退休为止。　（　　）

2. 分析题。

2009年2月17日，一起状告航空公司的群体诉讼在北京顺义法院开庭审理。因认为航空公司违反劳动合同的约定变相裁员，新华航空的21名乘务员与航空公司对簿公堂。21名乘务员要求航空公司停止无理培训，安排飞行任务。

起诉新华航空公司的21名乘务员年龄都在20岁到27岁，其中有18人是空姐。“公司以脱产培训名义剥夺了我们的飞行权，让我们每月领800元的最低保障金。”21名乘务员诉称，航空公司无故认定他们为乘务技能不合格人员，单方以不能胜任工作为由对其进行停飞脱产培训、减薪待岗。但培训、考核内容与乘务技能毫无关系。21名乘务员起诉要求继续履行劳动合同及提供劳动合同约定的工作岗位，恢复飞行资格，恢复工资待遇，并给付工资差额及25%的经济补偿金。

21名乘务员还提出，新华航空是海南航空的子公司，原告虽然是与新华航空签订的劳动合同，但工作安排、工资发放等均由海南航空直接管理。因此，原告要求法庭追加海航为共同被告，承担连带赔偿责任。

请结合相关劳动法规和劳动合同拟写要求，分组讨论、分析，此案是否属于违反劳动合同约定的案件？是否与人力资源和社会保障部、国务院相关文件关于构建和谐社会，稳定劳资关系，规范裁员行为的相关通知和意见不符？是否属于变相违法裁员，严重侵害员工方当事人的合法权益？

3. 请指出下面这份劳动合同在条款内容上存在的问题，并指出应如何修改才能符合劳动合同的写作规范。

劳 动 合 同

甲方：××××公司

乙方：××

根据《中华人民共和国劳动合同法》和《××市劳动合同条例》规定，甲乙双方本着平等自愿、协商一致的原则，同意签订并履行本合同。

第一条　合同期限

本合同为____年，自____年____月____日至____年____月____日止。

第二条　工作岗位、职责（略）

第三条　工作条件（略）

第四条　保险福利（略）

第五条　劳动纪律（略）

第六条　保密制度（略）

第七条　解除和不得解除劳动合同的规定（略）

第八条　双方约定的劳动合同终止条件（略）

第九条　违反劳动合同的责任（略）

第十二条　其他

1. 甲方制订的《员工手册》及《规章制度》和各项规章、纪律等规定内容，属于本合同的一部分，与本合同是不可以分开解释的，乙方应确实遵守。

2. 本合同一式二份，甲乙双方各执一份，经甲乙双方签字后即生效，两份合同具有同等的法律效力。

甲方：××××公司　　　　乙方：×××

签订日期：　年　月　日　　　　年　月　日

4. 请完成本章节任务设计。

小贴士

根据我国新劳动法第十九条规定：劳动合同期限三个月以上不满一年的，试用期不得超过一个月；劳动合同期限一年以上不满三年的，试用期不得超过二个月；三年以上固定期限和无固定期限的劳动合同，试用期不得超过六个月。

第七章

民航客舱常用礼仪文书

民航客舱常用礼仪文书有邀请信、感谢信、慰问信、致歉信等文种。它们是空中乘务日常工作、学习和生活中为礼仪目的或在礼仪场合使用的文书。礼仪文书的写作应根据不同的礼仪场合、时机或对象，准确、恰当地表达出相应的礼仪礼节方面的要求，以达到促进情感、增进友谊、实现和谐的目的。

第一节 邀请信

一、任务设计

仰首是春，俯首成秋，××航空迎来了第十个新年。为感谢广大同仁及客户对公司发展的支持与厚爱，××航空拟于××××年×月×日18:30在××国际大酒店举行高端客户感恩答谢会，一起分享新年的喜悦和期盼。

请根据上述条件，拟写一则邀请信（缺失条件自拟）。

二、任务解读

邀请信，又称邀请书或邀请函，是单位或团体邀请相关人士前来参加某个重要活动如会议、仪典、联谊、比赛等时发出的书面邀约性函件。

邀请信与请柬相似，都包含表达尊重、郑重、联络情感的意味，具有礼仪性。不同的是，邀请信常用于公务礼仪活动中，请柬则多用于个人社会交往中。邀请信的发送对象通常是上级领导、兄弟单位或外来嘉宾，请柬的发送对象则多为亲朋好友。邀请信常会对活动意义、活动流程、参与方式、活动时间与地点、联系人与联系方式等有比较详细的说明，信息含量较大；请柬的写法则相对简单，一般只需简明扼要地将活动名称、活动时间、活动地点等交代清楚就行了。邀请信比较正式，带有通知的意味；请柬则偏于庄重，礼仪和情感色彩更浓。

根据内容和用途的不同，邀请信在民航领域的适用情形大致可分为以下三类：

（一）仪典类邀请信

适用于邀请参加新公司成立、股份制公司上市、航线首航等纪念性庆典活动，如《××航空北京—莫斯科航线首航庆典仪式邀请信》。

（二）活动类邀请信

适用于邀请参加运动会、文艺晚会、联欢会等大型文体活动，或宴会、酒会、茶话会等各类社交性活动，如《××航空公司2018年高端客户答谢酒会邀请信》。

（三）会议类邀请信

适用于邀请参加商务洽谈会、产品展销会、订货会、展览会等各类商务性、业务性会议，或学术研讨会、座谈会、论证会、鉴定会等各类学术性、专业性会议，如《民用航空与“一带一路”发展机遇论坛邀请信》。

此外，有些航空公司为了发展新会员或为了表示对求职者的尊重，也会使用邀请信，如《××航空公司空中乘务员招聘面试邀请信》。可见，邀请信的适用范围正趋于广泛。

三、任务向导

邀请信的写作结构一般由标题、称谓、正文、署名和日期组成。

（一）标题

在信封封面或内文首页第一行居中写上“邀请信”“××××（单位名称）邀请信”或“××××（活动名称）邀请信”，如《××航空公司首航庆典会邀请信》。也可采用“事由+文种”之类公文式标题，如《关于参加2018年民航通信员培训会议的邀请信》。

（二）称谓

即对邀请对象的称呼。在正文之上一行，顶格写明被邀请对象的姓名、职务、职称等，也可用“先生”“女士”“小姐”等泛称。有时还可以加上“尊敬的”之类的定语，以示尊敬。如果被邀请对象是单位，应写明全称。称呼之后加冒号。

（三）正文

邀请信的正文主要交代举办活动的缘由、目的、内容、时间、地点等内容。有些时间较长、内容较多、程序较复杂的活动，通常还会写上活动的具体流程、参与方式、联系人及联系方法等，以便被邀请对象灵活安排。正文之后，常用“敬请光临”“恭候光临”“欢迎指导”等礼仪惯用语作结，以示礼貌、尊重。

（四）署名和日期

在邀请信正文末尾的右下角，写明邀请者（单位或个人）名称，并注明发出邀请的日期。要写清楚具体的年、月、日。

四、任务示例

示例1：	
上海—伦敦航线首航仪式邀请信	标题
××机场集团公司：	称谓
××××年×月×日××航空在××国际机场离境大厅（禁区内）举行上海—伦敦航线首航仪式，特邀请贵公司主管领导出席。 集合时间：上午09:00（××××年×月×日） 集合地点：××国际机场二楼—离境大厅 请填妥下列表格及附上身份证副本于×月×日中午12点前传真回×××××××××，以便我司向有关机场当局申请临时机场通行证。 垂询请致电×××××××××与我们联络。 感谢贵公司对××航空的支持！	正文
××航空股份有限公司　敬邀	署名
××××年×月×日	成文日期

回 条

传真：××××××××

机构名称：××××

出席人员姓名	身份证号码	联络电话

【解析】这是一则民航仪典类邀请信。标题采用的是“活动名称+邀请信”的形式，简洁明快。正文部分采用书信式写法，开头写明邀请何人何时何地做何事，接着提出参与活动的具体要求和联络方式，并用“感谢贵公司对××航空的支持”之类礼仪用语结尾。文章格式规范，措辞庄重，要素齐全，态度诚挚。

示例2：

民用航空与“一带一路”发展机遇论坛邀请信 　标题

作为当代世界各国之间交往最重要的交通方式，民航业在“一带一路”建设中的作用突出。

正文

未来10年，我国与沿线国家贸易额将翻番，人员和货物流通需求规模也将空前增长，必将为区域民航运输发展带来更大的航空市场空间和发展机遇。精准分析、把握“一带一路”背景下的民航业跨国投资机遇，可为中国民航政府管理部门、相关企业了解各国民用航空业的发展状况、发现潜在机遇提供基础。

在“一带一路”民航业的发展中，中国政府政策导向如何？中国企业走出去有哪些切入点可进入航空业？未来民航项目合作过程中会面临哪些风险，又如何解决？7月7日，民航局国际合作服务中心和走出去智库（CGGT）将在京举办“民航业互联互通与一带一路共同发展”主题论坛，与会嘉宾将围绕“一带一路”国家民航业发展趋势、投资机遇、投资风险及实务话题展开深度研讨，双方还将在论坛上签署战略合作协议并发布共同编撰的《“一带一路”沿线主要国家民用航空业发展状况分析报告》。

本次论坛亮点：

1. 权威解读航空业推进“一带一路”建设行动计划

2. 民航业投资机遇分析与企业走出去实践经验分享

3.《“一带一路”沿线主要国家民用航空业发展状况分析报告》发布及解读

如您感兴趣，请将信息（姓名、公司名称、职务、手机、邮箱）发送CGGT微信公众号或发送邮件至×××××@×××.com，注明“民航研讨会”，我们尽快与您联系。本次活动名额有限，诚邀中国企业高管参会，先到先得。 日程安排（略） 会议议程（略） 中国民用航空局国际合作服务中心 走出去智库（CGGT） ××××年×月×日 （注：资料节选来自www.cggthinktank.com）	署名 成文日期

【解析】这是一则民航会议类邀请信。标题采用“活动名称+邀请信”的形式，明确醒目。正文部分首先陈述了举办论坛的缘由、意义，以提请拟参与者的注意。随后对论坛主办单位、活动时间、活动内容、参与方式、日程安排、会议议程等逐一进行了具体说明，并对参与者发出积极、诚挚的邀约。文章思路清晰、目的明朗、内容完整，便于理解与操作。

示例3： ××航空乘务员面试邀请信	标题
尊敬的应聘者：	称谓
××航空乘务员招聘面试开始了！ ××航空××××年×月经民航局批准筹建，总部设在××。 为满足公司发展，现面向社会公开招聘空中乘务员50名，特邀您前来参加面试。 一、招聘职位：乘务长、头等舱乘务员、普通舱乘务员、兼职乘务安全员 二、工作地点：×× 三、面试时间：×月×日（周六）9:00—16:00 四、面试地点：××市××区××路×号××航空乘务实训中心 五、应聘条件 1. 工作经验：累计飞行500小时（含）以上。 2. 面容姣好、有亲和力、身材匀称，男生双照持有者更具优势。 3. 身高：女性163~175cm；男性175~185cm。 4. 学历：已取得教育部承认的大专及以上学历。 六、所需材料 1. 身份复印件。 2. 英语或小语种等级证书复印件。 3. 毕业证书复印件。 4. 学位证书复印件。	正文

5. 三证(登机牌、客舱乘务员训练合格证、体检合格证)复印件(训练合格证请将首页和最新签注页印在同一张A4纸)。 6. 小时证明(可从网页截图)。 7. 原级别证明(网页截图也可)。 8. 一寸照片两张。 七、着装要求 请着正装或制服参加面试。面试时请务必注意专业化形象、仪容仪表。 如您能来参加面试,请务必回复"姓名+Y"备案登记。 谢谢您的配合! 联系人:××× 联系电话:×××××××××××	
××航空股份有限公司 ×××××年×月×日	署名 成文日期

【解析】这是一则用于人员招聘事宜的邀请信。相比招聘启事而言,此类邀请信目标对象更为明确,既体现了对受邀应聘者的尊重,也拉近了招聘方与应聘方之间的情感距离,有利于增进了解,营造亲切、宽松、愉悦的面试氛围。

五、任务提示

(一)措辞要庄重

邀请信是礼仪交往的媒介,用语应庄重、大方、得体,切忌华而不实地堆砌辞藻或干瘪乏味的公式化语言。

(二)行文要简明

邀请信讲究通顺明白,写作前应对邀约活动的各方面情况有充分了解。对邀请单位或个人的称谓,以及活动名称、活动时间、活动地点等的表达要明确具体,不得有误。

(三)形式要典雅

邀请信在款式和装帧设计上,讲究美观、精致、大方,注重艺术性。可适当做一些艺术化的加工,如图案装饰、美术字体、烫金等,以增加审美性和愉悦感。

六、任务实训

1. 判断正误(对的打"√",错的打"×")。

(1)邀请信与请柬的写法和作用一致。 (　　)

(2)邀请信讲究文字美,故写作时应多用比喻、拟人、排比等修辞手法。 (　　)

(3)邀请信的外在形式讲究美观、典雅,可适当做一些艺术化加工。 (　　)

(4)邀请信的撰写应根据具体场合、内容、对象,有针对性地措辞。 (　　)

2. 请指出下文中的错误,并改正。

邀 请 信

×××先生：

在您的帮助下，我公司荣获2017年度航空安全质量评比优胜奖。现在确定于2018年2月1日在华庭大酒店举行感恩答谢会，请您出席为荷！

特此邀约。

××航空公司

3. 根据下述材料，拟写一则邀请信。

2月16日，××航空投资有限公司将在××航空大厦举行成立庆典。该公司由××航空集团公司与其在香港的全资子公司××航空（集团）有限公司合资成立，是根据×航集团的中长期发展战略而设立的一家专门从事航空相关产业投资和管理的投资控股公司。作为×航集团在国内市场经营航空相关产业的专业化公司，××公司的成立标志着×航集团正式搭建起了航空相关产业的投融资和发展平台，拉开了第三次产业结构调整的序幕。该公司将以航空配餐业务为先导，首先收购和整合集团内部的航食资源，并在此基础上逐步向地面货站、地面服务、机场管理等业务推进。

4. 请完成本章节的任务设计。

小贴士

"请柬"的由来

"请柬"是为邀请客人而发出通知书。请柬的"柬"字，本为"简"。在造纸术发明之前，"简"是一种较为普遍的书写材料。它是将竹或木材经过刮、削、杀青等方法加工后制成的狭长小片。细分之，竹为"简"，木为"牍"。汉以前，无论是鸿篇巨制，还是寸楮零叶，凡见诸文字的，都要先刻写在"简"上，而后再根据需要连缀成篇。至魏晋，则为短小信札之用。纸张开始多了之后，取"简""牍"之形制，凡短小的信札叫"柬"，故请简又称"请柬"。

第二节 感谢信

一、任务设计

2016年11月29日是××报社记者秦岭同事的30岁生日。为给乘坐当日×航航班出差珠海的同事一个惊喜，秦岭联系到了×航上海分公司党群工作部，想请×航帮忙办一次难忘的空中生日派对。秦岭的"非分"要求得到的回答是：乘客的需求，就是×航的责任，上海分公司将全力沟通协调好。

随后，上海、珠海两地的×航人为“空中生日派对”忙碌了起来。上海客舱部门与负责该航班配餐航食公司沟通，成功定制一个6寸的生日蛋糕，提供给当日航班。珠海这边，在11月29日CZ3752航班乘务排班确认后，请当班的乘务长赵萍落实飞机上的细节，赵萍立即致电“寿星”同事，了解服务需求。

11月29日，航班起飞后，整个生日派对进行得非常顺利和精彩，让“寿星”开心不已。事后，秦岭从委托人的朋友圈和微信里知道不少细节，并被乘务组的精心和细心深深感动。比如为了调动客舱气氛，乘务组在起飞前，手写了不少小纸条，悄悄和“寿星”周边的乘客打好招呼，请他们配合唱生日歌。派对开始时，她们还精心编写了空中广播。为了不影响金银卡乘客，她们还提前做了大量解释工作。当两名乘务员推着蛋糕车来到“寿星”座位前时，周边旅客全都合着乘务员所唱的生日歌打着节拍，“寿星”既开心又感动，客舱气氛热烈而又温馨。

为此，秦岭给×航公司党群工作部写了一封感谢信，讲述了他受人之托寻求特殊服务的过程，赞扬赵萍乘务组精心为一名普通旅客提供“空中生日派对”个性化服务，并表达了对×航的欣赏和敬意。

请根据上述材料，代拟这则感谢信。

二、任务解读

感谢信是向关心、支持和帮助过自己的单位或个人表示感谢的礼仪专用书信。

感谢信广泛应用于个人与个人之间、个人与组织之间、组织与组织之间，是一种重要的公关手段，对维系人们的社会交往活动具有重要意义。

感谢信所涉及的人或事是真实的、可公开的。写感谢信既要表达出真挚的谢意，又要能起到表扬先进、弘扬正气的作用。

感谢信的表现形式多样，可直接寄送给感谢对象，也可寄送给感谢对象所在的单位，还可公开张贴或寄送给广播电台、电视台、报社、杂志社等媒体公开播发。

根据感谢对象的不同，可将感谢信分为两类：

（一）写给集体的感谢信

适用于对某一单位或群体表示感谢，如××航空公司给××机场边检站的感谢信。

（二）写给个人的感谢信

适用于对某个特定的个人表示感谢，如一位轮椅旅客写给××空姐的感谢信。

三、任务向导

感谢信的写作结构一般由标题、称谓、正文、敬语、署名和日期组成。

（一）标题

在首页第一行居中写上“感谢信”或“致××××（单位或个人）的感谢信”等字样，如《致××航班全体机组人员的感谢信》。也可由“感谢双方+文种”的形式构成，如《××航空公司致××国际机场的感谢信》。

（二）称谓

在标题下一行顶格写被感谢单位名称或个人的姓名。个人姓名之后应加上“先生”“女士”或职务（职称）等作为后缀。

(三)正文

感谢信的正文一般由开头、主体、结尾三部分构成。

1. 开头。写明要感谢谁,比如"首先,请允许我对JD5147航班乘务组全体工作人员致以最诚挚的感谢"。

2. 主体。简要写明因什么事或什么原因而表示感谢。所涉及的具体事实一定要把时间、地点、参与对象、事情经过以及最终结果等交代清楚,尤其是要重点叙述关键时刻对方单位或个人给予的关心、支持和帮助。肯定其对本单位或个人所产生的积极影响与作用,赞扬其可贵的精神,并表达由衷的感谢之意,以及向对方学习的态度与决心。

3. 结尾。或再次表示感谢,或提出希望,或表达祝愿,如"祝贵司事业精进,蒸蒸日上""祝好人一生平安"等。

(四)敬语

正文之后,用"此致 敬礼"或"谨致 最诚挚的敬礼"等礼仪惯用语做结,以示敬意。也可不写。

(五)署名和日期

在正文末尾的右下角,标明写信单位名称或个人姓名,并在署名下方写上成文日期。

四、任务示例

<table>
<tr><td>示例1:</td><td></td></tr>
<tr><td align="center">感　谢　信</td><td>标题</td></tr>
<tr><td>××机场集团公司:</td><td>称谓</td></tr>
<tr><td>首先,感谢贵方为我司B-6922飞机在××机场"前轮转弯故障"排故工作给予的大力支援和真挚帮助!</td><td>正文
开头</td></tr>
<tr><td>××××年×月×日我司B-6922飞机在执行××1123长沙—遵义茅台航班时,飞机落地后出现"前轮转弯故障",不能从跑道滑到桥位,贵司×××、×××、××、×××等同志第一时间将我司飞机从跑道拖至桥位,并配合我司驻外人员进行前轮转弯测试工作,使得我司飞机以良好状态投入后续的航班运营。
贵司的无私奉献,使得我司顺利完成此次排故工作。贵司工程师及特车师傅负责、务实、敬业、专业的精神和作风值得我们认真学习。在此,我司谨对贵司的及时协助以及参与此次排故工作的同仁们表示衷心的感谢,并希望在以后的工作中能得到贵司一如既往的支持!</td><td>主体</td></tr>
<tr><td>祝贵司事业精进,蒸蒸日上!</td><td>结尾</td></tr>
<tr><td align="right">××航空股份有限公司(公章)</td><td>署名</td></tr>
<tr><td align="right">××××年×月×日</td><td>成文日期</td></tr>
</table>

【解析】这是一则写给单位的感谢信。正文开门见山表达了感谢之意,随后简要叙述了感谢事由发生的时间、地点、原因、经过以及结果,并对对方体现出来的可贵精神进行了评价与颂扬。最后再次表示感谢,提出希望,表达祝愿。文章措辞严谨,逻辑清晰,评价中

肯，格式规范，符合感谢信写作的基本要领。

示例2：	
中国××航空集团公司感谢信	标题
尊敬的×××先生：	称谓
6月6日是值得我们共同庆祝的日子，中国××航空公司广州至伦敦的航线正式开通了。感谢您与我们共同见证了这一历史性的时刻。	正文开头
广州至伦敦首航能够取得圆满成功，离不开您及您的同仁的支持，尤其是在首航活动筹备期间，贵馆全体人员给予了我们积极的帮助，使我们与伦敦各界的交流更加顺畅。 过去的几年里，×航上下齐心，聚力发展，取得了可喜的进步。就在伦敦首航成功后的第5天，在北京第××届航协年会上，×航以444架在册飞机、8056万人的年旅客运输量双双栖身世界第三，那一刻更让我们想起曾经帮助与支持过我们的社会各界友人。正是在诸多像您一样热心关心×航、支持×航的朋友们的关爱下，我们才取得今天的成就。 我们相信，在您的支持下，在诸多朋友的关爱下，×航广州至伦敦航线一定能在增进中英两国友谊、促进两国交流方面发挥更加重要的作用，×航的"广州之路"也一定会成为一条宽广之路、愉悦之路。	主体
请允许我再次向您表示衷心的感谢！并祝愿您和您的家人幸福安康，万事如意。	结尾
中国××航空集团公司总经理 中国××航空股份有限公司董事长 ×××	署名
××××年×月×日	成文日期

【解析】这是一则写给个人的感谢信。正文开头对对方给予的关心、支持与帮助表达了衷心感谢；主体部分简要回顾了有关感谢事由，肯定了对方给予的支持、帮助在推动整个事情进展中发挥的重要作用，并对未来协同合作发展提出了希望和要求；结尾部分再次表示感谢并致以真诚的祝愿；最后以单位负责人的名义署名，以示尊重。文章措辞庄重得体，表述流畅自然，情感真挚恳切，可供借鉴。

五、任务提示

（一）内容要真实，评价要恰当

叙述对方给予本单位或个人的关心、支持和帮助，一定要把时间、地点、人物、原因、经过、结果等叙述清楚，不可模棱两可，更不可添枝加叶或随意杜撰。对被感谢对象的事迹评价和颂扬要热情、中肯，既要有一定高度，又要注意适度，切忌夸大溢美，不着边际地大发议论。

（二）措辞要精炼，感情要真挚

感谢信以感谢为主，兼有表扬之意，文字表达讲究精炼简洁，详略得当；情感表达注重真挚诚恳，大方得体，既要符合被感谢者的身份，也要符合感谢者的身份。

六、任务实训

1. 判断正误（对的打“√”，错的打“×”）。

（1）感谢信中涉及的时间、地点、任务、结果等应真实准确。（　　）

（2）对被感谢对象关心、支持和帮助自己的行为、思想、精神，要给予高度的肯定和热情的颂扬。（　　）

（3）感谢信是写给特定的单位或个人的。（　　）

（4）感谢信兼具感谢与表扬之意。（　　）

2. 根据下述材料，代拟一则感谢信。

2017年4月1日，杭州××社区卫生服务中心副主任护师庄玉妹和家人在结束了埃及之旅后，搭乘由阿布扎比到上海的国际航班回国。

忽然，客舱里响起外籍乘务长用中、英、阿拉伯文播报的紧急呼叫：有乘客身体突发状况，紧急寻找医务人员。庄玉妹二话不说，当即前往协助救护。

突发状况的是一位中年巴基斯坦女乘客，当时已四肢无力、意识淡漠，对提问没有明显的应答。“会不会是心搏骤停啊！”作为红十字应急救护培训讲师，职业素养让庄玉妹心里顿时感到非常紧张。经过现场判断和机载血压计的测量，在排除了心脏骤停的可能性后，她立即开始下一步的急救：在空姐的帮助下，把座椅放平、让乘客平卧、将下肢抬高、为乘客盖上毛毯并时刻监测生命体征，还喂了适量温开水。不一会儿，女乘客神志恢复过来了，脸色也渐渐红润了。

当听说救治自己的是中国人时，这位女乘客用不熟练的中英文向庄玉妹表述了病情：她在机场已经候机22小时，旅途劳累也没有好好休息。庄玉妹的初步判断是缺少睡眠、过度劳累导致的低血压。在接下来的时间里，庄玉妹一直陪伴着这位素昧平生的女士，直到飞机抵达目的地，患者确认无恙之后才离开。

为感谢庄玉妹在万米高空中的紧急应急救护，几天后，阿联酋阿提哈德航空公司给庄玉妹寄来了一封感谢信。（注：材料节选自2017年4月7日钱江晚报通讯稿《杭州大姐飞机上救人 阿联酋航空发来感谢信》）

3. 请完成本章节的任务设计。

小贴士

“表扬信”与“感谢信”的区别

1. 性质不同。“感谢信”与“表扬信”有许多相似之处，所不同的是，“感谢信”也有表扬信的意思，但重点在感谢。

2. 写法不同。两者都是对别人的某种行为的肯定与表扬，但侧重点不一样。“表扬信”侧重表扬某人做了什么好事，写作者可以是非当事人；“感谢信”则是为了表达对某人给予关心、支持与帮助的感谢，写作者为当事人。

第三节 慰问信

一、任务设计

五一国际劳动节即将来临，×航客舱部向辛勤工作在客舱服务部一线各个岗位上的民航级、公司级劳动模范送上了一份精致的节日礼物和慰问信，表达了对各级劳模多年来以勤劳和智慧为国航的发展和建设做出的重大贡献的感谢之情。

客舱部劳模身上体现着紧跟时代、勇于创新的精神，迎难而上、一往无前、艰苦奋斗的精神，淡泊名利、无私奉献的精神，这些闪光的精神是客舱大家庭的宝贵财富，是鼓舞和带动广大员工勇往直前、努力工作的强大动力，客舱部全体员工为他们感到自豪和骄傲！客舱部号召大家向劳模学习，用实际行动践行劳模精神，并希望劳模们注重劳逸结合，保持身体健康，做好表率，为构建“美丽客舱”做出更大贡献。

请根据上述材料，代拟这则慰问信。

二、任务解读

慰问信是单位或个人在他人处于特殊情况下（如战争、自然灾害、事故），或在节假日来临之际，向对方表示鼓励、关切、安慰、问候时所使用的社交专用书信。

慰问信主要以安慰、鼓励、问候为目的，写作时要态度真挚亲切，以情动人，以诚感人。

按行文目的的不同，慰问信可分为以下三类：

（一）同情安慰类

适用于对遭遇困难或蒙受损失的集体或个人表示关切和慰藉。

（二）表彰鼓励类

适用于对在工作中做出巨大贡献、取得优异成绩的集体或个人表示关心和鼓励。

（三）节日问候类

适用于在节假日来临之际，对坚守在工作岗位的集体或个人，或军烈属、离退休干部等表示关怀和慰问。

三、任务向导

慰问信的写作结构一般由标题、称谓、正文、署名和日期组成。

（一）标题

在首页第一行居中写上“慰问信”或“致××××（单位或个人）的慰问信”等字样，如《致客舱部全体乘务员的慰问信》。也可由“慰问双方+文种”组成，如《××航空公司致全体职工家属的慰问信》。

（二）称谓

在标题下一行顶格写被慰问单位名称或个人姓名。个人姓名之后应加上“先生”“女士”或职务（职称）等作为后缀。姓名前可加修饰词“尊敬的”，以示敬重。

（三）正文

慰问信的正文一般由慰问事由、慰问事项和结束语三部分构成。

1. 慰问事由。要写明因什么事慰问，慰问什么。一般而言，同情安慰类的可先简要叙述对方所遭受的困难和损失，以示关切、关心；表彰鼓励类的可先概述对方的先进事迹和可贵品格，以示颂扬、激励；节日问候类的可先概括对方所做的贡献或产生的积极影响，以示感谢、慰勉。

2. 慰问事项。写明向什么集体或什么人表示感谢和慰问。常用“谨（特）此向×××致以诚挚的慰问和衷心的感谢”之类句式来表达。

3. 结束语。常用“最后，祝全体员工身体健康，家庭和睦，春节愉快”“祝你们百尺竿头，更进一步”之类表示慰勉、祝愿的话语做结。

慰问信的正文写作也可采取先致慰问、后述事由、再表祝愿的结构方式。

（四）署名和日期

在正文末尾的右下角，标明写信单位名称或个人姓名，并在署名下方写上成文日期。

四、任务示例

示例 1：	
致××空难罹难者亲属的慰问信	标题
各位××空难罹难者亲属：	称谓
××××年×月×日，我公司MD-82/B2138号飞机执行CJ6136（北京—大连）航班任务，在飞临大连机场准备降落的过程中，于21时37分失事坠入海中。机上旅客103人、机组9人全部遇难。	正文 慰问事由
对这次空难事件，党中央、国务院非常重视。××市政府领导迅速组织抢救，调查空难原因，组织善后工作。国务院及国家机关有关部门，××省委、省政府领导已于凌晨3点赶赴大连。××航空公司更是全力以赴，以对旅客高度负责的精神，竭尽全力处理善后工作。对这次意外空难，我们感到十分沉痛。虽然空难原因尚未查明，但空难给罹难者及其家属造成的不幸难以挽回。在此，请允许我们以承运人的身份，向罹难旅客表示沉痛的哀悼，向罹难者亲属表示深切的慰问！我们将本着对旅客高度负责的精神，实事求是地向国家××空难处置领导小组提供情况，尽心竭力地做好善后工作。	慰问事项
望你们节哀顺变，保重身体！	结尾
中国××航空公司	署名
××××年×月×日	成文日期

【**解析**】这是一则同情安慰类慰问信。正文开头概述了事故发生的时间、地点以及造成的后果，简明扼要。随后简述了事故发生后有关部门和单位所做的善后处理措施，态度

积极。最后以承运人的身份对事故受难者及其家属表示深切的哀悼和慰问，感情真挚、诚恳，给收信人以精神的安抚和慰藉。

示例2：	
致参与“6•29”反劫机斗争乘机旅客的慰问信	标题
尊敬的旅客：	称谓
××××年×月×日，××航空公司GS7554航班执行新疆和田至乌鲁木齐飞行任务时，遭遇6名歹徒暴力劫机。在千钧一发的危急时刻，多名旅客英勇无畏、挺身而出，不分职业、不分民族、不分性别，与劫机歹徒展开殊死搏斗，与民航机组人员并肩作战，成功挫败此次暴力恐怖劫机事件，维护了国家安全和人民群众生命财产安全，谱写了一曲民航机组与人民群众同仇敌忾、与恐怖势力针锋相对做斗争的时代壮歌。	正文 慰问事由
在此，民航局谨向参与“6•29”反劫机斗争的乘机旅客表示最诚挚的慰问和最衷心的感谢，并给予奖金奖励。民航局号召全体干部职工以您为榜样，在血与火的考验面前临危不惧，在生与死的抉择中大义凛然，立足本职、兢兢业业，加强防范、捍卫安全，共同营造一个安全舒适的出行环境，打造一片安宁祥和的蓝天！	慰问事项
最后，祝福您及家人身体健康，工作顺利，阖家幸福，万事如意！	结尾
中国民用航空局	署名
××××年×月×日	成文日期

【解析】这是一则表彰鼓励类慰问信。正文开头概述了慰问事由的来龙去脉，并就先进事迹所产生的积极意义做了评价与分析，随后致以诚挚慰问和衷心感谢，并向全体干部职工发出号召，提出希望。文章叙述流畅自然，评价中肯得体，语言简洁明快，格式完整规范，可供学习、参照。

示例3：	
致深航家属的新春慰问信	标题
亲爱的深航家属：	称谓
您好！	问候语
在新春即将到来之际，首先祝您新春快乐，万事如意！衷心感谢您一年来对深航的关心、理解和支持，也更加感恩于您一年来的守望与操劳。你们是深航每一个点滴进步、每一天平安运转的坚强后盾！ 2008年是不平凡的一年。雪灾、地震、奥运安保、油价高企、金融危机等，使深航和全国民航业一样经历着自美国“9•11”事件以来最严峻的考验。国际上已经有47家航空企业倒闭，国内绝大部分航空公司也通过	正文

大规模裁员、降薪，艰难度日。深航的经营也经历了前所未有的困难，2008年业绩指标没有能够达到预期，有来自外部的客观原因，但也有内部自身的原因，辜负了深航家属对深航发展的希望，我们深深地感到内疚！

一年来，在你们的共同努力下，我们也取得了一定的进步。深航基地分公司达10多个，初步完成全国布局；飞机总架数124架，总资产230亿元，员工人数12633人，规模是3年前的4倍；2008年旅客运输量超过1200万人次，收入达到150亿元，职工工资总额10.2亿元，纳税总额6.15亿元，为国家和社会做出了应有的贡献。2009年，深航陆续获得多项赞誉。4月，被授予全球服务业最高荣誉“五星钻石奖”；6月，获得“中国500最具价值品牌”“亚洲品牌500强”，在国内航空界的品牌价值仅次于国航；9月，获得“中国十大雇主品牌”“中国最佳雇主企业奖”，成为国内唯一获此殊荣的航空公司。深航能取得这些成绩，离不开员工们的共同努力，更离不开亲属们的理解、支持和帮助。对此，我们全体深航员工向您表示最诚挚的感谢。

汶川大地震发生后，深航是全国民航中反应速度最快、投入最多的航空公司，无偿投入累计3亿余元。中华全国总工会命名×航为：抗震救灾重建家园“工人先锋号”、广东省“抗震救灾先进集体”、深圳市“慈善企业”。面对社会赞誉，我们认为深航人只是在祖国和人民需要的时候，做了自己该做的事，没有辜负家属亲人们对深航的认同。还是那句老话，深航永远是党的、是国家的，深航永远听党和祖国的召唤。

中国在过一个坎，民航也在过一个坎。15岁的深航像个风华少年，正面临着大环境的严峻考验。我们的管理也有很多不如意的地方。与三大航相比，我们还有很多地方不如人家，还需不断向人家学习，找出我们的差距和不足，自我完善。要使深航从大变强，必须改革管理体系。我们正在进行“强化职业精神、推行市场化变革”的运动，意在让深航健壮筋骨，稳健发展。希望您及您的儿女，能从深航长远发展考虑，不能只看眼前个人利益的一些得失，要有胸怀，要有能看到明天和后天的眼光，只要增强了企业的核心竞争力，同时也能使您的儿女们综合能力得到提高。请相信，我们像爱惜自己的生命一样爱着深航，像您爱着自己的儿女一样热爱着深航人。2009年，市场可能还是很艰难，深航也许仍然不易。但是，我们仍坚持“不裁员”和“公司工资总额增长”两项承诺不变。

新年伊始，万象更新。全体深航人将以百倍的信心，逆势奋进，坚定实践科学发展观，为建设“和谐深航大家庭”而艰苦奋斗。

在新桃换旧符的美好时刻，我们祈愿祖国平安，祝愿您在新的一年里，身心健康、阖家幸福、大吉大利！（结尾）

深航高级顾问

携经营班子全体成员（署名）

2009年1月12日（成文日期）

【解析】这是深航高级顾问携深航经营班子致深航家属的新春慰问信。本文采取的是先致慰问、后述事由、再表祝愿的结构方式。在这封信中，深航领导向员工亲属简要汇报了深航上一年度的经营情况和发展成就，还毫不隐瞒地指出了由于国际金融危机给深航经营发展带来的困难和内部管理的不足。慰问信同时还表达了深航领导直面困难、迎接挑战、发展深航的信心，并坚持“不裁员”和“公司工资总额增长”两项承诺不变。深航建设亲情文化的细微举动感动了深航广大员工和家属，受到了社会各界的广泛赞誉。

五、任务提示

（一）明确对象，分辨情况

慰问信的内容要求具体清晰，要明确慰问对象是谁以及为什么要慰问，并根据不同慰问对象、慰问事由和慰问目的有针对性地表达慰问之意。

（二）语言亲切，情感真挚

慰问信的目的是向处于某种特殊情况下的对方表示同情、安抚、关心、问候或表扬、激励，用语应亲切朴实，情感应真挚恳切，给收信人以心灵的慰藉和精神的鼓舞。

（三）措辞恰当，篇幅适中

慰问信的写作应注意委婉、简洁、精炼，切忌套话、空洞的辞藻堆砌或不着边际地大发议论。篇幅宜短小。

六、任务实训

1. 判断正误（对的打“√”，错的打“×”）。

（1）慰问信的写作应明辨对象，明确事由。（　　）

（2）慰问信的主旨是向对方传达关怀和问候，语言要朴实、亲切、感人。（　　）

（3）慰问信是写给特定的单位或个人的。（　　）

（4）慰问信和感谢信一样，兼具感谢与表扬之意。（　　）

2. 根据下述材料，拟写一则慰问信。

对民航人来说，7、8、9三月不仅代表着酷暑的来临，还意味着由于天气、流控等原因所造成的大面积航班延误，以及不正常航班保障工作带来的巨大挑战。工作量大，工作难度高，民航工作人员尤其是奋战在一线岗位的客舱乘务人员背负着巨大的使命，付出了辛勤的劳动和汗水。一方面，乘务员们要克服因航班延误给自身带来的早出晚归、寝不遑安、食不暇饱等种种困扰与不适，另一方面还要静下心来，耐下性子，一遍遍不厌其烦地为旅客解释延误原因，不辞辛苦地为旅客提供优质的客舱服务，尽最大可能满足旅客的各种需求。

为此，××航空客舱部给奋战在一线的乘务员写了一封慰问信，对他们付出的辛勤劳动表示诚挚的感谢与深切的慰问，同时号召大家，再接再厉，撸起袖子加油干，保障本季航班各项工作任务圆满顺利完成。

3. 请完成本章节的任务设计。

小贴士

"慰问信"与"慰问电"

"慰问信"是对处于某种情况下的单位或个人表示问候、慰勉、关切和鼓励的信函。

"慰问电"是用电报形式表达的慰问。

"慰问信"和"慰问电"写作格式相同,通常包括标题、称谓、正文、署名和成文日期四个部分。正文部分首先简述慰问的事由,紧接着写明慰问什么、为什么慰问,最后表示祝愿、慰问、希望、鼓励等。

第四节 致歉信

一、任务设计

11月9日××航空公司××6101航班由沈阳飞往北京时,乘客张先生突发腹内疝并急性肠梗阻。飞机落地后,空中乘务员与地面急救人员为谁该抬乘客下飞机发生争执。张先生被迫强忍病痛,自己爬出机舱并爬上救护车。

凛冽寒风中,面对空中乘务员与急救人员互相推诿争执不下,身患急症的张先生只能自己半蹲半爬下了舷梯,然后爬上救护车的担架,这是让人何等心寒的一幕?

经过媒体几天的追踪报道,这起事件的全过程和相关方面的具体表现逐渐明了:按×航的说法,救护车上的医护人员上飞机后,机上急症患者就完全交给医护人员处理,空中乘务员不能随意搀扶病患,而应由医护人员判定情况并把病患抬到救护车上。××机场急救中心的说法则是,凡飞机上发生的事情应由航班工作人员负责,旅客在飞机上突发急症,应由航班工作人员搀扶或者抬上救护车。

单看任何一方的意见,似乎都不无道理,然而,无论是严格比照有关航空服务和院前急救的有关规定,还是从抢救急症患者的实际情况出发,我们都可以清楚地认定:一方面,机组人员有责任把乘客安全转移给地面医护人员,由医护人员予以紧急妥善处理;另一方面,急救医护人员应用专业设备搬运、护送患者就医。也就是说,将患者从飞机上抬下舷梯并送到救护车上,这段不长的距离,不是空中乘务员和急救人员可以推卸责任的"空白地带",而是双方都必须共同参与、协同履职的"责任重地",任何一方袖手旁观,都是典型的失职渎职行为,应当依法依规严肃追责。

此事曝光后舆论哗然,×航派人登门致歉,××机场急救中心也发出致歉信。

请根据上述材料,以××航空公司名义拟写这则致歉信。

二、任务解读

致歉信，又称致歉书或道歉信，是单位或个人对因自身原因而给对方单位或个人带来不便、造成不利影响时，表达赔礼道歉，请求理解见谅，以消除误解不快，增进友谊和信任的礼仪专用书信。

致歉信的目的是以诚恳的态度向对方表达由于自己的过失给对方带来不便或不利影响的歉意，具有解答、澄清、安抚的作用。

根据行文方向的不同，致歉信大致可以分为两类：

（一）发给单位的致歉信

适用于单位对单位、个人对单位表达致歉，如××航空公司给××机场运行保障部的致歉信。

（二）发给个人的致歉信

适用于单位对个人、个人对个人之间表达致歉，如××航空公司给乘坐××航班旅客的致歉信。

三、任务向导

致歉信的写作结构一般由标题、称谓、正文、署名和日期组成。

（一）标题

在首页第一行居中写上“致歉信”或“给/向/致××××（单位或个人）的致歉信”等字样，如《给向/致××航班旅客的致歉信》。也可由“致歉双方+文种”组成，如《××航空公司向中国人民的致歉信》。

（二）称谓

在标题下一行顶格写需要致歉的单位名称或个人姓名。个人姓名之后应加上“先生”“女士”或职务(职称)等作为后缀。姓名前可加“亲爱的”“尊敬的”等修饰词，以示亲切、敬重，如“尊敬的×航公司领导”“亲爱的旅客朋友们”。

（三）正文

致歉信的正文一般由开头、主体和结尾三部分构成。

1. 开头。简要交代对何事进行致歉。常用“对……给大家带来的不便，我们深表歉意”之类句式来表达。

2. 主体。致歉信的起因多为自己失误或拒绝而引起对方的误解或不快，故此部分的写作应简要概述事情发生的经过，诚恳反思并解释引起误解或不快的原因，表明歉意，请求理解、见谅，以消除误会，化解矛盾，达成谅解。

如果是因拒绝答应对方的请托，则应在表明态度的同时，对不愿为的事，可声明自己的一贯主张；对不能为的事，可陈述理由，明确告知自己为什么不能为。

如果是涉及补偿或赔偿事宜的，应写明补偿或赔偿的依据、标准以及执行要求。

总之，此部分的写作应该语气委婉含蓄，态度诚恳谦和，措辞精炼准确，表述简明扼要。

3. 结尾。再次表示遗憾或歉意，表明愿意补救的愿望，提出建议或安排。

（四）署名和日期

在正文末尾的右下角，标明写信单位名称或个人姓名，并在署名下方写上成文日期。

四、任务示例

示例1：	
致　歉　信	标题
致全体中国人民及中国政府：	称谓
对于此次事故给所有乘客和家属及中国人民带来的极大悲痛和忧虑，我们深感愧疚，并对所有中国人民表达最深刻的歉意。	正文开头
此次事故航班为OZ214航班，于韩国时间7月6日16时35分自韩国仁川机场出发前往美国旧金山机场，客机于韩国时间7月7日凌晨03时27分（美国当地时间7月6日11时27分）在旧金山机场28号跑道着陆时发生事故。 韩亚航空现已成立了包括韩国总部和美国总部及北京方面的事故处理专门小组，正在对人员伤亡及确切的事故原因进行调查。××航空将在各相关部门及机构的协助下，尽快妥善安排中国乘客家属赴当地。	主体
韩亚航空将尽全力尽快做好事故原因调查及各项善后处理工作。 再一次向全体中国人民表达最深刻的歉意。	结尾
韩亚航空社长 ×××	署名
2013年7月7日	成文日期

【解析】这是一封以韩亚航空社长的名义致全体中国人民的致歉信。互联网时代，每一次客机空难都会成为世界头条新闻。韩亚航空的这次空难虽是一次伤亡人数不多的空难，但因本次航班上中国人众多、死亡乘客也是两位正当花季的中国学生，在中国民众的传播范围非常广泛。因此，韩亚航空必须将自己的歉意和责任担当等信息尽可能传达到可能接收到负面信息的地方，以影响和改变人们对该事件的看法。韩亚航空的这封致歉信显然起到了这样的作用，既符合社会道德和商业伦理，又维护了公司形象，稳定了潜在客源。

示例2：	
致　歉　信	标题
尊敬的××先生/女士：	称谓
感谢您选乘×航航班！由于我公司的原因造成本次航班不正常，给您旅途带来了不便。在此，我们向您表示深深的歉意，对您给予我们工作的支持和配合，我们表示感谢！	正文开头

正文	结构
为表示我们的歉意，您可获得以下任意一项补偿（限选一项）： □×航常旅客3000公里里程积分（尚未办理×航常旅客计划的旅客，×航可为您免费办理常旅客入会手续）。 □现金人民币200元（特头等舱、公务舱、儿童和婴儿机票的旅客分别按照上述补偿标准的150%、130%、50%和10%予以补偿）。 办理办法： 1. 凭您的身份证、致歉信、登机牌原件和机票旅客联或电子客票行程单复印件（缺一不可），在您机票上标注的乘机日期后30天内，前往致歉信背面所列的××航空股份有限公司售票处办理。 2. 您也可将您的身份证复印件、致歉信、登机牌原件和机票旅客联或电子客票行程单复印件（缺一不可），在您机票上标注的乘机日期后30天内，以挂号信件方式寄往致歉信背面所列的××机场城市航站楼×航售票处办理。（注：请在信中注明您的具体国内联系地址、邮政编码和电话，以便我们及时为您提供服务。现金仅限邮政汇款） 3. 办理时间：周一至周五08:30—11:30及13:00—17:30，国定节假日除外。 咨询电话：×××-×××××××× 注：在您接受了上述选定的补偿后，将视作您同意不再以本次航班延误为由向×航及其代理人投诉其他赔偿。	主体
再次为给您旅途带来的不便深表歉意！	结尾
××航空股份有限公司	署名
××××年×月×日	成文日期

【解析】这是一则航空公司写给旅客的致歉信。因天气、机械故障、空中管制等原因导致的航班不正常现象是引发机场冲突事件的主要原因之一。该航空公司巧妙应用致歉信的方式，在为航班不正常给旅客出行带来不便表示歉意的同时，根据有关规定和要求，提出可供选择的弥补措施，态度诚恳积极，措施周到具体，有助于消除旅客的误解与不快，预防冲突事件的发生，维护航空运输安全，提升企业文化感染力。

五、任务提示

（一）委婉含蓄，态度谦恭

致歉信的目的是为了消除误解或不快，请求理解、见谅。写作时应注意态度诚恳，用词委婉，语气温和、得体，切忌盛气凌人、目空一切、自说自话。

（二）实事求是，措辞准确

要就事论事，说清楚为何你觉得要道歉，日后你希望怎样补救。事情原委要解释清楚，情况说明要简明扼要，既不能夸大，也不能缩小，既不能为规避责任而隐瞒事实，也不能为求太平而罔顾事实。

六、任务实训

1. 判断正误(对的打"√",错的打"×")。

(1)致歉信应态度谦恭,实事求是。 (　　)

(2)为了达成谅解,写作致歉信时应多检讨自己的不是。 (　　)

(3)没有错,有时也需要道歉。 (　　)

(4)致歉信和检讨书一样,都是表示改正、悔过的书面文字。 (　　)

2. 请指出下列致歉信的错误之处,并加以改正。

旅客们:

因北京雷电暴雨,您乘坐的从上海到北京××7737航班延误。具体起飞时间,请恕无可奉告!给您带来不便,实属我司无奈。如您执意前往,可改乘京沪高铁或其他交通工具,或在候机楼里继续等待。谢谢!

3. 根据下述材料,拟写一则致歉信。

1月8日下午3时许,罕见病"瓷娃娃"患者王萌萌乘坐×航××5392航班从北京飞往昆明。因为下肢行动不便,下机时需要帮助,没想到却因担心发生意外,怕承担责任,而遭遇空中乘务员和地勤的扯皮推诿,用时40多分钟才下了飞机。王萌萌随后在微信上曝光了此事,立即引发社会各界舆论对×航特殊乘客保障服务工作的质疑。

此事曝光后,×航高度重视,及时和王萌萌取得联系,安排有关领导和部门专程登门看望,并就王萌萌乘坐××5392航班发生下机延迟一事书面致歉。

特殊旅客的服务需要航空企业给予更多的关注。在信中,×航就此事进行了诚恳反思,表示将以此为鉴,不断完善特殊旅客的保障服务,并将依托航空平台,积极倡导社会对特殊旅客给予更多的关爱和体贴。

4. 请完成本章节的任务设计。

小贴士

道歉的技巧

1. 先道歉,后解释。有错先认错,以诚恳的态度取得对方的谅解。千万不要找客观原因为自己辩解、开脱,使对方怀疑你的诚意,从而扩大裂痕,加深隔阂。

2. 利用第三者转致歉意。双方成见很深,或都处在火头上,最好先请第三者转致歉意,待双方都冷静后,再赔礼道歉。

3. 真诚的道歉应做到语气温和,态度坦诚而不谦卑。多用"请包涵""请原谅"等词。道歉的语言要简洁,只要表明了自己的态度,对方也能表示谅解就可,切记重复、啰唆。

4. 道歉语应当文明规范。有愧对他人之处,宜说:深感歉疚、非常惭愧;渴望见谅,需说:多多包涵,请您原谅;有劳别人,可说:打扰了,麻烦了;一般场合,则可以讲:对不起,很抱歉,失礼了。

5. 没有错，有时也需要道歉。这种情况常用于管理者。当下属在工作中未能恪尽职守，或某一方面的工作未尽人意，为促使下属进一步反省，或挽回单位声誉，管理者应诚恳庄重地向对方或公众表达歉意，以求谅解。

6. 道歉应当及时。知道自己错了，马上说“对不起”，否则拖得越久，越容易使人误解。

7. 道歉应当大方。道歉绝非耻辱，故应大大方方，堂堂正正。不要遮遮掩掩，欲说还休，也不要过分贬低自己，以免让人看不起，甚至得寸进尺。

8. 道歉并非万能。不该向别人道歉的时候，千万不要向对方道歉。

第八章

空中乘务学业必备文书

空中乘务学业必备文书一般指空中乘务专业学生在校期间为完成专业学习所必须掌握并撰写的相关文书。其主要目的是培养学生综合运用所学知识和技能，理论联系实际，总结学习与工作经验，独立分析、解决实际问题的能力，使学生得到与未来工作相关的知识与经验的基本训练。空中乘务学业必备文书一般包括实习报告和学业论文。

第一节 实习报告

一、任务设计

2017年3月到9月，乘务学院空中乘务专业学生小丽在××航空公司××培训实习基地实习，实习圆满结束之后，学院和XX航空公司都要求小丽撰写一份实习报告。

请代为拟写这篇实习报告。

二、任务解读

实习报告是指各类人员实习期间需要撰写的对实习期间工作学习经历进行描述的文本，它是应用写作的重要文体之一。

实习报告是对某一阶段的实习工作或学习情况进行整体性的总结和概括。重在总结自己获得的经验、感悟、体会以及解决问题的方式方法等，对以后的学习和工作有指导性的作用。

三、任务向导

实习报告的写作通常包括以下几个方面的内容：

（一）基本情况概述

包括实习目的、实习时间、实习地点、实习单位、实习岗位等的描述。这一部分的写作应简明清晰，尤其是对实习目的的表述，应简洁明确、有针对性，且符合专业技能的基本要求。

（二）实习过程记载

包括实习的主要内容、实习时段的安排与专业技能训练过程记载等。这一部分的描述应当重点突出、层次清楚，侧重实际动手能力和技能的培养、锻炼、提高。写作时，可根据实习过程的安排，分别就所从事哪些方面的具体工作做一一陈述。

（三）实习总结与体会

这部分是精华，是写作者对某一阶段实习工作或学习情况的全面总结与回顾，要求条理清楚、逻辑性强。通常按基本情况概述、实习感悟与体会、实习意见与建议的写作思路来谋篇布局。

1. 基本情况概述。主要介绍实习者本人在哪个单位、哪段时间进行的实习，对实习单位的哪些情况进行了了解，通过这次实习使自己在哪些方面得到了提高和锻炼，取得了哪些收获或认识等。这部分所提到的内容，在接下来的感悟与体会中要详细地介绍，故这里只是需做简要概括。

2. 实习感悟与体会。这部分是总结的主体。应着重写明对所从事实习工作的认识以及在专业技能培养、锻炼与提高过程中的体会和感受，特别是要找出自身所学的专业理论与工作实践的差距，以明确今后努力的方向。这一部分的写作既要有理性的概括，又要有具体事实的依据。在总结中插入细节的技巧可以使实习总结显得更加真实、真诚。

3. 实习意见与建议。主要写通过毕业实习，对本专业的专业知识、课程结构有什么建议和想法。

四、任务示例

	封面部分
××××学院毕业生产实习报告	标题
年级 ________________ 专业 ________________ 班级 ________________ 姓名 ________________ 日期 ________________	作者基本信息

实习时间：2017年3月5日—2017年9月20日 实习地点：××航空公司××培训实习基地 实习目的： 1. 在实践中加深了解空中乘务的基本理论知识。 2. 体验与熟悉空中乘务岗位工作实际情况。 实习岗位：客舱乘务	主体部分 基本情况概述
实习内容： 1. 2017年3月5日—4月5日岗前集训（1个月） 集训地点安排在东航×分公司空中乘务培训中心内。在为期四周的集训中，实习学员共学习了机型知识、模拟航班、商务知识、机上急救、模拟航班等五门课程。集训采取学完一门课程考核一门课程的模式。每天的培训从早上8点开始一直到晚上9点。每天，学员都要出早操、上晚自习。 2. 2017年4月8日—5月8日服务岗位实习（1个月）（略） 3. 乘务理论培训（约1个月）（略） 4. 机上实习（4个月）（略）	实习过程记载
实习总结： 转眼间民航乘务员实习已悄然结束，回想起这段实习时间，令我感触颇深！ 民航乘务员实习开始前，实习基地的老师为了让我们能更好地工作，积极组织了理论知识培训，通过培训让我们进一步懂得了空中乘务的基本知识和在飞机上遇到突发事件时的施救措施。本次理论知识培训和实践培训，不但使我们学到了不少的东西，而且产生了诸多的感触，在刻苦学习中提高，在磨炼意志中成长，在勤奋工作中完善。此次培训为我们下一步的空中乘务飞行打下了坚实的基础。 在飞机上我们严格要求自己，严格作业，热情服务乘客，同时我们用自己的热情给乘客创造一个舒适的环境，用积极主动的态度帮助乘客，我们的工作也得到了他们的支持。 以前作为乘客的时候，让乘务员帮我做些什么觉得是天经地义的事，如果她忘记了或者做错了，我就觉得是她不重视我，我会很不高兴，这也让我现在作为一个乘务员更了解乘客的想法，尽量做到服务好每一位乘客，但是我现在更了解到作为一个乘务员有多么得不容易，因为并不只是给一个人服务，要同时记住不同乘客的不同需求是多么有难度。这也让我明白了在以后的人生道路中，当对别人感到不满时，先站在别人的角度上考虑一下，了解到别人的难处，才可以学会什么叫作体谅和理解。虽然很辛苦，但是当可爱的乘客非常感激地跟我说“谢谢”时，当我的服务得到别人的肯定时，当那一对老夫妻对我竖起大拇指时，	实习总结

所有的辛苦都是值得的,真的,那个时候我感觉全世界都被我紧紧拥在怀里,所有的辛苦烟消云散,那一刻我的心被爱填得满满的。自从飞行了以后,我还养成了很多好的生活习惯,礼貌用语说得更加自然频繁,到哪里都习惯性地把用过的东西整理好,方便后面需要用的人,这样良好的生活习惯对我们以后的生活也是非常有好处的!当然在飞机上的工作也不是一帆风顺的,遇到不理解的乘客时,需要我们要有足够的信心和耐心去面对,有时我们受到委屈也想过放弃,但最终所有人还是坚持了下来。

虽然实习时间不长,但对我们有重大的意义。它使得我看到了自己的不足,也使我看到了自己各方面的努力,同时也提高了我的能力。这对我今后的学习工作将产生积极影响。再次感谢学院领导、老师们对我们的培养。在以后的学习工作中我必将以饱满的热情和主动的心态做好民航乘务员的工作。相信通过学校老师的教诲,通过现场实习的经验积累,我一定会将我的工作干得更加漂亮!

实习总结

民航乘务员实习使我们有了预期之外的收获,它已经成为我人生一段难忘的经历,它让我多了一份成熟、稳重,少了一份幼稚。通过这次民航乘务员实习,我的人生观、价值观、世界观也发生了改变,我更加懂得如何完善自己、磨炼自己,去发现自己的价值并为今后的就业打下坚实的基础,同时它更教会我们怎样去生活、去奋斗、去对待自己的工作。这次民航乘务员实习更考验了我们的责任心,磨砺了我们的意志。

我非常喜欢这份民航乘务员工作!我热爱这份工作,也从不后悔自己选择了这份工作。现实是残酷的,每个行业每个公司都有自己的标准与制度,认真快乐地去完成每一项任务,想想自己走到这一步是有多么得不容易,坚持就是胜利!相信自己!

【解析】这则实习报告首先详细记录了实习的时间、地点、目的以及实习的主要内容,这部分内容的撰写条理清晰、信息准确;随后将自己在实习过程中的个人感受和体会经验进行了认真的总结,着重谈了在理论学习过程中的感受,以及在机上实习中的一系列体会,既有实习前后的对比,又有实习后的收获;结尾部分谈了今后的努力方向。结构清晰,内容翔实,重点突出,符合实习报告的基本写作要求。

五、任务提示

(一)实习报告必须写自己的实习经历,切忌造假、浮夸、编造

内容选取上,可以是如何将学校里学到的理论、方式、方法变成实践的行为描述,也可以是对在学校没有接触过的东西是以何种方式或方法、以何种形态或面貌出现的观察、体验与思考。

(二)语言要简练,层次要清楚,逻辑性要强

实习体会写作的目的是为了提高实习者的实际动手能力和职业基本技能,写作时既要有独特的感悟与体会，又要有说服力的事实依据作为理论支撑，忌日记式或记账式的简单罗列。

（三）注重材料的积累

丰富的资料是写好实习报告的基础。从开始实习的那天起，写作者就要注意广泛收集资料，并以各种形式记录下来（如写工作日记等）。

六、任务实训

1. 判断正误（对的打“√”，错的打“×”）。

（1）实习报告基本情况概述包括实习时间、地点、单位以及对实习过程的感悟。（　　）

（2）实习报告总结部分，既要总结在实习过程中成功的经验，也要总结实习工作中发现的不足。（　　）

2. 实习报告写作训练。

根据实习报告的写作要求，结合自己在××航空公司的实习经历，拟写一则实习报告。

3. 请完成本章节的任务设计。

小贴士

“实习总结”与“工作总结”的区别

实习总结是实习报告的一部分，它是对某一阶段的实习工作情况进行整体性的总结和概括。重在总结自己获得的经验、感悟、体会以及解决问题的方式方法等，对以后的学习和工作有指导性的作用。

工作总结是单位或个人在一项工作（或一个阶段工作）结束后对该工作所做的全面回顾、分析和研究，力求在一项工作结束后找出有关该工作的经验教训，引出规律性的认识，用以指导今后的工作。它注重认识的客观性、全面性、系统性和深刻性。

第二节 学业论文

一、任务设计

王丽同学即将大学毕业，老师布置撰写一篇学业论文。

经过半年多的空中乘务实习，王丽同学倍感民航乘务员的素质和服务理念的重要性，为此，她决定以《客舱乘务员的素质和服务理念》为题写一篇毕业论文。当她绞尽脑汁写了一篇文章交给老师后，却受到批评，老师说王丽的文章不是论文，更像是一篇个人感受式的散文，要求她重新写。这让王丽很困惑，到底什么是学业论文？学业论文应该怎么去撰写？

请结合实际,谈谈你对学业论文的理解。

二、任务解读

学术论文是对某一科学领域中的学术问题进行深入系统的探讨研究,并展示科学研究成果的理论文章,也称科学论文或研究论文。

学业论文是学术论文的一种,是指高等学校的学生在完成学业时,综合运用所学的专业知识、理论、技能和实践心得,对某一具有学术价值和应用价值的问题阐述见解,表述研究成果的议论性文章。

学业论文对学生有考查作用,一般可分为课程论文、毕业论文和学位论文。《中华人民共和国学位条例》规定:学位分为学士、硕士、博士三级。相应地,学位论文可以分为学士学位论文、硕士学位论文和博士学位论文,不授予学位的专科生毕业前则需要撰写毕业论文。

三、任务向导

(一)学业论文的选题

学业论文写作的第一步是确定选题。

所谓选题,就是指选择并确定论文研究的方向和课题,具体说就是论文作者在系统学习和掌握相应材料的基础上选择研究对象和范围,确定论文的角度和切入口。

1. 论文选题的意义

有人说:"选好一个研究课题是论文成功的一半",这说明选题对论文的写作具有重要意义。

首先,选题决定了论文的成败。撰写论文的过程也就是进行研究活动的过程,选题是研究活动的起点,是研究活动的问题指向。研究活动就是提出问题、分析问题和解决问题,如果连问题都没有明确提出来,那么分析、解决问题就无从谈起。因此,选择一个合适的课题,将为随后研究工作的顺利进行打下良好的基础。

其次,选题影响着研究的价值。不是所有的选题都是有价值的,一篇论文价值的高低取决于其选题的角度和眼光。不同的选题所关注的问题、理论深度、学术界的认同程度、社会效应都是不同的。

第三,选题体现着作者的科研能力和眼光。从某种角度来讲,"提出问题"比"解决问题"要难,一般人很难从固有思维中跳出,以独立的思考和独特的眼光提出问题,发现好的选题,所以选题往往体现了作者的学术素养和眼光。

2. 论文选题的原则

(1)价值性原则

所谓价值性原则,是指选题本身的研究应该有意义。这里所说的意义,既包括理论意义,即选题的研究有助于相关理论的发展创新,将某一学科知识推向深入;也包括现实应用意义,即选题本身的成功研究有助于解决社会生活、生产中的实际问题,推动人类社会发展。科学研究的目的,就在于认识世界、改造世界,改善人类社会生活和生产,推动人类社会进步。因此,选题应该注重选择那些对理论建设和现实应用有助益的题目。

（2）创新性原则

所谓创新性原则，是指选题要有新意、有特色、有创造性。选题价值的大小是与题目的创新性紧密联系的，好的选题是对原有理论和认识的突破。人类社会生活是不断发展变化的，因此人类的科学研究与思考也就会随着人类社会生活的发展而不断发现新的问题。虽然不能说新鲜的选题价值一定高，但是有价值的选题一定是有创新性的。

看一篇论文是否有创新性，主要是指题目和内容前人是否已经研究过，甚至形成定论。如果是这样的题目，再去重新写，意义就不大了。那么，该如何创新呢？选题的创新，可以有以下几种情况：

①填补原有研究的空白领域。即去研究前人尚未进行研究过的有意义的问题。如果通过自己的研究，取得了理想的结果，那么论文就填补了相应学科领域内的空白，具有开拓价值。

②补充、深化原有研究。在前人研究基础上进行研究，对原有的学说、理论进行补充、发展、深化，包括归纳、修正，从而使原有学说更加系统、全面，更加适合不断发展变动的社会现实。

③纠正原有论断。通过自己的研究，对原已被广泛了解和接受的理论和观点中有误的方面予以纠正，进而提出相对合理、正确的观点，这也是一种创新。

④商榷争鸣。对当前某一尚未形成定论且争议较大的问题，根据自己的知识和掌握的材料发表合理看法，以对问题的梳理和形成统一认识提供帮助，这也是一种有益的学术活动。

（3）可行性原则

可行性原则是指要选择那些在作者力所能及的范围内，经过努力有可能、有条件完成的选题。有的选题可能比较有价值，也比较有创新性，但是，以作者当前的学术能力和物质条件没有办法完成，那么，这个选题也是不合适的。考虑可行性原则，首先，要注意选题和自己的专业是否接近。如果选题自己不擅长，那么，即便可以做，也会事倍功半、极为吃力，有时候还会得不偿失。其次，要注意自己的学术素养和研究能力是否与选题匹配。如果选题的难度大大超过自己的能力，也很难保证选题的顺利进行。最后，选题要考虑客观物质条件，要保证与选题相关的参考资料、研究时间、研究环境、实验设备、研究经费等条件具备，这样才能顺利开展研究。总之，只有充分考虑自己具备的主客观条件，选择恰当的题目，才能够顺利完成课题的研究。

3. 论文选题的常用方法

论文选题是论文完成的关键一步，所以选题要慎之又慎。高校学生学业论文的选题主要是根据自己的兴趣和思考与指导老师商量后得出选题，个别情况是指导老师指定选题。这里我们重点来谈自己选题的情况。

（1）在学习中思考问题。在平时学习知识的过程中，应该注意问题意识的培养，在上课学习的时候，会有引发思考或者难以理解的内容；在平时阅读、学习别人的理论，或者梳理某些材料的过程中，偶尔也会有灵光一闪，发现某些问题。这些都值得顺藤摸瓜思考下去，也都是最容易产生好选题的机会，而这种选题往往也是最适合自己研究的。

（2）从实践中总结问题。在实验或者工作实践中，会遇到各种问题和情况。只要勤于思考，注意发现问题、总结问题，就可能形成很好的选题。这种选题一般都与实际应用联系紧密，也容易引起业内人士的共鸣。这种选题如果顺利完成，则既有理论价值，又具有现实指导意义。

（3）从“定论”中找疏漏。人类社会一直在前进，知识体系也在逐步深化、变革，真理也是相对的，所以，原有的“定论”有些随着时代的变化已经不再适用，甚至有些“定论”本身就存在着某种缺憾和谬误。利用自己的知识素养和独立思考，深入分析研究，从“定论”中发现问题、查找问题，产生出新的见解，是很好的选题方式。

（4）从兴趣出发找问题。兴趣影响着人们对客观事物的选择态度。从科学研究的角度来说，兴趣是人们积极探求某种事物规律和真理的强大动力，所以，在学业论文选题的过程中，要尊重自己的兴趣，从兴趣出发，选择适合自己的题目。之所以要重视从兴趣出发找选题，首先，一般人常常在自觉不自觉间对感兴趣的问题掌握大量信息，这就为正式研究提供了很大的方便和更好的基础。其次，选择有兴趣的课题进行研究，可以让自己在整个研究过程中保持积极的动力，因为兴趣所在就是人的兴奋点所在。论文研究和写作是相对枯燥艰苦的，如果是在做自己感兴趣的项目，则更容易让人充满热情地坚持下去。最后，研究自己感兴趣的问题，更易于激发创造性的灵感，思考感兴趣的话题更易于激活头脑，促进论文的高质量完成。

以上是选题的一些注意事项和方法。其实选题首先要培养的是“问题意识”，有了问题意识，加上不懈的学习、认真思考，总会产生好的题目。

（二）学业论文的写作准备

1. 材料的搜集和整理

论文写作需要大量的材料做支撑。所谓材料，一般指将人类科学文化知识、各种思想、生活和生产实践活动进行记录、保存、交流和传播的一切文字和视听材料的统称，一般包括书籍、档案、文物、报纸、期刊、论文、文件、记录、录音录像等资料。

（1）材料的类型

①原始资料。主要指作者通过搜集和实验得出的第一手资料。这类材料之所以重要是因为材料的真实可靠性，同时也比较容易在此基础上发挥作者个人的独创性。

②加工材料。这是指在原始资料基础上添加了由抄录者加上的评注、实例、推理等内容的材料，比如读书笔记等就属于半成品材料。这种材料的优点是在记录过程中加入了记录者或作者的审视、思考和观点，在使用中容易分类、使用，比较方便、系统，但是，有时候这种材料由于受到记录者、时间、环境的影响，使用时也需要注意仔细甄别。

③前人成果。是指前人已经完成的研究成果。这类材料数量很多，不但包括理论成果，同时也包括原始材料的整理成果。这些材料对论文写作具有重要指导和借鉴意义，为论文的选题、构思、撰写提供参考。但需要注意的是，这类材料的使用要注意引据规范，否则将构成侵权、剽窃。

（2）材料搜集的方法

①观察。观察法是指研究者根据一定的研究目的、研究提纲或观察表，用自己的感官和辅助工具去直接观察被研究对象，从而获得资料的方法。这是搜集材料或者验证材料的一种最基本的方法。科学的观察具有目的性、计划性、系统性和可重复性。观察法的优点是简

便易行，得到的材料比较客观，可信度比较高，易于获得第一手材料。但观察法也有其缺点，就是观察的主体往往比较被动，需要等待观察对象出现某种现象、行为或变化。

②调查。为了达到设想的目的，全面地收集与研究对象相关的材料，并做出分析、综合，最终得出某一结论，这种研究方法就是调查法。它的目的是全面把握当前的状况，或者是为了揭示存在的问题，弄清前因后果，为进一步的研究或决策提供观点和论据。常见的调查方式有访谈法和问卷调查法。访谈一般是直接和调查对象进行沟通交流，获得第一手材料；调查问卷法则需要事先设计与自己研究内容相关的调查问卷。调查问卷法的优点是取样大，获得的材料有代表性，数据处理也比较方便。

③实验。实验法是指在严格控制无关变量的条件下，有计划、有组织地操作自变量，根据观察、测定、记录与此相关的现象或行为，以确定实验条件与现象行为的因果关系。实验法在自然科学领域和社会科学领域使用较多，而在人文学科领域应用不很广泛。实验法的优点是易于发现事物之间的因果关系，具有可控性，可以重复进行实验。

④文献检索。文献是过去发生的社会事实的记录，因具有历史价值或现实价值而保留下来的材料。文献的形式有文字、数据、图像、录音等多种。文字文献包括书籍、报纸、杂志、文件、会议纪要、日志、档案、日记、笔记、信件等；数据文献包括各种实验数据、统计数据等；图像文献包括图片、绘画、录像、影视片等；录音文献包括唱片、录音带、音频等形式。文献检索指根据学习和工作的需要获取文献的过程。这是学业论文写作最为常见的搜集材料方式，对论文材料的搜集和写作至关重要。这就要求我们掌握基本的文献检索的方法。首先，要熟悉图书分类和检索方法。国内大型图书馆一般都采用“中国图书馆图书分类法”，对此要大体熟悉，有助于去图书馆、资料室查询需要的材料。另外，随着现代网络技术的发展，文献检索更多是通过计算机技术来完成。这又要求我们掌握电子资料的查询方法，学会使用各种电子数据库。常见的中文电子数据库有超星图书、中国知网、维普中文科技期刊数据库等多种，熟练掌握其使用方式，对论文资料的搜索极有益处。

（3）材料的整理

材料的整理过程，其实也是对材料的理解过程，是使用材料撰写论文的第一步。材料的整理一般有三个步骤：

①遴选材料。对获得的材料进行遴选、甄别，考察材料是否真实可信，是否齐全，有无疏漏，确定材料的可用性和可靠性。

②归纳材料。根据材料的内容和特点，结合论文的需要，将获得的材料进行归纳、分类、排序，把有相同点的材料归纳到一起，有对比性的材料也予以结合，便于使用和研究。

③分析材料。结合论文研究的任务和需要，对材料进行分析，初步形成理性认识、提炼观点。

2. 论文提纲的编写

选好了一个合适的题目，然后充分掌握了相关材料，下一步就应该是为论文编写提纲了。所谓论文提纲，主要是指论文主体部分的结构，指论文各部分按一定的逻辑关系编排论说次序。论文提纲的编写既要注意论文各部分的先后顺序，同时也要注重论文各部分之间的内在联系。提纲是论文的规划，是论文最重要的内容，需要精心设计、认真构建。

（1）论文提纲的构建方法

①按时间发展顺序构建。很多论文涉及历史梳理内容、事物发展过程等，这类论文适合用时间发展和推延顺序来构建，当然这种时间发展顺序也不是简单地按时间排列，而是找到时间发展与事物发展的关系。按时间构建论文提纲的优点是：论文线索清晰，便于描述也易于把握。

②按内容、概念的逻辑顺序构建。某些论文研究内容的时间发展趋向性不强，人们对研究内容和概念的认识比较陌生，所以，在论文中需要根据研究对象的特点来进行解说、比较、说明等。如果各部分之间相对独立性较高，则可采取并列形式；如果有层次关系，则可采取递进的方式。

③按说理的思维推演进程构建。有些论文的研究内容理论性较强，并没有简单的时间顺序，也没有材料的并列关系，其重点阐述问题的提出、分析和解决。这样的论文可以作者的逻辑推演顺序建构，随着作者思考和论证的步步推进而逐渐展开。

当然，因为研究内容和方法的复杂性，一篇论文的结构往往是综合不同的构建方式安排的，可能章与章之间是并列关系，但是每章内部是按时间顺序；也可能章节之间是按时间顺序，而章节内部是按逻辑顺序构建。总之，要根据研究内容和方法的需要，灵活构建论文提纲。

（2）论文提纲的内容

①标题。

②中心论点和分论点。

③论文总体框架。

④安排各部分使用的材料。

需要说明的是，在论文正式撰写之前就构建的提纲，在论文的实际写作中是会根据需要和材料的变化而随时调整、修改的，论文提纲是为最终更好地完成论文服务，而不是限制和束缚论文写作的。

（三）学业论文的结构与写作要求

论文的结构一般包括前置部分、主体部分和附录与结尾部分。

1. 前置部分。论文的前置部分包括标题、署名、摘要、关键词、目录等。

（1）标题。又称题目，是论文的旗帜，要精练集中的概括论文的主题，力求鲜明准确，一目了然。

（2）署名。根据要求在标题下署名，有时候需要同时标注作者单位和个人简介。学业论文署名有时候列于论文封面，而不放置在标题下。

（3）摘要。又称提要，位于标题下方。摘要是对论文的基本内容、主要观点和采用的研究方法进行简要的概括和说明。其目的是让读者在阅读全文前能够对论文的基本内容、主要观点和创新之处有所了解，给读者深入阅读以提示和指引。

（4）关键词。又称主题词，指反映论文主要内容的单词或术语。其作用一方面代表着文章的核心词汇，另一方面主要是为文献检索提供方便。一般来说，每篇论文的关键词为3~6个，需要注意的是，关键词尽量用已有事物名称和学术名词，不要使用短句代替。

（5）目录。又称目次页，篇幅短的论文可以没有目录，而篇幅较长、结构较复杂的论文，一般要设置目录，学业论文一般要求有目录。目录既有利于阅读、查找，同时也能直观地展示论文各部分的层次和逻辑关系。

2. 主体部分。论文的主体部分一般包括绪论、正文、结论、致谢、注释和参考文献。

(1)绪论。又称引言、前言、导语、开篇，是论文的开头。绪论的功能一方面是引出论题，引导读者进入论文的研究思路；另一方面是打下论文的论述基调，统领全文。绪论的内容既包括论文研究的背景、研究对象、研究方法和预期目标，有时也包括与选题内容相关的对现有研究成果的介绍、梳理和分析，从而说明选题的研究意义。

(2)正文。也称本论，是论文的主体与核心，是作者对论文所作的分析与论证。正文要求观点明确，论据翔实，论证逻辑严密，结构层次清晰。

正文的结构根据需要有不同的形式，常见的有以下几种：

①并列式。论文的主论点由多个分论点组成，这些分论点之间是平行、并列的关系，内容紧密相连，结构上各分论点平行排列，分别从不同的角度、不同的侧面对问题加以论述，即先概说核心观点，再逐一展开，详细论述，最后归纳分析，得出结论。

②递进式。递进式同样是总论点下设多个分论点，但这些分论点之间的关系是层层深入、逐步递进的。其思路是将核心观点分解为分论点，然后分而论之，前一层内容是后一层内容的基础，后一层内容是前一层内容的深化，层层递进，最终得出结论。

③综合式。即将上述两种方式综合，以其中一种方式为主，另一种方式为辅，互相结合，互相渗透，根据论文内容的需要灵活运用。当然这种灵活运用也是有原则的，即这种结合是指整体论文的宏观层次和每个分论点内的微观层次来说的，在一个层次内一般不能又递进又并列，这就容易造成论文逻辑上的混乱。

(3)结论。又称结语、结束语，是整篇论文论述的收束，结论的内容一般包括论文的结论，以及对与论文相关的问题进行的讨论和设想。结论既要照应绪论，又要总结全文，同时还要写得简明概括。结论的方式一般有总结性的、探讨性的和预测性的。

(4)致谢。学业论文一般在正文之后附有致谢部分，其内容是向曾经为本篇论文撰写给予指导、修改或提供其他帮助的人表达谢意，一般不宜过长。

(5)注释。学术论文都要求注释，这既是学术规范的要求，也是学术道德的体现。一般对于专业术语、引据别人著述观点、特殊内容都应该加注释。注释的方法包括脚注、尾注、夹注等几种。

(6)参考文献。参考文献是在论文中使用过的材料，或者论文撰写中对作者有帮助、启发和参考作用的材料。注释和参考文献根据论文形式和发表刊物的不同，各有一定的格式要求，具体请参阅相关格式标准。

3. 附录和结尾部分。附录和结尾不是论文的必需部分，而是论文的补充项目，根据论文实际需要存在。附录内容可以包括统计表、年表、技术方案、原始数据、某些珍贵资料等；结尾部分可以包括分类索引、著作索引、作者其他科研成果等。

（四）学业论文的修改

论文的修改就是指论文初稿完成之后，作者对论文的内容和结构等方面的改动、加工、提高。

学业论文属于学术论文的范畴，大学生经过几年的高等专业教育，应该将所学知识和所作研究结合起来，学会撰写学业论文。无论是课程论文还是毕业论文的撰写，都既是一种学术锻炼和培养,又是对自己某一阶段学习的最好总结。

四、任务示例

客舱乘务员职业素质与服务观念分析	标题
摘要:客舱服务是民航服务的重要内容,而乘务员是影响民航客舱服务质量最主动、最积极的因素,乘务员自身专业技能和职业素质的高低对服务水平具有决定性作用。通过对客舱乘务员应具备的职业素质和服务观念进行分析,有助于让乘务员理性认识客舱服务工作,积极而有针对性地加强自身业务能力,从而提高客舱服务的整体水平。	摘要
关键词:乘务员 客舱服务 职业素质 服务观念	关键词
1. 乘务员服务基本要求及存在问题分析 乘务工作特点就是工作环境特殊、作息不规律、劳动强度大、持续学习和角色多变性。由于工作性质的特殊性,乘务员每天工作的环境并不一样。每天执行的航班和机型不一样。飞高原有专门的A319型飞机,而运输旅客比较大量的航线就会有容量更大的机型。所以乘务员掌握的不单纯是一种机型的知识。在民航局的最新规定中,每一位乘务员最多可以掌握3种机型,不同机型的内部结构还是有很大的区别,因此机上安全设备的检查是很重要的一个环节。掌握每一个紧急设备存放的位置和使用方法。以便在紧急的情况下,可以立马将紧急设备使用到该使用的地方。“安全第一、正常飞行、优质服务”是中国民航的根本指导方针。有了安全的飞行,才有高品质的服务。确保运行安全是航空公司得到肯定的基础。 1.1 客舱服务基本要求 1.1.1 职业微笑美客舱:永不消失的职业微笑贯穿航班全程。 1.1.2 服务旅客面对面:服务时直面旅客,与旅客有眼神交流 。 1.1.3 有效沟通半蹲式:在与旅客较长时间沟通时,应采取半蹲姿势,确保旅客有舒适的视线角度。 1.1.4 贴心服务要“三轻”:预知旅客需求。服务时说话轻、动作轻、走路轻。在服务台说话时声音不可传到客舱;工作时轻拿、轻放、轻踩刹车;巡视客舱时脚步轻缓。 服务中的一些小细节的注意,一旦被忽视将是一些致命伤。所以在客舱服务中,都是依着以安全为本的角度出发。无论是餐车的摆放,还是水车的摆放,都是在从旅客角度和安全角度两方面出发。既要可以让旅客看到水车上的饮品种类,也要能保证飞机颠簸时的安全。所以水车上的饮品,从内到外要采用从高到低的顺序。一个水车的细节要求都要这么高,可见,乘务员在职业技能方面是一个很全面的职业。	主体

1.2　工作岗位中存在问题的分析及解决办法

在工作岗位中，服务意识的自主性很重要。自觉、主动做好服务工作是一种观念和愿望。为了能够及时、准确地识别旅客的潜在需求，需要服务人员主动关注旅客，察言观色，通过主动与旅客沟通来发掘旅客的潜在需求，从而满足旅客的需求。在执行航班中，很多旅客的潜意识里最在意的是乘务员对他们的尊重和关注。所以在为旅客服务时，首先出现在脑海的是"我怎样让这位旅客满意而归"，而不是"我把这班飞完没有旅客投诉，我就下班了"。

在工作岗位中，要更加重视旅客、用心为旅客服务。每天做好航班前的准备工作，了解航线知识，耐心周到地为旅客服务。要积极主动地为旅客着想，耐心地为旅客办理业务、解答咨询，提供热情周到的服务。还要重视旅客，并通过行为和语言表达出来。说话注意语音语调、礼貌礼节，耐心倾听旅客的感觉等，都能体现出一种重视旅客的态度。

2　乘务员客舱服务所必备素质分析

2.1　个人修养，严格自律

尊重所有人是一种修养。这是乘务人员应具备的专业素养。对人友善的最好方式就是微笑。微笑是人类最美好的语言，是做好服务工作的前提。服务行业是极为需要耐心的行业，当旅客产生误会时，要耐心地向旅客给予解释，直到旅客理解为止；当旅客所询问的事情没有听明白时，乘务员要耐心地将事情说清楚，直到旅客得到满意答复为止。有成熟的判断力，精灵敏捷，能发现和处理飞行中的各种突发事件，为旅客提供及时周到的服务。良好的个人修养，体现了团队精神，有助于共同维护公司形象和利益，有助于同事之间团结友爱、互相帮助、搞好配合，促进工作的顺利进行。 主体

谦虚是一种美德。乘务人员需要掌握全面的专业知识，可现实工作中有人往往认为旅客说的话都是外行话，对旅客不屑一顾，这样会让旅客产生强烈的反感。诚恳谦逊并不会暴露自己的不足，反而能够赢得旅客的认同和尊重。

忍耐和宽容是面对无理旅客的法宝，也是一种美德。乘务人员在提供服务的过程中难免会遇到态度恶劣的旅客，会因此受委屈，但要牢记自己的职责，用自己的宽容去感化旅客，这样旅客一旦被感动，更容易成为忠诚的旅客。乘务人员必须要牢记自己的承诺，一旦答应旅客，就要尽心尽力去做到，对于通过自己努力也无法做到的，应该主动向旅客道歉。

2.2　心理素质

心理素质是指人类在长期社会生活中所形成的心理活动在个体身上积淀的心理倾向、特征和能动性。一个情绪不稳定、性格孤僻、人际关系紧张的乘务人员通常不可能为旅客提供热情、友善、亲和的服务。

首先要有积极的心态。服务工作周而复始,难免会枯燥,还会因为旅客误解,心态等受到消极影响,这是正常的。关键要保持一种积极的心态,调整情绪,用真诚和热情赢得旅客和同事的认同、关注和信任。其次是自我情绪控制。比如每天接待100个旅客,可能第一个旅客就把乘务员批评了一顿,因此乘务员的心情变得很不好,影响到后面的99个旅客。这就需要乘务人员及时调整自己的情绪。因为对旅客,乘务员永远是他们的第一个,应该以热情周到的服务迎接每一位旅客。因此需要练就过硬的心理素质。

2.3　综合素质,走出服务意识的误区

2.3.1　服务就是按制度办事

这种错误的意识就在于将服务简单地理解为按制度做好分内事,机械地执行规章制度。服务的过程是一个人与人交往的过程,试想,如果我们面对旅客生硬地说“这是我们公司的规定”“你这种情况我们处理不了”等,旅客会是什么感觉?因此,应该积极主动地从旅客的角度思考,采用旅客能够接受的方式为旅客耐心地、人性化地服务。

2.3.2　我没有错,都是他们的错

对于旅客提出的不满和异议,有的乘务人员就是不愿意承认错误,而是过分强调他人或旅客的责任。归罪于外,到最后让旅客感觉自己的不满是不可能得到处理的。从旅客的角度而言,乘务人员是代表企业的形象,没有乘务人员和企业之分;对于旅客来说,谁受理了自己的投诉,谁就该负责解决,而不是去追究这是谁的责任。

3　乘务员工作服务观念分析

3.1　旅客感受是服务工作的出发点

客舱服务要一切从旅客的感受出发,珍惜每一次服务的机会。旅客依靠乘务员,而乘务员依靠旅客。旅客并不是局外人,他们是客舱服务过程中的一部分,旅客和乘务员一样,有癖好、有偏见、有感情、有情绪。归根到底,旅客是客舱服务事业的原动力。

3.2　做到旅客至上的表现

3.2.1　旅客的事是大家的事:当旅客提出了服务的要求,不管是否是乘务员的分内之事,都应热情提供帮助。

3.2.2　不拒绝旅客的要求:一个乘务人员在任何情况下都应为不能满足旅客的需求而深感歉意。

3.2.3　不干扰旅客:如果旅客对服务的享用是以不断被打扰为代价,那么服务就失去了意义。

3.2.4　不给旅客带来任何不愉快:在与旅客交往时,任何时候都不应以生硬和冷漠的服务态度接待旅客,任何原因都不应该成为我们发脾气、使性子、耍态度和失礼貌的理由。

主体

3.2.5　不冒犯旅客：乘务员与旅客之间的交流是否能顺利，很大程度上取决于乘务员是否懂得如何去保护旅客的自尊心。 3.3　规划做好一个优秀乘务人员 3.3.1　工作的独立处理能力——优秀的乘务人员要能够独当一面，具备独立处理能力。 3.3.2　各种问题的分析解决能力——优秀的乘务人员不但要做好旅客服务工作，还要善于思考，提出工作的合理化建议，有分析解决问题的能力。 3.3.3　人际关系的协调合作能力——优秀的乘务人员不但要协调好自己与旅客、企业与旅客的关系工作，还要善于协调与同事间的关系。 总之，客舱服务工作的良好完成需要乘务员具备良好的专业技能、全面的素质和积极主动的服务观念，只有不断学习、不断思考，锻炼自身能力、更新服务观念，才能成为一名合格的乘务人员，才能够提供优质的客舱服务。	
致　谢 感谢学校的培养，为我步入社会打下坚实的基础。感谢指导我的老师，不但在我的论文撰写过程中给予了我悉心指点，还交给我做人的道理。在此论文完成之际，谨向我尊敬的张老师致以诚挚的谢意和崇高的敬意。	致谢
参考文献： 1. 王丽丹.空乘的职业素质.东方航空报，2005.8. 2. 高宏.空乘服务概论[M].北京：旅游教育出版社，2010.8. 3. 张澜.民航服务心理与实务[M].北京：旅游教育出版社，2010.	参考文献

【解析】这是一篇学业论文，从格式上来说，标题、摘要、关键词、止文、致谢、参考文献等要素基本齐全。论文的结构层次清晰，以三章来阐述三个问题，每章又分成若干分论点逐一展开，最终形成结论，体现出个人思考和研究的结果。虽然论文的思维逻辑还不是很严密，语言方面也值得进一步推敲，但总体上来说是一篇基本合格的学业论文。

五、任务提示

学业论文是对某个学术问题的研究阐述，或是对某段学习经历的成果展示，反映了作者的专业水平和研究能力。要写出高水平的学术论文，应该注意以下几点：

（一）选题要谨慎

要选择自己能力范围内的、自己感兴趣的题目，同时也要考虑题目的学术价值、研究的现实条件和题目的可操作性，要量力而行，不能贪大，选择一个好的题目，就等于成功了一半。

（二）观点要鲜明

学术论文的好坏，首先要看论文的观点是否明确清晰，并且富有新意，当然，也不能盲目求新走极端，既要有新意，又要保持科学的态度。

（三）论据要真实

论文要有说服力，就需要大量真实可靠的论据支撑，无论是事实还是数据，都应该力求准确无误，即便是说理，也要保证言之有据，句有出处，这样才能让论文基础坚实。

（四）论证要严密

除了有好的观点和充分的材料之外，论文还需要注意论证的科学严密，不能只是堆砌材料，而应该运用科学合理的论证方式，组织材料说理，揭示论据与观点之间的逻辑关系，环环相扣地推导出结论。

（五）语言要规范

学术论文是一种阐述科研成果的议论文体，其语言表达既要精确简明，又要庄重严密，这就要求学术论文的写作要用规范化的书面语言，恰当地使用专业词汇和术语阐述论文内容，做到通顺、规范、严密、专业。

六、任务实训

1. 判断正误（对的打“√”，错的打“×”）。

（1）学业论文的结构包括开头部分、主体部分和结尾部分。（　　）

（2）绪论属于学业论文的前置部分。（　　）

（3）学业论文的撰写需要多次反复的修改。（　　）

2. 写作训练。

请参照学业论文的结构形式和写作要求，利用网络、图书馆图书资料和电子数据库，结合学习和实习工作经验与体会，以《浅议民航乘务员的语言技巧》为题，写作一篇不少于3000字的小论文。

小贴士

“学业论文”与“议论文”的区别

学业论文是指高等学校的学生在完成学业时，综合运用所学的专业知识、理论、技能和实践心得，对某一具有学术价值和应用价值的问题阐述见解，表述研究成果的议论性文章。其内容多侧重于对某一科学领域或专业问题进行深入系统的探讨研究，相比较普通议论文，学业论文的专业性更强。

议论文是一种论述事理、发表意见、提出主张的文体。作者通过摆事实、讲道理、辨是非等方法，来树立或否定某种主张。是对某个问题或某件事进行分析、评论，表明自己的观点、立场、态度、看法和主张的一种文体。相比较学业论文，议论文的应用范围更加广泛。

附 录

附录一

常见文章修改符号及其用法

编号	符号名称	符号形态	符号说明	用法示例
1	改正号		表明需要改正错误，把错误之处圈起来，再用引线引到空白处改正	出 提高水版物质量
2	删除号		表明删除掉。文字少时加圈，文字多时可加框打叉	提高出版物物质量 结构完整，语文较通畅，但错别字较多。
3	增补号		表明增补。文字少时加圈，文字多时可用线画清增补的范围	要搞好校工作。对 注意错误。 语法修辞方 面的错误。
4	对调号		表明调整颠倒的字、句位置。三曲线的中间部分不调整	认真经验总结 认真经结总验
5	转移号		表明词语位置的转移。将要转移的部分圈起，并画出引线指向转移部位	校对工作，提高出 版物质量重视
6	接排号		表明两行文字之间应接排，不需另起一行	本应用文书，语言 通畅，但个别之处 ……
7	另起号		表明要另起一段。需要另起一段的地方，用引线向左延伸到起段的位置	我们今年完成了 任务。明年……
8	移位号		表明移位的方向。用箭头或凸曲线表示。使用箭头，是表示移至箭头前直线位置；使用凸曲线是表示把符号内的文字移至开口处两短直线位置	锦州印刷厂 锦州　印刷厂
9	排齐号		表明应排列整齐。在行列中不齐的字句上下或左右画出直线	认真提高 提高质量印刷质量 缩短出版周期
10	保留号	△	表明改错、删错后需保留原状。在改错、删错处的上方或下方画出三角符号，并在原删除符号上画两根短线	认真搞好校对工作 △

附录二

应用文常用特定用语简表

用语名称	作　　用	常用特定用语
开端用语	主要用于文章开头，表示发语、引据	为、为了、为着、查、接、顷接、根据、据、遵照、依照、按、鉴于、关于、兹、兹定于、今、随着、由于
称谓用语	用于表示人称或对单位的称谓	第一人称：我、我单位、本人、本公司、我们 第二人称：你、你局、贵公司 第三人称：他、该公司、该项目
递送用语	用于表示文、物递送方向	上行：报、呈 平行：送 下行：发、颁发、颁布、印发、发布、下达
引叙用语	用于复文引据	悉、接、顷接、据、收悉
拟办用语	用于审批拟办	拟办：责成、交办、试办、办理、执行 审批：同意、照办、批准、可行、原则同意
经办用语	用于表明进程	经、业经、已经、兹经
过渡用语	用于承上启下	鉴于、为此、对此，为使、对于、关于
期请用语	用于表示期望请求	上行：请、恳请、拟请、特请 平行：请、拟请、特请、务请、如蒙 下行：希、望、尚望、请、希予、勿误
结尾用语	用于结尾表示收束	上行：当否，请批示；妥否，请批复；如无不妥，请批转各地执行；特此报告；以上报告，请转批；以上报告，请审核 平行：此致敬礼；为盼；为荷；特此函达；特此证明；尚望函复 下行：为要；为宜；希遵照执行；特此通知；此复；为……而努力；祝……；……现予公布
谦敬用语	用于表示谦敬	承蒙、惠允、不胜感激、蒙、承蒙、鼎力相助
征询用语	用于表示征求意见	当否、妥否

附录三

民航客舱服务常用术语简表

名　　称	含　　义
任务	所飞航班机计划
签到	起飞前在规定的时间内到航班调度部门在乘务员所执行的航班上签名或在电脑上确认
准备会	飞行前按规定的时间参加由乘务长组织的航前乘务组会，主要内容：复习航线机型知识、分工、了解业务通知、制订服务方案和客舱安全紧急脱离预案
机组会	飞行前一天由机长召集，机组成员及带班乘务长参加会议，主要内容：汇报各工种准备情况，听取机长的有关要求等
供应品	为旅客和机组配备的航班上需要的物品的总称
回收	将机上剩余的供应品等清点后放入规定餐箱、餐车内，铅封好并填好回收单的工作过程
操作分离器	将飞机客舱门紧急滑梯的手柄移动自动（预位）或人工（解除）位置的过程
机上值班	长航线餐饮服务后，为保持乘务员的精力和体力而采取的轮换工作制度
安全检查	飞机在起飞、下降、着陆、颠簸或紧急情况下，为确认旅客及各种设施符合安全规定而进行的检查，包括：紧急出口、走廊、厕所无障碍物
巡视客舱	乘务员在客舱走动，观察旅客需求、安全状况，处理特殊情况，提供及时、周到的服务行为
清舱	旅客登机前，安全员或乘务员检查机上所有部位，确保机上无外来人、外来物
关封	海关官员使用的公文。常用信封封好后在航班起飞前交给乘务员，由乘务员在到站后转交海关官员
旅客名单	写有旅客姓名、目的地、座位号等内容的单子，通常由商务部门在飞机起飞前同业务袋一起送上飞机
核销单	机上免税品出售后填写的表格，用于海关核销进口免税品
特殊餐	有特殊要求的餐食，如婴儿餐、犹太餐、清真餐、素食等
预先准备	空中服务的四个过程之一，指执行任务前至登机阶段的各项准备工作
直接准备	空中服务的四个过程之一，指乘务员登机后至旅客登机前的准备工作
空中实施	空中服务的四个过程之一，指飞机开始滑行起飞至下机前所有的服务工作
航后讲评	空中服务的四个过程之一，指完成航班任务后的工作讲评
航线图	标明飞机飞行航线、距离及地点的图示
航班	在规定的航线上，使用规定的机型，按规定的日期、时刻进行的运输飞行
载重表	载重平衡表是航班载运旅客、行李、邮件、货物和集装设备重量的记录，它是运输服务部门和机组之间、航线各站之间交接载量的凭证，也是统计实际发运量的根据，它记载着飞机各种重量数据
载重平衡图	以空机重心指数作为计算的起点，以确定飞机的起飞重心位置，并根据飞机重心位置的要求，妥善安排旅客在飞机上的座位和各货舱装载量的填制图
随机业务文件袋	总申报单、旅客舱单、载重平衡、货运单及邮件路单等业务文件
其他	小桌子和行李架关好扣牢，厨房内所有物品固定好，拉开隔帘并固定好，系好安全带，禁止吸烟，禁止使用对无线导航设备有影响的电子设备

附录四

会议记录纸

会议名称：
时间：　年　月　日　时　分　至　月　日　时　分
地点：
出席人：
列席人：
缺席人：
主持人：
记录人：
议题：
主要内容：

附录五

客舱乘务初始新雇员适应性带飞记录表

学员姓名__________ 所属队部__________ 带飞辅导员__________

带飞项目		带飞评估	带飞项目		带飞评估
预先准备	1.个人证件		飞行中	1.服务意识	
	2.仪表仪容			2.服务语言和态度	
	3.航线知识			3.巡视客舱	
	4.应急设备分布及数量			4.服务程序	
	5.空防预案			5.服务动作	
	6.服务程序			6.厨房整理	
	7.岗位职责			7.特殊旅客服务	
	8.应急撤离程序			8.颠簸处理	
直接准备	1.应急设备的检查			9.呼唤铃处理	
	2.客舱及盥洗室设备的检查			10.客舱整洁	
	3.客舱及盥洗室卫生的检查			11.盥洗室管理	
	4.餐食、供应品质量与数量的检查			12.出口座位及客舱动态监控	
	5.应急设备的取/放、使用方法及注意事项		着陆前	1.归还衣物及保管物品	
	6.音频/视频设备的操作			2.客舱、厨房、盥洗室安全检查到位	
	7.舱门的检查与操作			3.手提行李物品的存放确认	
	8.清舱意识协作情况			4.盥洗室管理	
	9.向乘务长汇报客舱情况			5.乘务员做好落地前准备	
	10.仪表仪容自查		着陆后	1.滑行时的客舱监控	
旅客登机—起飞前	1.安排旅客入座			2.舱门解除预位的操作	
	2.出口座位的评估			3.送客	
	3.手提行李物品的存放和确认			4.特殊旅客的服务	
	4.安全演示动作			5.清舱意识及协作情况	
	5.各项安全检查			6.汇报区域检查情况	
	6.乘务员入座		特殊情况处置	1.航班延误时的处置	
	7.盥洗室管理			2.急救处理（提问）	
	8.保持出口、过道畅通			3.陆上/水上迫降程序（提问）	

续上表

<table>
<tr><th colspan="2">带 飞 项 目</th><th>带飞评估</th><th colspan="2">带 飞 项 目</th><th>带飞评估</th></tr>
<tr><td rowspan="5">特殊情况处置</td><td>4.救生设备作用及使用(提问)</td><td></td><td rowspan="5">其他</td><td>1.机组服务</td><td></td></tr>
<tr><td>5.客舱释压处置程序(提问)</td><td></td><td>2.各项管理规定</td><td></td></tr>
<tr><td>6.危险品处置程序(提问)</td><td></td><td>3.亲和力</td><td></td></tr>
<tr><td rowspan="2">7.客舱失火处置程序(提问)</td><td rowspan="2"></td><td>4.微笑贯穿始终</td><td></td></tr>
<tr><td>5.飞行耐力</td><td></td></tr>
<tr><td colspan="6">带飞训练日期:____________ ____________ ____________ ____________ ____________
带飞训练航段:____________ ____________ ____________ ____________ ____________
带飞学员:______________ 带飞辅导员:________________ 带飞小时:________________</td></tr>
<tr><td>带飞辅导员点评</td><td colspan="5">

年 月 日</td></tr>
<tr><td>学员感想</td><td colspan="5">

年 月 日</td></tr>
</table>

注:1.以上各项带飞内容均为航班实际操作形式带飞训练,未能实施的以提问方式模拟、演示形式带飞。

2.“带飞评估”栏用符号标注:“☆”—掌握熟悉,“△”—基本掌握,“×”—未掌握。

附录六

特殊旅客空中生活记录

SPECIAL TRAVELLER JOUNEY RECORD

老年 old□　　病患 sick□　　孕妇 pregnant□　　其他□

日期 DATE ________________　　航班号 FLIGHT NO. ________________

始发站 ORIGINAL STATION ________________　　到达站 DESTINATION ________________

旅客姓名 TRAVELLER NAME ________________　　座位号 SEAT NO. ________________

年龄 AGE __________　性别 SEX __________　　护照号码 PASSPORT NO. ________________

随身携带行李数 HAND-BAGGACE ________________________________

联系人 RELATIVE' S NAME ________________　　电话 TELEPHONE ________________

地址 ADDRESS ________________________________

空中安全和生活情况(In-flight Safety & Activities)

责任乘务员：

地面接待人(SIGNATURE OF GROUND STAFFS) ________________

主任乘务长(SIGNATURE OF CHIEF PURSER) ________________

旅客家属(SIGNATURE OF RELATIVE) ________________

此记录由责任乘务员填写

附录七

无成人陪伴儿童空中生活记录

UNACCOMPAINIED CHILD JOUREY RECORD

日期 DATE____________

航班号 FLIGHT NO.____________

始发站 ORIGINAL STATION____________

到达站 DESTINATION____________

儿童姓名 CHILD NAME____________

座位号 SEAT NO.____________

年龄 AGE______ 性别 SEX ______

护照号码 PASSPORT NO.____________

随身携带行李数 HAND-BAGGACE____________

联系人姓名 RELATIVE'S NAME____________

电话 TELEPHONE____________

地址 ADDRESS____________

空中服务情况 IN-FLIGHT SERVICE____________

责任乘务员____________

责任乘务员 Responsible steward	用餐时间 Time for meal	餐食类别 Kind of meal	用餐情况 Situation of meal

休息、娱乐情况(Rest & Entertainment)：

机上安全和个人生活情况(In–flight Safety & Activities)：

特殊情况(Special Circumstance)：

地面接待人(SIGNATURE OF GROUND STAFFS)____________

主任乘务长(SIGNATURE OF CHIEF PURSER)____________

监护人(SIGNATURE OF RELATIVE)____________

附录八

机上事件报告单

NO.

航班号:	日期:	机号:	始发站:	到达站:
事件类型:(请用√选择适当的项目)				
A. 吸烟且不听劝阻______ D. 损坏或盗窃机械设备______ G. 非法携带武器或炸药______ J. 其他______	B. 干扰或攻击他人______ E. 客舱中酗酒______ H. 强行进入驾驶舱______	C. 拒绝执行机组命令______ F. 滑梯放出______ I. 暴力劫持飞机______		
当事旅客姓名	座位号	电话号码	联系地址	邮编
事件经过: (主任)乘务长签名:______ 日期:______				
机组措施: 机长签名:______ 日期:______				
见证旅客姓名(1)	座位号	电话号码	联系地址	邮编
见证旅客姓名(2)	座位号	电话号码	联系地址	邮编
证词: 见证人签名:______				

注:此表应向如下部门递交:安全运行监察部、客舱服务部、保卫部。

附录九

紧急医疗事件报告单

航班号 FLIGHT		机号 AIRPLANE NO.		日期 DATE		备降地 ALTERNATE			
病人姓名 NAME		性别 SEX		国籍 NATIONALITY		年龄 AGE		证件号 PASSPORT NO.	
座位号 SEAT		目的地 DESTINATION		联系电话 TELEPHONE		住址 ADDRESS			

事件情况 EMERGENCY	处理过程 PREPARATION

证明人姓名 WITNESS	地址/电话 ADDRESS/ ETLEPHONE	国籍及证件号 NATIONALITY/ PASSPORT NO.	座位号 SEAT	签名 SIGNATURE

处理人员签名 NAME OF PREPARATION	地址 ADDRESS	联系电话 TELEPHONE	签名 SIGNATURE

乘务长签名 PURSER

附录十

应急医疗设备和药品使用知情同意书

Informed Consent Form for Use of Emergency Equipment and Medicine

本人因身体不适或伤痛，在乘坐的飞机上(航班号__________)用了由航班免费提供的药品(药品名：____________)共(______)片或航班提供的医疗设备(设备名：_________)。

Because of unwell feeling or aches, I took free medicine (medicine name: _________)totally(___________)tablets, and/or use emergency medicine equipment provided by the flight No.(____________) I boarded.

我在服药(或使用医疗急救设备)前已阅读使用说明书，清楚了解该药或设备的使用方法和注意事项等，出现由于使用上述药品和/医疗急救设备所导致的不良反应或症状，由本人负责。

Before I took the medicine(or use the medicine equipment), I had read the instruction book and clearly understand the usage and matters need attention of this medicine (or emergency medical equipment). If adverse reactions or symptoms due to the application of this medicine or emergency medical equipment, I shall be responsible for myself.

旅客签名：____________________ 同行人签名(如需要)：____

Signature: ____________ Other company's signature (if needed): ____

医疗急救专业人员签名(如需要)：____

Professional emergency medical personnel signature(if needed): ____

客舱机组成员签名：____、________________________________

Cabin flight crew member signature: ______________________________, ______________________________

××航空有限公司

年 月 日

×× Airlines CO. Ltd

Date/Month/Year: ______/______/______

附录十一

机上遗留物品交接单

编号：

日 期		航班号		飞机号		物品遗留位置	
遗留物品描述：							
物品数量		交接时间		交接地点		送交人	
送交单位		接收单位		接受者			

参考文献

[1] 张立章. 企业实用文书写作与范例[M]. 北京：北京交通大学出版社，2011.

[2] 张文英，杨欣. 新编应用文写作教程[M]. 天津：南开大学出版社，2010.

[3] 姜媛. 新编高职应用文写作[M]. 天津：天津大学出版社，2011.

[4] 徐中玉. 应用文写作[M]. 北京：高等教育出版社，2004.

[5] 徐中玉. 大学写作[M]. 上海：复旦大学出版社，2004.

[6] 戴盛才. 中文应用写作[M]. 上海：复旦大学出版社，2011.

[7] 王玉德. 大学文科论文写作[M]. 上海：华东师范大学出版社，2006.

[8] 郭英立，罗翠梅. 经济应用文写作[M]. 北京：清华大学出版社，2009.

[9] 李道荣，王梅芳. 现代经济应用写作[M]. 武汉：湖北人民出版社，2004.

[10] 汪祥云，蒋瑞松. 应用文写作[M]. 2版. 上海：上海交通大学出版社，2003.

[11] 李孝华，张玲燕. 最新应用文写作大全[M]. 浙江：浙江古籍出版社，2001.

[12] 陈桂良. 大学应用文写作[M]. 浙江：浙江大学出版社，2002.

[13] 江少川. 新编大学实用写作[M]. 北京：北京大学出版社，2002.

[14] 乔刚，谢海泉. 现代应用文写作[M]. 上海：立信会计出版社，2012.

[15] 姜黎黎. 职高专应用文写作教程[M]. 上海：同济大学出版社，2011.

[16] 黄彬. 高职应用文写作[M]. 哈尔滨：哈尔滨工程大学出版社，2010.

[17] 刘明华，徐泓，张征. 新闻写作教程[M]. 北京：中国人民大学出版社，2002.

[18] 叶春华，连金禾. 新闻采写编评[M]. 上海：复旦大学出版社，1996.